^한_국 유통산업흐름

이 도서의 국립중앙도서관 출판시도서목록(CIP)은 e-CIP홈페이지(http://www.nl.go.kr/ecip)와 국가자료공동목록시스템(http://www.nl.go.kr/kolisnet)에서 이용하실 수 있습니다.(CIP제어번호: CIP2012003766)

한국 유통산업의 채널별, 업종별 현황과 전망

한국 유통산업흐름

지은이 **한국유통포럼(KRF)**

| 차 례 |

머리말

컴퓨터와 인터넷을 중심으로 한 정보통신기술의 발전은 세계를 하나의 망(Network)으로 연결시키고 있으며, 이로 인해 전 세계 소비자들의 라이프스타일은 점차 비슷해지고 있고, 소비시장도 점차 하나의 단일시장화되어가고 있다.

이에 따라 기업들도 국경없는 세계화에 발맞추어 전 세계시장을 대상으로 한 제품과 서비스를 출시하고 있으며, 기업간 경쟁은 더욱더 심화되고 있다. 특히 전 세계 소비자들의 취향과 특성을 잘 파악하여 제품 및 서비스를 소비자에게 판매해야 하는 유통업체들은 이전보다 더욱 복잡 다양해진 소비시장과 유통채널 구조를 잘 운영해야 하는 과제를 안고 있다.

조달과 판매라는 유통업체들의 단순 구조만 놓고 보더라도 이전처럼 한 국가내에서 조달과 판매가 이루어지는 것이 아니라, 이제는 다수 국가에서 조달하여 다수 국가로 판매하는 것을 기본으로 가정해야 한다.

또한 주로 오프라인 유통으로만 판매를 하던 방식에서 이제는 무점포를 베이스로 한 TV홈쇼핑, 인터넷쇼핑, 모바일쇼핑 등 다수의 유통채널을 활용해야만 하는 멀티채널시대가 되었다.

1996년 유통시장 완전개방 이후 한국 유통시장은 외국의 대형 유통업체들의 본격적인 시장 진출로 인해 급격한 시장변화와 함께 비약적 발전을 이루었다. 물론 월마트, 까르푸 등의 대형업체들이 시장 진출 초기 현지화 전략에 다소 허점을 드러내면서 한국에서 철수하고 말았지만, 선진 유통시스템으로 무장한 외국 대형업체들의 진출로 인해 잠자고 있던 한국의 유통업체들이 깨어나기 시작하였으며, 본격적인 유통시장의 현대화가 진행될 수 있었다.

새로운 유통채널인 할인점, 편의점 등이 급성장하게 되었고, 인터넷 쇼핑과 TV홈쇼핑 등의 무점포 유통채널도 태동되어 최근 급성장을 거듭하고 있다.

이러한 대형 소매유통 채널만 발전한 것은 물론 아니다. 종합 소매유통 채널뿐만 아니라, 업종별 유통도 함께 발전하기 시작하였는데, 화장품 유통, 의류 명품 유통, 의약품 유통, 농수산품 유통 등도 유통채널의 구조와 형태면에서 상당한 발전을 하게 되었다.

이러한 업종별 유통채널은 이전에는 주요 제조업체들이 생산과 판매를 모두 책임지는 구조로 되어 있었으나, 종합소매업의 발달로 인해 이러한 업종별 유통채널도 전문적인 유통업체들이 나타나는가 하면, 독립적인 소매업 브랜드를 런칭하며 보다 새롭고 현대화된 소매유통 형태로 진보하고 있다.

한편, 유통은 생산과 소비를 연결하는 경로를 둘러싼 경제적 거래관계의 집합으로 볼 수 있다. 그런데 제조업체로부터 소비자에게까지 연결된 유통경로시스템은 단순히 제품이나 서비스가 그냥 그대로 이동만 하는 경로가 아니라, 부가가치가 발생하고, 새로운 가치가 생겨나는 생산적인 과정으로 보아야 한다.

즉 생산과 유통의 통합적 결합을 통해서 새로운 부가가치가 발생하도록 해야 한다. 최근 자동차업체들이 기존의 전통적인 판매점 외에 홈쇼핑 등을 통해서 새로운 판매 채널을 도입하는 사례가 등장하는가 하면, 농수산품이 전통적인 오프라인 판매채널 외에 인터넷으로 판매되는 비율이 점차 증가하고 있다고 한다.

미래의 유통은 제품의 생산과 마케팅 그리고 서비스 등을 통합적으로 관리하고 운영하는 기업에 의해서 주도될 것이다. 또한 미래 유통의 전망은 하나의 업종내를 벗어나 다양한 이업종과의 경쟁으로 확대될 것이며, 온라인 유통시장이 오프라인 유통시장을 넘보는 예상치 못한 사건들이 발생할 지도 모른다.

본 저서는 이러한 유통의 시대적 변화를 배경으로 하여, 유통업의 다양한 소매형태와 업종별 유통 분야의 최고의 전문가들이 함께 모여 각자의 경험과 지식을 토대로, 분야별 유통의 현황과 이슈, 그리고 유통의 흐름, 그리고 각 분야별 유통의 미래와 사업전략을 종합적으로 제시한 매우 의미있고 차별화된 산출물이다.

저자들은 한국유통포럼이라는 삼성경제연구소의 포럼을 통해서 20여 년 동안 유통이라는 한 주제에 대해서 각자 세부 유통 분야의 전문성과 경험을 바탕으로 이론적 연구와 실무적 경험을 유통이라는 큰 틀안에 그동안 축적시켜 왔으며, 이번에 이를 처음으로 책자화하게 되었다.

따라서 본 저서에는 한국유통산업의 개요에서부터 소매 유통채널별 유통, 주요 업종별 유통, 그리고 한국 미래 유통산업 전망에 이르기까지 한국유통에 관한 거의 모든 콘텐츠가 다 담겨 있다고 해도 과언이 아니다. 최근 이종 산업간 또는 학제간 통섭이 사회적 이슈가 되고 있는데,

본 저서는 유통의 세부 영역별간 통섭, 그리고 학자, 컨설턴트, 실무전문가, 애널리스트, 공무원 등 전문가 그룹간 통섭 등 다양한 통섭이 작용하여 만들어낸 결과로도 볼 수 있다.

한국 유통산업의 급속한 패러다임의 변화가 진행되는 가운데, 어떤 유통 기업은 기존의 패러다임에 안주해서 미래를 보지 못하고 사라져가는 반면, 어떤 유통기업은 미래의 패러다임을 읽고 한발 앞서 준비함으로써 지금도 일신우일신(日新又日新)하고 있다.

GE의 전 회장인 잭 웰치는 "회사 내부의 변화속도가 회사 외부의 변화속도에 추월 당한다면 끝이 가까워진 것이다. 지금 우리 기업이 외부의 변화에 휘둘리고 좇아가는데 급급하고 있는지? 아니면 미래와 현재를 당당히 주도하면서 리드하고 있는지? 한번 생각해보아야 한다."라고 하였다.

잭 웰치는 재임당시 끊임없이 변화와 혁신을 요구하며 GE를 동시대를 리드하고 한발 앞서 미래를 제시하는 기업으로 성장시킨 장본인이다. 이제 한국의 기업들은 미래를 바라보고 현재를 달리는 기업이 되지 않으면 그 기업의 장래는 보장될 수 없다.

한국유통시장의 과거와 현재를 돌아보고 다가오는 미래를 준비하는 모든 유통에 관심있는 분들에게 이 책을 권한다. 그리고 마지막으로 이 책의 공동작업에 참여하신 한국유통포럼(KRF)의 모든 필진과 이 책의 출간을 도와주신 이서원의 고봉석 대표님께 진심으로 감사의 말씀을 전합니다.

2012년 9월

정　연　승 (단국대 경영학부 교수)

1

유통산업
개요

유통산업 개요

유통산업을 한마디로 정의하라면 특정 국가 국민들의 삶의 질을 대변하는 대표 서비스산업이라고 요약해 말할 수 있다. 우리 경제를 돌이켜 보면 지난 50년간 줄곧 대기업 제조기업들이 경제 성장을 견인해 왔다. 그러나 1988년 서울올림픽 이후 서비스산업이 급속히 발달하기 시작하여 2010년 이후에는 내수 산업이라고 불리는 소매업이 서비스 경제의 핵심 산업으로 자리매김 했다고 평가할 수 있다. 지난 30년간 유통산업 역사의 최대 고비는 1996년 1월 1일 국내 유통시장 전면 개방이었다. 그러나 내수시장의 전면 개방은 결론적으로 기업형 도매, 소매 기업과 물류업의 급속한 성장과 '소매업'을 '유통산업'으로 전환시키는 기폭제 역할을 한 것으로 평가받고 있다. 다양한 새로운 소매업태와 선진국 기업들의 국내 진출이 촉진되면서 한국의 도·소매업이 이제 어느덧 국제 경쟁력을 갖춘 유통산업으로 불리는 수준으로 성장한 것이다. 한국유통산업을 조감하는 1장 1절에서는 유통산업의 역할을 아래 두 가지 즉 '만남'과 '관계' 라는 키워드로 풀어본 후 한국유통산업의 현 주소를 조망해 본다.

01 유통산업이란 무엇인가?

1) 생산과 소비의 만남

생산과 소비는 어떻게 매칭이 일어나는가? 만약 생산과 소비가 만날 수 없다면 어떻게 될 것인가? 이 질문은 다시 말해, 현대사회에서 현대인들이 필요한 상품과 서비스의 소유와 사용을 통해 누리고 있는 생활의 풍요가 유통이 없다면 가능할까 하는 것이다. 아무리 질 좋은 상품이 많이 생산된다 하더라도 소비자에게 알려지지 못한다면, 그리고 소비자가 원하는 시간과 장소, 형태로 제공될 수 없다면 소용이 없다. 유통이란 바로 이러한 생산과 소비 사이에서 발생할 수 갭(gap)을 줄이면서 그 만남을 가능하도록 만든다.

유통은 생산과 소비의 결합을 매개로 하는 일련의 비즈니스 과정으로 어떤 제품이나 서비스를 생산자로부터 소비자에게 이전하는 현상 또는 이전시키기 위한 제반 활동으로 정의될 수 있다. 생산은 크게 도매와 소매를 거쳐 소비에 이르게 되는데 이때 거치는 경로를 유통경로라고 한다. 최근에는 소매유통업체가 대형화되면서 생산이 도매를 거치지 않고 바로 소매를 거쳐 소비에 이르는 형태의 유통 비중이 점차 커지고 있다. 요약하면 유통은 생산과 소비 사이에서 그 격차를 조정하여 생산이 원활하게 수행되도록 지원하고 또한 소비자들의 생활수준을 향상시키는 역할을 수행한다.

2) 관계(Relationship) 관리

유통은 생산과 소비를 이어주는 모든 활동에 관여한다. 이들은 상품과 서비스가 소비자에게 전달되는 전 과정에서 여러 이해 관계자들을 만나게 된다. 따라서 유통업체는 한마디로 이들 이해관계자(파트너 + 고객)들과의 상호협력과 관계 품질에 따라서 생사의 기로에 서 있다.

먼저 유통은 공급업체와의 관계를 통하여 고객가치를 만들 수 있다. 글로벌 소싱을 통하여 전 세계 공급업체들과 생산업자들과의 협조와 관계유지가 고객가치를 만드는 데 필수적이다. 둘째, 수송, 보관, 재고, 포장, 하역 등 로지스틱스 관련 활동을 수행하는 협력업체 또는 하청업체와의 관계를 성공적으로 유지하여 고객에 대한 서비스를 향상 시키고, 유통 비용을 절감시키며, 매출을 높일 수 있다. 더불어 기업 환경이 더욱 복잡해짐에 따라 고객의 생생한 요구사항을 파악하는데 한계가 있다. 따라서 전략적인 파트너 관리가 점차 중요해지고 있다. 파트너 관계 관리(Partner Relationship Management: PRM)는 영업, 마케팅, 서비스 등의 각종 고객 관련 업무를 통합 관리함으로써 파트너와 협력하고 이들을 활용함으로써 최종 고객에게 더 나은 제품과 서비스를 제공하기 위한 전략을 말한다.

다음으로 이해관계자 집단 중에서 유일하게 유통업체에게 돈을 지불해 주는 가장 중요한 집단은 고객이다. 따라서 유통에서 고객과의 관계 구축과 관리의 중요성은 지대하다. 고객 없는 매장은 죽은 매장이기 때문이다. 고객 관계관리는 흔히 CRM으로 불리고 있다. CRM(Customer Relationship Management)은 기업이 고객과 관련된 내 · 외부 자료를 분석 · 통합해 고객 중심 자원을 극대화하고 이를 토대로 고객 특성에 맞게 마케팅 활동을 계획 · 지원 · 평가하는 과정이다.

고객 세분화를 실시하여 신규고객 획득, 우수고객 유지, 고객가치 증진, 잠재고객 활성화, 평생 고객화와 같은 사이클을 통하여 고객을 적극적으로 관리할 수 있다. 고객관계를 효과적으로 관리하는 것이 경쟁력의 핵심인 유통업체들은 CRM을 적극 활용하고 있다.

요약하면 유통 가치 사슬에서 고객가치 창출은 이해 관계자와의 장기적인 관계 구축과 관리의 결과이다. 오늘날 경쟁적 유통시장환경에서 파트너와 고객과의 관계관리는 유통의 중요한 테마이다.

3) 한국 유통산업 위상

대한민국 유통산업은 국민경제 및 서비스산업 발전에 파급효과가 크고 성장 잠재력이 높은 고부가가치 서비스산업으로 평가되고 있다. 국내 유통산업이 GDP에서 차지하는 비중은 2009년 통계로 7.3%이며, 고용규모는 약 360만 명으로 국내 전체 취업자의 15.3%를 나타내고 있다. 일자리 창출이 경제에서 가장 중요한 역할로 등장하면서 고용창출력이 막강한 유통산업이 주목을 받는 것은 자연스러운 결과이다.

실제로 유통산업은 고용증대에 크게 기여하는 산업이다. 그리고 유통산업(도소매업)이 서비스에 차지하는 비중은 서비스산업에서 가장 높은 비중을 차지할 만큼 서비스산업 발전에 중요한 역할을 하고 있다. 더 나아가서 유통산업은 생산과 소비의 중간에서 제조업의 경쟁력 제고와 소비자후생 증진에 중요한 역할을 담당한다. 새로운 시장을 창출하여 제조업의 기술혁신과 신제품 개발을 주도하고, 기업형 슈퍼마켓·모바일쇼핑과 같은 신업태의 등장과 유통단계의 축소 등 유통구조의 개선은 상품거래비용 하락을 통해 물가안정에 기여할 수 있다.

〈표1〉 국내 유통업의 국민경제적 비중 및 고용 비중(단위: 십억 원, %, 천 명)

구분		2007	2008	2009
GDP 비중		7.39	7.30	7.27
고용비중		15.7	15.4	15.3
GDP	전체	956,514.5	978,498.8	980,413.1
	유통업	70,656.9	71,451.9	71,307.2
취업자	전체	23,433	23,577	23,506
	유통업	3,673	3,631	3,600

유통시장 개방 이후 외국인 직접투자가 활발하게 진행되고 있으며, 2006년에는 외국유통기업의 국내 투자건수는 전체건수의 46.2%를 차지하기도 하였다. 한편 우리기업의 해외진출과 국제적 위상도 강화되고 있다.

20011년 초 기준으로 대형마트인 신세계 이마트(27개점)와 롯데마트(82개점)가 중국에 진출하였고 CJ홈쇼핑을 비롯한 홈쇼핑 업체들도 중국에 진출하였다. 롯데쇼핑은 2007년에 러시아 모스크바와 2008년 중국 베이징과 베트남 호치민에 백화점을 개점하여 운영 중이다.

02 한국유통산업 성장의 모멘텀

필자는 2012년 한국유통산업은 아래 3가지 성장과 도약의 모멘텀(momentum)을 가지고 있다고 평가하고 싶다. 첫째, EU와 미국과 같은 거대경제권과의 FTA 체결이며, 둘째는 Korea 국가 브랜드 이미지개선에 의한 인바운드 외국 관광객의 활성화이며, 셋째는 한류를 활용한 유통 서비스 기업의 해외진출이 그것이다. 이들 세 가지를 키워드로 만들어진 시장 기회를 잘 활용한다면 우리나라 유통산업도 2020년에는 그야말로 글로벌 경쟁력을 갖춘 초일류 서비스산업으로 성장할 것으로 기대된다.

1) 거대 경제권과의 FTA

유럽과 미국과 같은 선진 거대 경제권과의 FTA는 국내 제조기업의 경쟁력 제고는 물론 특히 상대적으로 생산성이 취약한 유통 서비스기업의 경쟁력을 선진국 수준으로 개선할 수 있는 절호의 기회와 모멘텀을 제공하고 있다.

2011년 7월1일 한국은 아시아 국가 중에서 최초로 한-EU FTA 체결로 유럽-동아시아-미국을 연결하는 '동아시아 FTA 허브'로 부상하였다. 특히 한-EU FTA는 아시아 지역권 내 유일의 EU와의 FTA 체결 국가로서 한국과 EU간의 상호 국가/문화에 대한 이해를 향상시킴과 동시에 주변 아시아 국가에도 한국의 리더십을 발휘하고 그 파급 효과가 클 것으로 기대된다. 특히 FTA 체결로 인하여 국내 EU / 미국산 브랜드의 진입이 활성화 될 것으로 보인다. 이들 브랜드는 막강한 브랜드 파워를 앞세워 세계시장 진입을 성공적으로 일구어 나가고 있다. 인터 브랜드 조사에 따르면 규모의 경제와 발 빠르게 변화하고 있는 신 IT 기술과의 접목을 통한 미국 유통 브랜드와, 전통적인 신뢰성과 디자인과 품질이 우수한 유럽 브랜드의 지속적인 세계시장 확대는 앞으로 한국유통시장의 성장전망에도 긍적적 영향을 끼치고 있다. 한마디로 FTA 기회 효과를 기반으로 EU와 미국산 브랜드가 국내 진입이 활발해지면 국내 쇼핑과 서비스 경쟁력이 향상될 것으로 보인다.

해외 글로벌 제조, 유통기업들의 지속된 국내 진출은 국내 소비자의 기호를 다양화하고 상품과 서비스의 다변화가 이루어질 것으로 예상되며 이를 충족할 수 있는 쇼핑 서비스와 인프라의 구축이 촉진될 것으로 보인다. 이에 따라 국내 수요뿐만 아니라 주변 아시아국의 잠재 수요도 증가될 것으로 보인다. 따라서 이에 따른 수요를 충족할 수 있도록 한 장소에서 다양한 브랜드를 접할 수 있는 백화점, 명품 아울렛, 복합 쇼핑몰 형태의 소매시장이 크게 확대될 전망이다.

이미 서울의 중심으로 변화하는 시장에 맞춘 신속한 대응이 이루어지고 있다. 서울 대표 관광지인 명동, 강남 백화점은 명품 쇼핑 수요에 발맞춘 전략적 상품 개발을 실시하고 있다. 외국인 전용 포인트 카드 발급이나 쇼핑 도우미 서비스 등을 마련해 외국인 관광객 유치에 적극 나서고 있다. 이러한 외국인 관광객 유치는 실질적인 매출 신장으로도 이어져 한 백화점은 외국인 퍼스널 가이드 예약서비스 실시를 통하여 외국인 매출이 3배가 증가하였다. 하지만 지방 중소 도시의 경우에는 이와 같은 서비스의 한계가 있어 지속적인 쇼핑 인프라 확충이 필요하다.

또한 명품 아울렛의 성장이 두드러질 것으로 보인다. 2007년 신세계의 여주 프리미엄 아울렛을 기점으로 국내 진입한 명품 아울렛은 최근 서울 근교를 중심으로 한 지속적인 오픈 및 입점 계획이 추진되고 있다. 이는 해외 브랜드에 대한 국내 소비자의 쇼핑 수요를 충족시킴과 동시에 국내 방문 쇼핑 해외 관광객에게 매력적인 장소로 활용될 것으로 보인다. 대형 인프라 구축을 통하여 단체 관광객을 수용할 수 있고, 해외 명품 또는 신규 브랜드 경험을 통하여 대한민국의 국가 브랜드 인지도도 제고시킬 수 있겠다. 아울러 명품 아울렛은 해외 글로벌 신규브랜드의 아시아시장 진단의 중요한 테스트 채널이 될 것으로 보인다. 국내 진입을 검토하고 있는 해외 브랜드의 경우 명품 아울렛 입점을 통하여 국내시장을 분석할 수 있고 브랜드 명성 또한 유지시킬 수 있기 때문이다.

마지막으로 복합 쇼핑몰 시장의 확대와 몰(Mal) 문화 확산이 예상된다. 기존 동대문 혹은 명동에 밀집한 저가격 분양 중심의 쇼핑 단지가 아닌, 매니지먼트 개념이 도입된 경쟁력 있는 브랜드와 독특한 서비스로 차별화된 복합 쇼핑몰이 활발히 도입되고 있다. 특히 부산 센텀 시티에 이어 서울 서부권에 디큐브 시티와 김포 롯데몰 등 최근 오픈한 쇼핑몰의 경우 디자인과 서비스 등 모든 수준에서 세계적인 수준의 쇼핑몰이라고 할 수 있다. 이 같은 복합 쇼핑몰은 그 자체가 관광 명소로서 국/내외 다채로운 브랜드와 다양한 퍼포먼스와 이벤트를 통하여 고객의 쇼핑과 공간 경험을 극대화 시킬 전망이다.

2) 한류 관광과 쇼핑

쇼핑은 관광객의 주요 관광동기이며, 쇼핑을 목적으로 목적지에 방문한 관광이 아니더라도 관광활동의 중요한 부분이기도 하다.(김철원 등, 2010) 쇼핑관광의 중요성은 경제적 효과나 방문 성향에서 찾아볼 수 있다. 홍콩과 싱가포르의 쇼핑 관련 수입이 전체 관광수입의 절반 이상을 차지하고 있다는 사실이 그 예이다. 이러한 사실은 한국을 찾는 관광객의 특성에서도 유추할 수 있다. 한국관광공사의 최근 조사에 의하면 2008년 한국을 방문한 외국인들의 방문 동기를 조사해본 결과 쇼핑(44.4%), 음식/미식 탐방(41.5%) 지역적 친밀감(40.1%) 순이며 57.1% 쇼핑경험을 한 것으로 나타나 외국인들의 한국 방문에서 쇼핑이 매우 중요하다는 사실을 알 수 있다.

FTA 체결에 따라 국내 진출 해외 브랜드가 다양해지고, 비 FTA 체결

국가 비교 가격 경쟁력이 있을 것으로 예상되는 바, 아시아 지역을 중심으로 한 인바운드 쇼핑 관광시장이 더욱 성장할 것으로 보인다. 아울러 한류의 지속적인 확산은 그 범위를 동아시아권을 넘어 지역적으로 더욱 확대시켜 한국 관광 성장에 크게 기여할 것으로 예상된다.

한국방문 외래 관관광객은 2009년 782만 명으로 2008년 대비 13.4%의 성장을 기록한데 이어 2010년에는 전년 대비 12.5%가 증가한 880만 명을 유치하며 1천만 관광시대를 예고하고 있다. 이 중 한류 문화권을 중심으로 한, 특히 중화권 관광객의 급격한 증가가 이루어지고 있는데 2007년 154만 명으로 2007년 대비 12.1%의 성장을 기록한데 이어 2010년에는 251만 명으로 전년 대비 29.5%의 성장률을 기록하였다.

한국을 방문하는 중국인 관광객들의 경우 주요 활동이 쇼핑(77.4%)이며, 주요 쇼핑장소가 공항 면세점(59.3%)과 시내 면세점(29.5%)이라는 점을 감안할 때 면세점 쇼핑이 한국관광에서 주요한 매력요인이 되고 있음을 확인할 수 있다. 또한 최근 경제발전으로 인해 중국인들의 명품 소비액은 지속적으로 증가하고 있으며, 2020년에는 세계 최대의 명품시장이 될 것으로 예측되고 있다.

이와 같이 지속적으로 증가하고 있는 중화권 관광객의 명품 쇼핑 수요와, FTA로 인한 유럽산 명품 브랜드의 진입 확대 및 다양한 중/저가 브랜드의 국내 신규 진출, 아울러 한류(Korean Wave)의 확산은 국내 유통시장의 새로운 전기를 맞이할 수 있는 기회가 될 것으로 전망 된다. 따라서 이들 해외 고객 특성을 파악하고 전략적 접근을 통한 시장 유통시장 활성화가 필요하다.

국가별로 살펴보면 국내 최대 고객인 일본시장은 교류의 불균형 해소가 필요하다. 2010년 기준 양국 관광객 규모는 약 540만 명으로 한국을 방문한 일본 관광객이 302명, 일본을 방문한 한국 관광객은 242만 명을 기록하였다. 절대적인 방문객 수치는 방한 일본인이 더 많은 것으로 보이나 총인구 비율로 환산하였을 경우 일본은 인구대비 2.3%가 한국을 방문한 데 비하여 한국은 인구대비 4.9%가 일본을 방문한 것으로 나타나 기존 일본인 방문객의 약 두 배가 방한해야 균형을 이루게 된다. 따라서 '한류'가 새로운 분야로 확대되고 있고 문화면에서 다방면의 교류가 시도되고 있는 바, 여성층 및 젊은층을 대상으로 한 마케팅 전략이 필요하겠다. 특히 일본에서 증가하고 있는 개별 자유여행자 들에게 한국을 일본 국내여행 개념으로 포지셔닝시키고 아울러 다양한 브랜드의 유럽 제품을 일본 국내보다 저렴하게 구입할 수 있는 곳으로 인식할 수 있는 마케팅 전개가 필요하겠다.

3) 국내 유통서비스 해외진출 활성화(美 · 食 · 通 산업 동반 진출)

거대 경제권과의 FTA와 한류를 모멘텀으로 국내 유통기업의 해외진출이 가속화된다면 우리 서비스기업들이 글로벌 기업으로 성장하는 전환점이 될 수 있을 것으로 기대된다. 이는 관세 철폐로 인한 가격 경쟁력의 변화로 상품구색 MD의 변화와 해외 유명 유통업체와의 경쟁으로 국내 유통시장에서도 글로벌 경쟁력이 보다 향상될 것으로 보이기 때문이다. 아울러 이와 같은 쇼핑 구색 변화와 함께 최근 한류권 지역에서의 Korea 국가 브랜드 가치상승은 국내 유통업체 해외진출의 모멘텀으로 작용할 수 있을 것으로 기대된다.

국내 유통산업은 생산 및 고용 측면에서 매우 중요한 국가경제 비중을 차지하고 있다. 국내 유통산업은 1996년 시장이 완전 개방된 이후 국제화가 급속도로 진행되고 있지만 아직 운영 효율성과 혁신에서는 미국과 유럽계 선진 유통업체의 수준에 못 미치고 있는 실정이다. 이는 국내 유통시장이 협소하여 규모의 경제를 달성하기 어렵다는 한계에도 기인하고 있다. 따라서 한류권 국가로의 과감한 진출이 절실히 필요한 시점이다. 특히 패션, 화장품 제조기업(미)과 한식 레스토랑과 식품(식)그리고 소매기업(통) 이른바 미 · 식 · 통이 FTA를 계기로 해외시장에 동반 진출하는 것이 바람직하다. 미 · 식 · 통이 해외로 동반 진출하여 베트남, 인도네시아, 태국, 러시아, 사우디아라비아 등 한류 영향권 국가에 진출하는 성공방정식이 만들어 질수 있도록 분위기와 관심을 만들어 가면서 체계적인 지원 시스템을 만들어 가야 한다.

① 미(美)산업: 화장품 · 패션

국내 주요 수출품목인 반도체 · 조선 · 자동차 · 휴대전화에서 소프트하고 감성적인 패션 및 디자인 산업이 한국의 고부가가치의 브랜드 산업으로 손꼽히고 있다. 국가간 장벽이 사라지는 글로벌시장의 도래로 인해 패션 및 뷰티 산업을 포함한 서비스시장의 개방으로 외국 자본과 콘텐츠의 교류가 더욱 활발해 질 전망이다. 아모레퍼시픽, LG생활건강, 코리아나를 비롯한 국내 저가 화장품 브랜드인 더페이스샵과 미샤 등 국내 화장품 기업들의 해외진출이 빠르게 늘어 최근 2년 사이 해외시장에 200여 개 매장을 잇달아 열며 해외시장 공략에 박차를 가하고 있다. 이처럼 대형 화장품 회사에서부터 저가 브랜드에 이르기까지 경쟁이 치열한 레드오션으로 변해버린 국내 화장품시장에서 벗어나 해외시장에서 성장 동력을 찾겠다는 것으로 보인다.

한류의 여파와 함께 동남아시아, 일본, 중국 등지에서 한국의 미용 산업에 대한 관심이 집중되고 있고 있으며 중국과 동남아시아 여성들 사이에는 이미 '한반(韓版 · 한판 · 한국산 제품)'이란 단어가 품질보증서처럼 여겨진다고 할 정도로 Made in Korea에 대한 기대수준과 선호도가 크게 높아졌다.

〈표 2〉 화장품 브랜드숍 해외진출 현황(2010)

브랜드	국가	점포 개수
미샤	25개국	907개
더페이스샵	17개국	300개
스킨푸드	11개국	204개
뷰티크레딧	20개국	270개
토니모리	15개국	300개
에뛰드하우스	9개국	100개
네이처리퍼블릭	4개국	20개

〈자료: 한국일보〉

한편 2005년 섬유쿼터 폐지로 세계 모든 국가들의 섬유 및 의류제품 수입에 수량제한 조치가 제거되어 세계 의류산업 무한경쟁시대가 시작되었다. 그러나 한국 패션산업은 내수중심으로 아직까지 글로벌시장에서의 차별화된 포지셔닝이 미흡하다고 볼 수 있다. 또한 패션이라는 특성상 빠르게 변하는 소비자들의 라이프스타일과 문화의식, 트렌드에 부합하여 소비자 취향을 만족시키는 감성산업임에도 불구하고 한국 패션계의 해외진출은 현재까지 브랜드를 창출하는 의류 완제품 보다는 섬유산업에 편중되어 있는 실정이다. 그러나 뛰어난 패션 감각과 빠른 MD의 회전율이 가능한 만큼 앞으로의 성장이 크게 기대되는 분야이다. 패션이라는 고부가가치 시장에 진입하기 위한 한국패션의 새로운 방향 모색이 요구되며 한-미, 한-EU FTA라는 문을 통하여 미국과 유럽지역에 한국의 패션 브랜드를 알리고 프로모션 할 수 있는 계기가 마련되었다는데 의의를 둘 수가 있다. 유럽의 한류바람과 함께 신진 디자이너들의 해외 무대에서 활약을 하고 있는 만큼 정부차원의 적극적 지원과 함께 브랜드로서의 상업적 경쟁력을 갖출 수 있는 인프라 구축이 필요하다.

② 식(食)산업: 가공식품 · 음료 · 음식점 · 외식

세계 경제침체로 인해 외식시장의 성장세는 다소 둔화되었지만, 건강식과 슬로우 푸드에 대한 관심은 꾸준히 증가하고 있으며 이에 더해 한류의 영향으로 한식에 대한 관심 또한 증대하고 있다. 또한 이러한 한식 외식 산업에 관련된 모든 이해관계자, 식자재 산업, 농 · 식품 유통업, 전문 요리사의 노동력 등이 수출됨으로써 국가수익에 기여를 할 것으로 보인다.

한국의 음식이 문화, 패션 산업 등과 함께 글로벌시장으로 성장 추세를 보이고 있지만 세계적, 대중적인 인지도와 지지도는 아직 부족하다고 볼 수 있다. 한국 고유의 정서와 아이덴티티가 그대로 어우러져있는 음식문화가 하나의 브랜드가 되기 위해서는 국내 외식업계의 체계적이고 적극적인 해외진출 전략이 필요하다. 한식의 세계화는 궁극적으로 외국인 소비자로 하여금 한식을 가정, 식당, 직장 등 모든 생활공간에서 접할 수 있도록 대중화, 일상화 하는 것이 목적이다. 현재 소수의 한정된 마니아층을 벗어나 소비자의 국적, 연령, 소득의 다양화와 일식, 중식과는 차별화되는 맛과 경험 문화로 접근해야 할 것이다.

국내 외식산업이 한식을 아이템으로 진출한 주요 지역은 중국, 미국, 일본과 아시아 지역에 한정되어 있었다. 하지만 EU와의 교역 증가 예상과 더불어 최근 불어오는 K-pop 과 같은 한류가 유럽전역에 까지 퍼지는 효과를 감안하여 볼 때 한국 음식에 대한 관심과 선호가 자연스럽게 이끌어 질 것이라고 예측해 볼 수 있다.

한인 거주자 수가 가장 많고 한식에 대한 수요가 가장 많다고 하는 미국 주요 4개 대도시 내의 에스닉 푸드를 다루는 외식업체의 수는 중식, 멕시칸, 일식이 Top3 에스닉 푸드시장을 형성하고 있으며 한식당의 상대적 점유율은 저조한 실정이다(9위). 하지만 이는 반대로 앞으로의 성장 가능성이 높다는 점을 시사하고 있다. 이번 선진국과의 FTA를 한식을 해외시장에 브랜딩하고 포지셔닝하는 계기로 삼아야 할 것이다.

③ 소매유통산업 '통(通)': 대형마트 · 백화점 · 홈쇼핑 · 온라인몰

2000년 이후부터 롯데, 신세계 등의 국내 유통업체들 해외진출이 적극적으로 시작되었으며 그 선두에는 대형마트가 있다. 대형마트의 해외진출은 단순히 유통기업 세계화로만 그치지 않고 미·식·통과 한국문화에 걸친 다양한 시너지효과를 창출한다고 할 수 있다. 해외시장의 쇼핑 1번가에 위치한 한국 대형마트와 백화점은 그 자체가 한국이라는 국가 브랜드를 홍보하는 마케팅 효과를 가진다는 점에서 그 의미가 매우 크다.

롯데마트의 경우 유통부문 해외 매출이 2008년 30개 점포 9천억 원에서, 2009년 98개 점포 2조 2천억 원으로 증가하였으며 2010년 106개 점포 2조 6천억 원으로 3년 만에 3배 넘게 늘었다. 이마트 역시 2008년 18개의 점포 3천 5백억 해외 매출에 2010년 27개 점포 6천 2백억으로 두 배 증가하는 등 해외진출이 활성화 되고 있다.

최근 유럽에도 일기 시작한 한류 열풍은 국내 유통 업체의 아시아권 이외의 시장 진출의 교두보 역할을 할 수 있으며, 또한 한-EU FTA와 맞물려서 해외진출의 전기를 마련할 기회가 될 수 있다. EU는 인구 5억 명으로 전 세계 GDP의 3분의 1을 차지하는 세계 최대 규모의 단일 경제권이다. 우리에게 중국 다음으로 큰 교역 상대국이고 우리나라에 가장 많은 투자를 하고 있는 파트너다.

선진 경제권과의 FTA는 유럽과 미국이 이제 우리 기업들의 시장이 될 수 있다는 가능성을 키워주고 있다. FTA가 상품을 값싸게 주고받는 큰 장터 이상이 되려면 이들 선진국 소비자 등의 소비문화와 정신적 가치도 이해해야 한다. 미국과 일본의 유통 시스템을 도입한 국내 유통업계 특성상 유럽으로의 진출은 사전 현지조사 및 실행 방안을 보다 체계적이고 장시간 준비해야 할 것이다. 한류권 아시아 국가와 동유럽 국가로는 직접 진출을 적극 모색하고 서유럽 국가로는 PL시장 진출을 적극적으로 모색하는 차별화 전략이 필요하다고 본다.

참고문헌

1. 김철원, 이태숙, 민경익(2010) "쇼핑 인증제도도입에 관한 탐색적 연구", 관광학 연구, 34(3)
2. 서용구(2011), "거대경제권과의 FTA가 한국 유통산업에 미치는 영향", 대한상공회의소 경제연구총서 409
3. 한국무역협회(2011) "세계 FTA 확산과 시사점"

〈美 · 食 · 通 … 이 '제2의 반도체〉다?

중국 상하이 푸둥 지역의 바바이반(八伯伴)백화점은 중국 최대 백화점이다. 하루 최다 방문객(107만 명) 기네스 기록을 보유하고 있다. 이곳에 입점해 돌체&가바나, 다니엘 에스테, 랑콤 같은 해외 명품과 경쟁하고 있는 한국 패션 · 화장품 브랜드는 20여 개. 이랜드가 운영하는 브랜드만 13개에 오휘 · 후(LG생활건강), 라네즈(아모레퍼시픽), 빈폴(제일모직), 쿠아(코오롱FnC) 등이다.

그간 한국의 수출은 공산품이 주도해 왔다. 하지만 이젠 다르다. 한국의 패션 · 화장품, 식품과 외식산업, 그리고 한국의 유통산업이 세계로 나가고 있다. 이른바 '미 · 식 · 통(美 · 食 · 通)'의 해외진출이다.

이랜드는 2005년만 해도 중국 매출 규모가 1,300억 원에 불과했다. 그런데 지난해 매출액은 무려 1조 2,000억 원이다. 뷰티제품 수출은 2006년 3억 1,900만 달러(약 3,800억 원)에서 지난해 8억 4,000만 달러(약 9,400억 원)로 크게 늘었다.

한국의 '맛'은 또 어떤가. 비빔밥과 빵 · 술이 해외로 나가고 있다. 수출 규모는 2006년 8억 4,300만 달러에서 지난해 12억 4,500만 달러. 유통의 세계시장 진출은 대형마트가 주도하고 있다. 롯데의 경우 유통부문 해외 매출이 2008년 8000억 원에서 지난해 2조6000억 원으로 3년 만에 3배 넘게 늘었다. 미 · 식 · 통 세계시장 규모는 엄청나다. 패션시장은 1조 달러(약 1,120조 원), 화장품시장은 2,300억 달러(약 260조 원)다. 식품시장 규모 역시 관련 부가산업을 빼더라도 1조 달러대로 추산된다. 서울대 소비자 아동학과 김난도 교수는 "미 · 식 · 통이 해외로 나가면 국가 이미지가 올라가 다른 공산품 수출에까지 긍정적인 영향을 줄 것"이라고 내다봤다. 숙명여대 경영전문대학원 서용구 교수는 "글로벌 브랜드와 경쟁해야 하고, 장기간 마케팅 비용도 많이 드는 등 장벽도 만만치 않지만 결코 놓칠 수 없는 시장"이라고 말했다.

◆미 · 식 · 통(美 · 食 · 通)=중앙일보는 패션 · 화장품 · 성형을 의미하는 미(美)산업의 '미', 가공식품 · 음료 · 음식점 · 외식 등 식(食)산업의 '식', 대형마트 · 백화점 · 홈쇼핑과 온라인몰을 포괄하는 유통산업의 '통(通)'을 따서 새로운 수출산업인 '미 · 식 · 통'산업으로 이름 붙였다.

〈자료: 중앙일보〉

2

판매 채널별
유통

01 서론

최근 국내외적으로 경기불황이 지속되는 가운데 기업의 구조조정이 심화되고, 고용 없는 성장이 이어지면서 국내 실업자 100만 명 시대를 바라보게 되었다. 실업률이 사회적 이슈로 떠오르자 이를 해결하기 위한 방법으로 정부의 창업 장려정책들이 실행되었고, 이 정책을 바탕으로 현재 국내 창업시장은 꾸준한 성장세를 보이고 있다. 이러한 창업시장의 성장과 함께 요즘 들어 갑자기 많은 분야에서 관심을 받으며 동반상승하는 분야가 바로 프랜차이즈 산업이다.

국내 프랜차이즈 산업은 단기간에 급성장한 산업으로, 매출을 보면 2002년 41조, 2008년 77조, 2010년 87조 등 매년 가파른 성장세를 보여 왔으며, 2016년에는 123조로 명목 GDP대비 10.3%로, 가맹점 41만 개에 상시 종업원만도 159만 명에 육박할 것으로 예상하고 있다(지식경제부, 2008). 하지만 양적인 성장에 비해 프랜차이즈 본사의 경영 노하우 부족이나 각종 시스템 부재 등과 같이 질적인 측면에서 성장은 미흡한 부분으로 지적되어 왔다. 예를 들어 브랜드 인지도를 갖지 못한 대부분의 프랜차이즈 기업들의 경우, 전문 인력 양성, 신상품 개발, 물류 시스템 구축, 지속적인 점포 관리 등에 대한 경험이 부족하고 그에 따른 투자도 하지 않아 가맹점들의 피해 사례가 빈번히 발생하였는데, 이를 통제할 수 있는 법적 규제역시 미비하였다. 하지만 이러한 문제점을 보완하기 위해 2002년 가맹사업법을 제정하였고, 2008년 가맹사업법을 강화 하여 가맹본사의 무분별한 시장 활동을 규제하기에 이르렀다.

본 장에서는 위에서 언급한 프랜차이즈산업에 대한 독자들의 전반적인 이해를 돕기 위해 프랜차이즈의 기본개념, 국내 프랜차이즈 업체의 현황 그리고 프랜차이즈 제언 등으로 구성하여 각 부분별로 설명하였다. 먼저 프랜차이즈의 기본적인 개념이 무엇인지에 대해서 알아보도록 하자.

02 프랜차이즈의 개념

1) 프랜차이즈의 정의

가맹사업(프랜차이즈)이란 가맹본부가 가맹사업자로 하여금 자기의 상표, 서비스 표, 상호, 간판 그 밖의 영업표지를 사용하여 일정한 품질기준이나 영업방식에 따라 상품(원재료 및 부재료 포함) 또는 용역을 판매하도록 함과 아울러 이에 따른 경영 및 영업활동 등에 대한 지원 · 교육과 통제를 하며, 가맹사업자는 영업표지의 사용과 경영 및 영업활동 등에 대한 지원 · 교육에 대한 대가로 가맹본부에 가맹금을 지급하는 계속적인 거래관계라고 정의하고 있다(가맹사업거래의 공정화에 의한 법률).

가맹본부가 가맹점에게 상호 · 상품 또는 서비스 · 경영 노하우를 지속적으로 제공하고
가맹점은 가맹본부가 제공하는 지원과 관리의 대가로 자금투자 및 수수료를 지불하는 사업형태

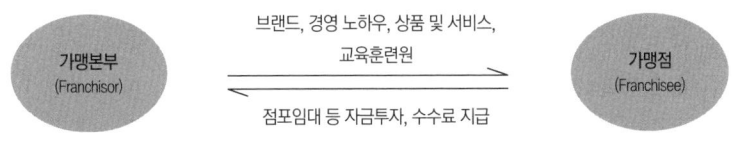

2) 프랜차이즈의 중요성

지식경제부(2009)는 프랜차이즈 산업 활성화의 중요성을 다음과 같이 정리 하였다.

첫째, 프랜차이즈는 혁신적 아이디어와 소자본이 결합하여 누구나 쉽게 창업 가능한 '유망 창업 시스템'으로 관련 서비스산업의 선진화를 통해 대외 의존도가 높은 우리 경제의 내수기반 확충과 일자리 창출에 기여한다.

둘째, 프랜차이즈는 서비스산업의 활성화에 기여한다. 아이디어 중심의 소자본 창업을 용이하게 하고 표준화된 서비스 품질관리를 통해 소비자의 편의와 신뢰를 제고하며, 프랜차이즈 기반의 내수시장 확대를 통해 제조 대기업 중심 수출주도형의 국내 경제의 체질을 개선한다. 또한, 가맹본부의 집중화된 서비스 개발과 관리를 통해 균질화된 서비스 제공이 가능해짐에 따라 서비스시장 질서를 향상한다.

셋째, 프랜차이즈는 자영업자의 경쟁력을 제고 한다. 경험과 자본이 부족한 영세 자영업자의 조직화를 통해 자원제약의 극복 및 규모의 경제를 달성한다. 우리나라는 자영업자 수가 많고, 생존률은 매우 낮다. 하

지만 프랜차이즈를 통해 창업 성공률을 제고함으로써 서민경제 안정화에 기여한다. 국내 취업자 중 자영업자 비중은 31.8%로 OECD국자 평균('09년 16.1%)의 약 2배에 달한다. 이중 최근 5년간(2003~2007) 자영업자의 창업 대비 폐업비율은 84.3%이지만, 프랜차이즈 편의점 창업 후 5년차 생존률 75%에 달한다. 또한, 프랜차이즈는 소자본의 조직화와 넓은 판매망 구축을 통해 영세 중소기업의 위험분산이 가능하고, 공동마케팅 등 브랜드 역량 제고가 용이하여 자영업자 경쟁력 상승에 기여한다.

넷째, 프랜차이즈의 글로벌 서비스시장 진출은 인력, 시설장비, 원부자재를 융합함으로써 수출 채산성을 극대화 한다. 특히 재외동포를 프랜차이즈 진출 기반으로 활용 시, 재외동포와 본국과의 네트워크 강화 및 한류 확산에 기여한다.

03 프랜차이즈 현황

1) 규모의 현황

지식경제부(2008)에 따르면 2008년 국내 프랜차이즈 가맹본부 수는 총 2,426개, 가맹점 수는 26만 개에 이르는 것으로 나타났다. 이때, 가맹본부 1개당 개설되는 가맹점은 평균 106개인데 비해 직영점은 3.4개로, 직영점 비중은 점차 감소하는 반면('05년 12개), 가맹점 창업은 증가 추세이다. 또한, 매출액 기준으로 살펴보면 2008년 매출액은 77조 원이며 고용인원은 100만 명으로 각각 명목 GDP 대비 7.5%, 총고용 대비 4.3%를 차지하여 국가 산업에 대한 분명한 기여점을 찾을 수 있다.

<표 3> 프랜차이즈 규모

구 분	1999	2002	2005	2008
매출액(조 원)	45.0	41.6	61.3	77.3
고 용(만 명)	55.6	56.6	83.2	100.1

2) 업종별 현황

업종별 가맹본부 수의 비중은 외식업 63%, 서비스업 19%, 소매업 18%로 나타났으며, 가맹점 수 비중은 외식업 51%, 서비스업 25%, 소매업 24%으로 나타나, 외식업 비중이 가장 높은 것으로 나타난다. 하지만 가맹본사의 연평균 매출액을 기준으로 보았을 때 소매업(246억), 외식업(114억), 서비스(37억) 순으로 소매업(편의점 등) 매출액이 가장 높은 것으로 나타났다.

<표 4> 국내 프랜차이즈산업 가맹본부 수

업 종	2002	2005	2008	2005년 대비 2008년 증감률(%)
외식업	559(34.9%)	1,194(54.0%)	1,523(62.7%)	27.55
소매업	817(51.0%)	515(23.3%)	437(19.6%)	−15.14
서비스업	224(14.0%)	502(22.7%)	466(17.7%)	−7.17
계	1,600(100%)	2,211(100%)	2426(100%)	9.72

3) 해외진출 현황

지식경제부(2010)의 분석에 의하면 프랜차이즈 기업의 해외진출은 2000년
대부터 시작하여 현재 약 57여 개 본사가 해외에 진출하였는데, 업종별
로는 요식(70%), 서비스(19%), 도소매(11%)의 순이고, 지역별로는 중국(29%),
동남아(31%), 미국(20%) 순으로 진출하였다. 하지만 약 2,426개의 전체 본
사 중 약 2.3%만이 진출하는데 만 그치고 있어, 해외시장 진출은 여전히
미미한 것으로 나타났다.

〈표 5〉 화장품 브랜드숍 해외진출 현황(2010)

업 종	세부사업	브랜드 예
요식(40)	외식(29)	감가네, 교촌치킨, BBQ
	패스트푸드(4)	Mr Pizza, 롯데리아
	제과제빵(3)	파리바게트, 뚜레쥬르
	주류(3)	WA BAR, 가르텐 비어
	건강식품(1)	이롬
서비스(11)	교육(6)	대성독서논술, 미술로 생각하기
	미용(3)	이훈 헤어
	자동차(1)	master
	사무(1)	잉크가이
도소매(6)	화장품(3)	MISSHA, The Face Shop
	안경(2)	다빈치 안경
	문구(1)	모닝글로리

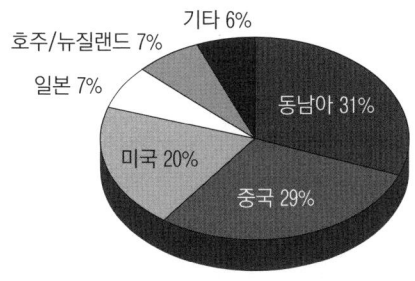

호주/뉴질랜드 7%
일본 7%
기타 6%
미국 20%
동남아 31%
중국 29%

4) 프랜차이즈 시장의 문제점

프랜차이즈 시장은 지속적으로 고속성장을 하고 있으나 다음과 같은 문제점 역시 가지고 있다.

첫째, 주요 선진국에 비해 외식업의 비중이 지나치게 높고, 창의적 아이디어 기반의 고부가가치 서비스업종이 취약하다.

〈표 7〉 타 산업과의 외식업 비중(지식경제부, 2009)

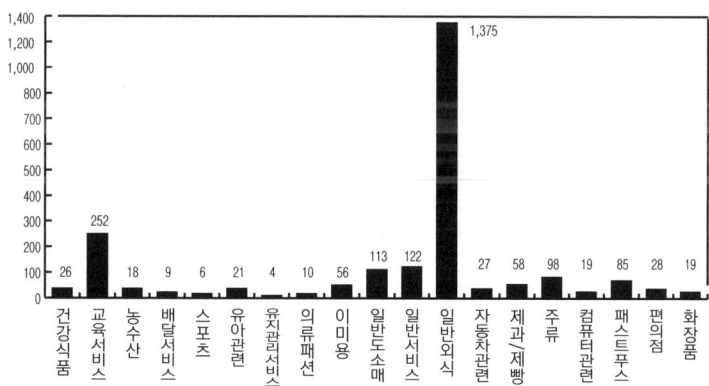

건강식품	교육서비스	농수산	배달서비스	스포츠	유아관련	유지관리서비스	의류패션	이미용	일반도소매	일반서비스	일반외식	자동차관련	제과/제빵	주류	컴퓨터관련	패스트푸스	편의점	화장품
26	252	18	9	6	21	4	10	56	113	122	1,375	27	58	98	19	85	28	19

둘째, 프랜차이즈 본사의 경쟁력이 취약하다. 영세한 규모로 인해 연구개발 및 마케팅에 대한 투자 곤란으로 지속 성장에 한계가 있으며, 브랜드 인지도가 낮은 경우가 많고, 로열티에 대한 부정적 인식으로 지속적 수익기반이 불한정하다. 또한, 전문인력의 부족으로 경영 노하우 전수 등 가맹점 지원능력이 취약하다.

〈표 8〉 브랜드별 평균 가맹사업 존속일

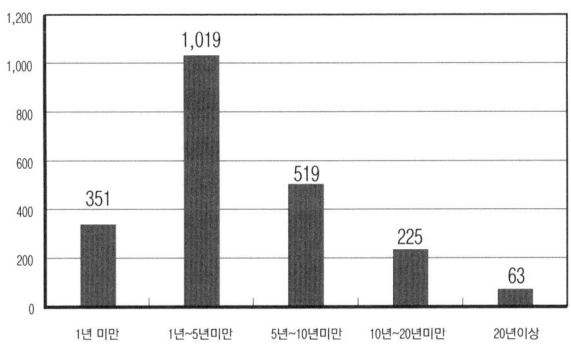

〈표 9〉 브랜드별 영업이익 현황

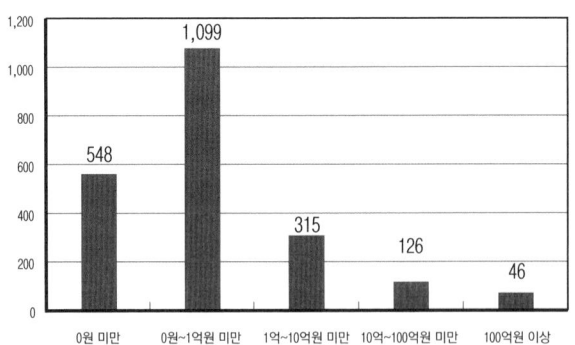

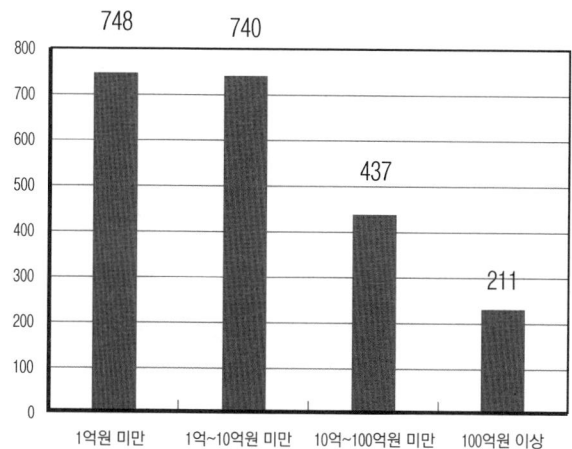

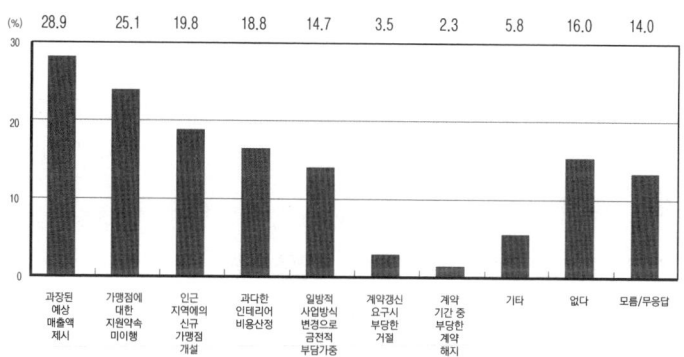

셋째, 프랜차이즈 시장의 인프라 및 제도적 기반이 미흡하다. 프랜차이즈 본사의 시장진입 시 막대한 초기비용과 불확실성으로 프랜차이즈 본사는 물류 및 정보화 인프라의 구축에 대한 투자를 기피한다.

넷째, 가맹본부의 과장, 허위광고 및 무리한 가맹점 확대, 가맹점의 본부 지침 위반으로 가맹본사와 가맹점 간의 신뢰가 저하되고, 모방 창업에 따른 가맹본부의 난립으로 예비 창업자의 신뢰가 저하되었다.

다섯째, 국내 프랜차이즈 본사는 해외시장의 진출이 부진하다. 현재 2,426개의 가맹본부 중 약 2.5%인 60여 개 본사만이 해외시장에 진출하였다. 이는 가맹본사의 규모의 영세성과 글로벌 마인드를 가진 전문 인력 부족이 해외시장 진출의 부진의 원인으로 볼 수 있다.

2009년 9월 청와대 보도 자료에 의하면 국가경쟁력강화를 위한 프랜차이즈 산업 활성화 방안에 대해 논의 하였다. 다음은 국가경쟁력강화의원회의 17차 회의의 내용이다.

04 프랜차이즈산업의 활성화 방안(정부 정책)

2009년 9월 청와대 보도 자료에 의하면 국가경쟁력강화를 위한 프랜차이즈 산업 활성화 방안에 대해 논의하였다. 다음은 국가경쟁력강화의원회의 17차 회의의 내용이다.

1) 고부가가치형 프랜차이즈 창업 및 사업화 촉진

정부는 고부가가치형 프랜차이즈 창업 및 사업화에 다음과 같은 방안을 제시하였다.

첫째, 창의성과 사업성이 뛰어난 유망 창업 아이디어를 발굴하여 초기 창업비용을 70%이내에서 5천만원 한도로 지원한다.

둘째, '프랜차이즈 아카데미'를 설립, 가맹본부 전문 인력 양성을 지원하고, 가맹점에 대한 영업지도 비용을 1,000개 가맹점을 100만원 한도에서 지원한다.

셋째, 우수 프랜차이즈 기업을 선정하여, 중·소 제조업에 준하는 수준으로 지원을 강화하고, 중·소 서비스업을 프랜차이즈화로 유도한다.

2) 자영업자 생계 안정화를 위한 가맹점 창업 활성화

자영업자의 가맹점화를 위하여 다음과 같이 지원방안을 제시하였다.

첫째, 가맹점 창업 및 전환 희망자를 대상으로 「정보제공→사전교육→자금지원→사후관리」까지 패키지로 지원한다.

둘째, 가맹점 창업 희망자 피해 예방을 위해 가맹본부가 등록하는 정보공개서의 내실의 강화를 추진한다.

셋째, 본부와 가맹점 간 갈등 방지를 위해 분쟁 예방교육을 연 4회에서 20회로 확대하고, 분쟁조정기간을 현행 78일에서 50일 이내로 단축한다.

넷째, 현재는 외식업 표준약관만 존재하지만 업종별 표준약관을 작성·보급하고 및 가맹본부와 가맹점 간 정례 협의체 구성을 유도한다.

3) 규제완화 및 인프라 선진화

가맹본사의 사업의 활성화를 위하여 현 가맹사업법의 규제조항을 완화하고, 인프라의 선진화를 위하여 다음과 같은 방안을 제시하였다.

첫째, 가맹점주의 가맹점 운영권 양도시, 가맹계약 갱신 등 현실적으로 가맹금 예치제 적용이 어려운 경우, 가맹금 예치제 적용에서 제외한다.

둘째, 광역단체를 중심으로 주요 거점에 가맹본부용 공동물류센터를 2012년까지 5개소를 건립·운영한다.

셋째, ERP 등 프랜차이즈 기업에 특화된 정보시스템의 개발·구축에 대한 비용을 업체당 5천만 원 한도에서 지원한다.

넷째, 계약의 공정성, 체계적 운영시스템 등 일정 기준을 만족하는 가맹본부에 대하여 인증 부여를 통해 산업 내 신뢰성을 제고한다.

4) 해외시장 진출 지원을 통한 글로벌 브랜드 육성

프랜차이즈 본사의 해외시장 진출을 통한 글로벌 브랜드 육성을 위하여 다음과 같은 방안을 제시하였다.

첫째, KOTRA에 프랜차이즈 해외진출 전담창구를 마련, 정보제공, 컨설팅, 해외거점 지원 등 맞춤형 지원 서비스를 제공한다.

둘째, 재외동포 네트워크와 국내 가맹본부 연계를 통해 해외동포 기업 발전에 새로운 모멘텀을 제공한다.

셋째, 프랜차이즈를 통한 한식 세계화를 위해 외식정보 DB제공, 표준 레시피 마련 및 시설자금의 지원을 추진하고, 가맹점 조리사에 대한 한식 조리교육을 지원한다.(2010년 500명, 교육비 50%지원)

05 프랜차이즈에 대한 제언

앞서 본문에서 제시한 내용과 기존에 발표 되었던 학술 연구논문들의 결과 그리고 프랜차이즈 전문가들에 대한 의견을 종합하면 다음과 같은 제언을 할 수 있다.

1) 프랜차이즈 본사와 가맹점과 관계 개선

현재 많은 예비 창업자들은 일부 본사의 허위정보 제공이나 기존 가맹점에 대한 횡포 등의 소식을 접하면서 본사에 대한 신뢰도가 떨어져 있는 상태이다. 실제 가맹점들이 몇몇 본사로부터 여러 가지 형태의 불이익을 당하는 경우가 다수 발생하여 본사와 가맹점 사이에 갈등도 증폭되고 있는 상황이다. 하지만 이로 인해 대다수의 건전한 프랜차이즈 본사들도 함께 나쁜 이미지로 매도당하고 있는 것도 현실이다. 이러한 쌍방 간 선의의 피해를 예방하기 위해 본사는 기업의 정보공개의 확대를 통한 투명한 기업경영을 확립하고 가맹점들로부터 신뢰를 얻어야 할 것으로 보인다.

정부 역시 본사의 가맹점 피해사례 등 현황을 정확히 분석하고, 모든 가맹본부가 정보공개서를 등록하도록 적극 유도해야 하는 동시에, 미등록시 정부 지원사업에서 배제토록 하여 현재 가맹점들의 피해사례를 최소화하도록 해야 할 것이다. 본부와 가맹점 간 갈등 완화를 위한 노력이 역시 필요한데, 본부와 가맹점 간 갈등 완화를 위한 분쟁 예방교육 및 조정제도 활성화를 추진하고, 본부와 가맹점 간 갈등 방지를 위한 분쟁 예방교육 확대해야 할 것이다. 특히 표준계약에 의한 계약이 가능하도록 각 업종 및 아이템별 표준약관을 작성 · 보급하고, 가맹본부와 가맹점 간의 서로 신뢰에 의해 지킬 수 있도록 법적인 제도보완이 필요하다. 또한, 분쟁조정제도 활성화를 위해서 홍보강화 및 분쟁조정 기간을 단축하고 분쟁조정 사례집제작 및 보급을 통한 분쟁의 최소화도 유도하여야 해야 할 것으로 보인다.

2) 프랜차이즈 전문 인력의 양성

현재 많은 프랜차이즈 본사 및 가맹점에서는 인력난을 호소하고 있다. 특히 젊은 인력이 부족한데 그 이유로는 낮은 급여, 열악한 근무환경, 미래의 비전 등의 이유로 직종의 기피현상이 나타나기 때문이다. 외형상으로만 보이는 프랜차이즈에 대한 장미 빛 환상을 갖고 뛰어든 젊은 인력들이 현실에 적응하지 못하고 바로 포기하는 것도 바로 이런 이유 때문이다. 특히 영세한 가맹점의 경우 매출부진, 수익률의 악화의 이유로 정직원의 채용보다는 파트타이머를 선호하기 때문에 이러한 인력난의 악순환이 지속되고 있다. 이를 해결하기 위해서 본사는 가맹점에서 일하는 직원에 대한 비전 제시나 근무환경의 개선, 직업에 대한 안전성 등의 노력이 필요하다고 할 수 있다. 특히 다음으로 실무진급 프랜차이즈 전문 인력양성을 위해서 정부 및 전문 교육기관을 통하여 실무진 직원들의 수준이나 직책에 맞는 교육 프로그램개발 및 활성화가 필요하다. 특히 국내 프랜차이즈 산업이 어느 정도 성장한 만큼, 업종의 특성에 따라 가맹본사를 진입기, 성장기, 성숙기, 쇠퇴기 등 성장 단계별로 나누어 각각의 상황에 맞는 차별화된 교육, 컨설팅 및 지원방안의 활성화가 절실히 요구된다고 할 수 있다.

또한, 본사의 최고 경영자의 경영이념이나 경영능력이 기업의 성패나 가맹점 간의 갈등에 매우 중요한 영향을 미치는 만큼, 최고 경영자들에 대한 실문적인 분야뿐만 아니라 본사와 가맹점 간 상생관계나 기업의 사회공헌활동 분야에 대한 체계적이고 집중적인 역량강화 교육도 반드시 선행되어야 할 것 이다.

3) 정부의 창업지원 정책

정부의 창업지원정책 역시 예비 창업자의 눈높이에 맞춰 현실적으로 도움이 되는 정책이 필요하다고 할 수 있다. 예를 들어 현재 정부의 창업지원정책의 일환으로 기관에서 일정한 교육을 이수하면 창업자금 및 운영자금을 저금리로 대출을 지원해주고 있다. 재정기반이 약한 예비 창업자들에겐 좋은 기회 일 수 있으나, 여기서 생각해 보아야 할 부분은 이론적인 교육 이후에 별다른 검증 없이 무분별한 자금의 지원에 있다고 할 수 있다. 실무경험이 부족하고 뚜렷한 사업계획이 없는 상태에서 무리하게 대출까지 받아서 창업을 한다면 프랜차이즈 창업이라 하더라도 사업의 실패할 가능성이 높기 때문이다.

특히 가맹본사의 가맹점주 교육 프로그램이 아무리 잘 구성되었다 하더라도 1개월 내외의 교육만으로는 많은 부분이 부족 한데, 한국 맥도날드의 가맹점주 교육이 10개월이라는 점은 한번쯤 생각해보게 하는 부분이 아닌가 싶다. 이러한 단점의 보완을 위해 교육 프로그램 기간의 연장이나, 이론 교육 후 동일 업종에 취업하여 일정기간 실무경험을 쌓은 후 대출해 주는 방안 등도 생각해 볼만한 방안이라고 할 수 있다.

4) 프랜차이즈 기업의 해외진출 장려

현재 다수의 국내 프랜차이즈 기업들이 해외진출을 고려하고 있다. 이미 포화된 국내의 치열한 경쟁상황에서 꾸준한 시장 수익을 낼 수 있고, 좀 더 안정적인 사업 영역을 확장할 수 있는 대안이 바로 해외로의 사업 진출이기 때문이다. 하지만 기업의 해외진출은 생각처럼 녹녹치 않다. 특히 생각지도 못했던 법적 문제나 현지 시장에 대한 정확한 조사 없이 국내의 시스템을 그대로 적용하여 현지화에 대한 실패로 인해 현재 소비자들로부터 외면을 받는 일이 많았기 때문이다. 결국 초창기 해외진출기업들의 대부분은 많은 시행착오를 겪었고, 또 많은 기업들이 해외사업에서 철수하기도 했다.

이러한 문제점을 보완하기 위해서 정부는 해외진출에 성공한 기업들에 대한 사례를 꾸준히 발굴하고 전파하여 해외진출 예비기업들에 대한 정보를 제공해야 할 것이다. 또한, 진출국가들에 대한 시장조사 및 현지 소비자들에 소비형태에 대한 데이터 자료를 구축하고 이러한 결과를 바탕으로 체계적인 해외진출에 대한 가이드라인을 개발하여, 해외진출 준비 기업에 대한 자료 배포 및 교육이 선행되어야 할 것이다. 더불어 예비 해외진출 기업에 대한 경제적인 지원 등 적극적인 협조가 필요하다고 볼 수 있다.

06 결론

프랜차이즈 산업은 앞으로 미래 성장가치가 유망한 산업으로 향후 발전 가능성이 높은 분야라고 할 수 있다. 그리고 잘만 운영이 한다면 단점보다 장점이 많은 분야로서 개인 창업에 비해 성공률이 높은 사업이라고 할 수 있다. 전문적인 지식이 부족한 개인이 하나부터 열까지 일일이 신경 써야 하는 개인 창업 보다 시스템을 갖추고 조직적으로 운영하는 프랜차이즈 기업이 수시로 변화하는 다양한 고객의 요구나 빠르게 변화하는 요즘 시장 트랜드에 유연하게 대응할 수 있기 때문이다. 또한, 이러한 추세는 전 세계적으로 공통적으로 나타나고 있는 현상이라고 할 수 있다.

하지만, 하나의 프랜차이즈 사업이 성공하기 위해서는 고급인력의 양성이나 가맹본부의 영업상 노하우 습득, 브랜드 자산 형성, 체계적인 관리시스템 구축, 꾸준한 아이템 개발 등 여러 가지 노력이 필요하며, 무엇보다 가맹본부와 가맹점 사업자의 상호신뢰와 몰입에 기초한 파트너십이 반드시 필요하다고 할 수 있다.

정부 정책도 국가경쟁력 강화와 서민경제 안정화를 위해서 프랜차이즈 산업 활성화에 대해 좀 더 적극적으로 대처해야 할 것이다. 현재 정부는 우수 프랜차이즈 기업을 선정·지원하며, 우수기업 사례를 보급하는 등 각종 지원을 강화하고 있지만, 이러한 지원 방안이 단기간적으로 끝날 것이 아니라 중장기적 관점에서 지속적으로 이루어져야 될 것으로 보인다.

또한, 중소 서비스업의 프랜차이즈화를 유도하여 산업의 규모를 확대하고 고부가가치 프랜차이즈를 위해서 법·제도적 규제의 완화, 산업기반 인프라의 확충, 프랜차이즈 정책의 지원기반 마련, 해외시장 진출 지원으로 글로벌 브랜드 육성 등의 프랜차이즈 산업 활성화를 위한 앞으로의 많은 개선안 및 노력이 필요할 것으로 보인다.

마지막으로, 다른 선진 국가들에 비해 국내 프랜차이즈 기업들은 후발 주자에 속하지만, 정부와 산학의 끊임없는 노력으로 양적·질적인 동반 성장을 이룬다면 세계적으로 유수한 기업들과 글로벌 시장에서 당당히 경쟁할 수 있는 날이 얼마 남지 않았다고 조심스럽게 예상해본다.

참고문헌

1. 청와대 보도자료(2009), 국가 경쟁력 강화 위원회 제 17차 회의
2. 지식경제부(2009), 자영업자 경쟁력 강화를 위한 프랜차이즈 산업 활성화 방안
3. 지식경제부(2008), 프랜차이즈업 현황 및 발전방안 연구
4. 지식경제부(2010), 전국 프랜차이즈 브랜드 실태조사

2-2 할인점

01 대형마트 변화과정

대형마트는 한국 유통사에 한 획을 그은 업태로서 평가할 수 있다. 유통에 체인스토아 오퍼레이션시스템을 도입하고 물류혁명과 중소업체 활성화에 기여했으며, 소비자 물가하락과 합리적인 소비패턴 정착에 크게 기여해 왔다고 볼 수 있다.

　1993년 최초 할인점인 이마트 창동점이 오픈할 때만 하더라도 파격적인 저가격, 저코스트, 최소한의 서비스와 창고형 매장으로 소매차륜이론의 진입단계에 있는 혁신적 소매업태로서의 전형적인 특징을 보였다. 그러던 것이 2000년대 성장기에 들어서면서 시설 고급화, 고수준의 서비스, 부대시설의 증가 등으로 인한 코스트 상승으로 낮은 회전율, 높은 코스트 업태로 점차 변화하였다. 2003년에는 매출액 19조 7천억 원으로 백화점을 누르고 국내 최고의 업태가 되었다.

　2010년 이후에는 성숙기 업태의 특징으로서 초기의 혁신적 특징이 사라지고 보수적인 대형소매업태로 발전하고 있다.

대형마트의 도입 이후 변화과정을 간단하게 정리하면 다음과 같다.

<표 1> 소매차륜이론

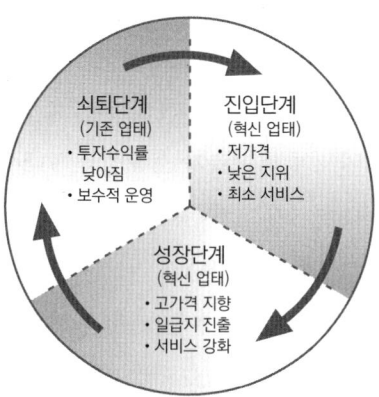

<출처: Lewison, 1997>

1) 도입기(1993~1995년)

이마트 창동점이 시작이 된 대형마트 업계는 매일 저가격 판매(EDLP)를 내세우며 빠른 시간내 인근 소비자를 끌어 모았고 처음에 납품을 꺼렸던 제조업체들도 앞다퉈 상품을 입점시키며 오픈 2년만에 10여 개 업체, 20개 점포로 확대되었다.

초기 점포들은 철저한 로코스트 오퍼레이션을 기초로 천정과 바닥 마감공사를 하지 않았으며 곤돌라위에 상품을 적재함으로써 매장이 동시에 창고기능을 수행했다. 이러한 점포설계는 비용절감 외에도 고객에게 기존의 업태였던 백화점에 비해 상품이 싸다는 이미지를 심어주었다. 업체별로는 이마트와 킴스클럽이 다점포화를 전개하며 초기 대형마트

시장을 주도해 나갔고 1995년에는 메가마트가 한국형 하이퍼마켓을 표방하며 오픈하였고 그랜드백화점이 그랜드마트로 업태변경을 도모하였다. 그외에도 동아마트, 빅마트, 코렉스마트가 개점하면서 초기 대형마트 시장을 형성하였다.

2) 글로벌 업체 국내 진출 러시(1996~1999년)

1996년 국내 유통시장이 개방되면서 해외 선진 할인점들이 앞다퉈 진출하였다. 1994년 네덜란드계 마크로가 소매업자를 대상으로 한 회원제 창고형 매장을 오픈하면서 3개점까지 확장하였다. 하지만 한국 마크로는 과다한 초기투자비로 어려움을 겪다가 1998년 월마트에 인수되었다. 까르푸는 1996년 중동점에 유럽식 하이퍼마켓 형태를 선보인 이후 1999년까지 11개점을 오픈하며 지방 주요도시로 진출하였다. 1998년에는 신세계가 코스트코사와 합작법인을 설립해 오픈했던 프라이스클럽이 코스트코 홀세일로 변경되었다. 세계 최대의 유통기업인 월마트는 1998년 마크로 4개점을 인수하면서 국내 진출하는 등 자금과 선진유통시스템을 갖춘 글로벌 기업들의 진출이 이어졌으며 이에 대응해 LG마트, 홈플러스 등 국내 토종 할인점들도 반격을 시작하였고 한화유통, 롯데마트가 1998년에 오픈하며 후발주자로서의 단점을 만회하기 위해 적극적인 다점포화를 추진하였다. 1990년대 후반에는 외환위기로 인한 경제 불황과 합리적 소비행태의 정착으로 할인점 선호도가 높아지면서 신규개설 점포수가 급증하여 1999년에 116개 점포를 넘어섰다.

고객유치 경쟁도 치열해져 전단지 행사, 셔틀버스 운영 외에 원스톱 쇼핑 개념이 확대되며 할인점 내 푸드코트, 사진현상소, 약국, 안경점, 어린이 놀이시설, 타이어센터 등 부대시설과 편의시설을 강화하게 된다.

3) 다점포화 구축(2000~2003년)

대형마트는 외환위기 및 불황에 기인한 합리주의 지향형 소비 확산과 맞물려 급속한 성장을 거듭하여 국내도입 10년만인 2003년에는 백화점 매출규모를 추월하여 국내에서 가장 큰 소매 업태로서 자리매김을 하게 되었고, 2005년도에는 점포수 304개, 매출액 24조 4천억 원에 이르렀다.

기존업체들의 공격적인 다점포 전개로 전국에 신규점 개설이 이루어졌다. 1998년 아웃렛 세이브존이 오픈하여 2003년까지 7개점을 오픈하였고 이마트는 2003년 말 기준 총60개 점포망을 구축하였다. 홈플러스와 롯데마트도 그뒤를 따르며 성장세를 이어갔다. 업체들은 외형적인 성장과 함께 노후화된 집기를 교체하고 곤돌라 높이를 낮추는 등 고객의 니즈에 맞는 점포 리모델링을 병행하면서 물류비 절감을 위해 물류센타를 건립하였다. 최신시스템과 설비를 갖춘 물류센타는 단순히 창고역할을 수행하던 기존 물류센타기능을 넘어 국내 유통물류산업을 획기적으로 발전시키는 전기를 마련했다.

4) 차별화 시도(2004~2007년)

이 시기는 할인점 점포수가 250개를 돌파하면서 할인점 포화론이 대두되기 시작했고, SSM업태 진출과 글로벌 시장 진출이 시작되었다.

2006년부터 2007년에는 한국 소비자 니즈 파악에 실패한 외국계 유통업체인 까르푸와 월마트, B&Q가 차례로 국내시장에서 철수하는 큰 사건들이 일어났다.

내부적으로는 저하되는 수익성 개선을 위해 PB상품 개발이 활성화되기 시작했고 점포 외형도 전문점 입점을 통한 복합몰 형태의 매장이 증가하였다. 이제 대형마트는 단순히 상품을 판매하는 곳이 아닌 원스톱 쇼핑과 서비스를 제공하는 생활, 문화공간으로 바뀌기 시작한 것이다.

5) 역신장기 진입(2008~2009)

글로벌 경기침체가 국내경기 및 소비부진으로 이어지면서 2008년 3/4분기 이후 기존점 신장세가 역신장세로 전환되었고 신규출점도 2008년의 34개에서 2009년에는 13개로 출점속도가 둔화되며 본격적인 저성장 시대로 진입하였다. 특히 2009년에는 대형마트 3사가 -1.2%로 역대 최저 성장률을 기록하였으며, 지난 10년간 소매업계 성장을 주도하던 신장률이 2002년의 20%대, 2004년의 10%대, 2008년 이후 한자리 수로 하락하였다.

불경기로 소비자 라이프스타일이 변화되며 소량 구매 트랜드가 확산되어 기업형슈퍼, 편의점, 온라인쇼핑 등 경쟁업태로부터의 간섭효과가 커지며 업체간 경쟁구도에서 업태간 경쟁구도로 전환되었다. 한편, 국내시장에 한계를 느낀 대형업체들의 글로벌 진출이 본격화되어 2008년에는 49개, 2009년 121개의 해외점포를 오픈하였다.

⟨표 2⟩ 대형3사 연간 매출 증감률

구분	2005	2006	2007	2008	2009	2010
증감률	5.7	1.7	0.3	-0.2	-1.2	4.9

⟨출처: 대한상공회의소 2011년 유통산업통계(대형3사 기준)⟩

《표 3》 **연도별 대형마트 점포수 및 매출액**(단위: 100억, 개)

연도	1993	1994	1995	1996	1997	1998	1999	2000	2001	2002
매출액	na	na	70	210	350	550	757	1,063	1,379	1,740
점포수	1	4	18	28	50	91	116	171	201	235
연도	2003	2004	2005	2006	2007	2008	2009	2010	2011F	2012F
매출액	1,970	2,150	2,360	2,540	2,840	3,010	3,130	3,380	3,690	3,980
점포수	261	278	306	337	363	394	409	437	na	na

〈출처: 한국유통산업발전사, 한국체인스토어협회 2011유통업체 연감〉

6) 재성장의 모색(2010~)

2008~2009년 최저성장을 기록한 대형마트는 2010년부터 대형마트 경쟁력의 핵심인 가격정책, 새로운 상품제안 및 온라인 강화를 통해 재성장을 도모하였다. 출점을 통한 성장의 한계에 봉착한 대형마트 업계는 이마트의 가격혁명을 필두로 초저가 경쟁이 시작되었으며, 글로벌 소싱의 원년이라고 할 정도로 전 세계 소싱처를 대상으로 값싸고 품질좋은 해외상품을 대량으로 소싱하여 소비자에게 제안하였다.

또한, 오프라인 시장의 한계를 인식하고 오프라인의 인지도를 활용하여 온라인몰 확대에 나서 기존 인프라를 정비하고 전문인력을 영입하여 시장 선점을 위한 활발한 활동이 전개되었다.

02 대형마트 업계 현황

이마트, 롯데마트, 홈플러스 Big3가 대형마트 업계에서 차지하는 매출 비중은 86.6%이며, 점포수는 78.3%에 달할 정도로 거의 3개 업체에 의해 업계판도가 변하고 있다. 이마트는 2010년 기준 12조6천억으로 대형마트 태동 이후 1위를 계속 유지하고 있고 홈플러스는 10조8천억으로 2위, 롯데마트는 2010년에 GS리테일로부터 14개점을 인수하며 대규모 인수합병의 선두주자가 되고 있다. 그외 코스트코는 29%대의 성장을 기록하고 있으며, 이랜드 리테일은 2009년 대구 동아백화점 5개점과 동아마트 2개점을 인수하여 유통시장에 강력한 후발주자로 부각되고, 그뒤를 하나로클럽과 메가마트 등이 뒤따르고 있는 상황이다.

2000년 이후 글로벌 경제위기와 이에 동조화되는 국내경기, 지속적인 물가상승과 소비심리 위축으로 큰 동력이 없이 지속적인 성장은 어려운 시대가 되고 있다. 이로 인해 대형마트 업계들은 생존을 위한 다양한 전략을 구사하고 있다.

〈표 4〉 2010년 대형마트 업체별 결산

	매출액(원)	성장률(%)	신규출점수(개)	총점포수(개)
이마트	12조 6천억	8.7	3	132
홈플러스	10조 7300억	8.8	7	121
롯데마트	5조 8800억	21.6	7	90
뉴코아아웃렛	2조 1820억	14.2	2	19
코스트코홀세일	1조 5790억	29.7	-	7
이천일아웃렛	1조 1080억	-1.1	-	12
하나로클럽	8400억	2.9	-	6
메가마트	6400억	7.0	1	6

〈출처: 대한상공회의소 2011년 유통산업 통계(해외매장 제외)〉

1) 대형마트 기본으로의 회귀

대형마트 주요 업체들은 2010년부터 초기 업태 본연의 특성으로 돌아가 저가격을 새롭게 선언하였다.

그동안 국내시장의 대형마트는 외국계 창고형 할인점들과는 달리 고급스러운 포지셔닝으로 차별화되어 왔고 이에 따라 가격정책도 단기간 상품가격을 올렸다 내렸다를 반복하는 HI-LOW전략을 구사하여 왔다. 식품을 주력으로 취급하는 대형마트의 경우 MD취급이 비슷한 슈퍼마켓, 편의점, 온라인쇼핑몰과 모두 경쟁해야 하기 때문에 전혀 새로운 포맷이나 마케팅전략을 만들어내기 어려운 측면이 있고 그러다보니 가격경쟁에 치중하는 모습을 보여왔다.

2010년 이마트가 선도한 가격혁명은 그동안의 가격정책을 개선하여 할인점 본연의 EDLP로 회귀하는 것으로서 매일매일 저렴한 가격을 지속적으로 유지하여 실질적 가격혜택을 제공하는 것이다. 이를 위해 그동안 업계에 경쟁적으로 이루어졌던 전단지 발행을 중단하고 신문광고 위주로 이미지 및 핵심전략 상품의 광고로 전환하게 되었다. 업체입장에서는 이익률은 다소 하락하지만 소비자생활에 민감한 품목 중심의 가격인하를 통해 더많은 고객이 자주 내점하는 선순환으로 작용하게 되었다. 2010년 들어 촉발된 가격경쟁은 롯데마트의 통큰 시리즈 등 대형마트간 상호경쟁으로 고객의 관심을 받으며 매출활성화의 순기능 역할을 수행하였다.

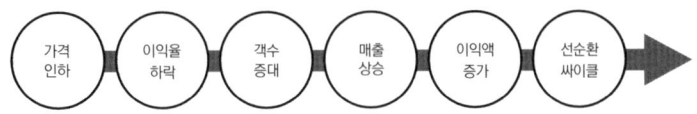

<그림 1> 이마트 가격혁명의 구조

〈출처: 신세계 유통산업연구소〉

2) 해외소싱 강화를 통한 상품 차별화

저가격 정책과 함께 새로운 상품제안이 할인점의 성장의 축이 되며 업체간 치열한 해외소싱전쟁이 이루어지고 있다. 2009년 11월 이마트의 랍스터 수입이후 대형마트 3사의 신선식품 수입경쟁이 진행되어 타이거새우, 꽃게 등 저가격의 다양한 상품 제안을 통해 고객에게 차별화된 이미지를 제공하고 있다. 또한, 기후변화에 따라 국내산 대체제로서 국산과일의 작황부진에 따른 수입산 과일 및 수온상승으로 인한 수입산 냉동수산물의 판매가 증가하고 있다. 구제역 발생으로 인한 삼겹살 가격 급등은 저가의 수입산 냉동 돼지고기 수입으로 이어지고 있다. 이러한 현상은 당분간 지구 기온 상승에 따른 폭염, 홍수, 폭풍 등 기상이변으로 인해 지속적인 확대가 예상된다.

이외에도 자신과 가족을 위한 문화, 레저상품에 대한 소비자들의 구매가 증가하면서 사전기획과 대량소싱으로 골프 풀세트, 수입명품 청바지, 유명 생활용품, 이마트 LED TV 등이 며칠 안에 품절되는 등 폭발적 인기를 끌고 있다.

〈표 5〉 대형마트 3社 해외직소싱 매출 규모

(2011년은 예상치 단위:억원)

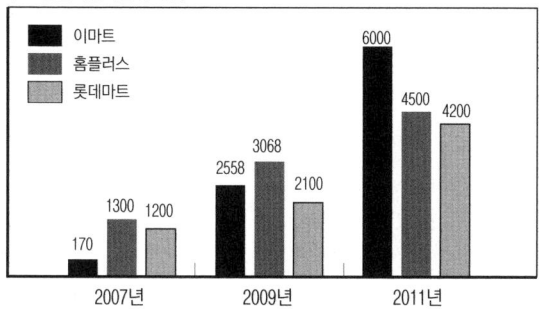

이마트
홈플러스
롯데마트

170
1300 1200
2558
3068
2100
6000
4500 4200

2007년   2009년   2011년

〈출처: 각사자료〉

3) 온라인 몰과 디지털 서비스의 강화

무점포 판매가 39조의 시장을 형성하며 제2의 업태로 부각되면서 오프
라인에서 이탈되는 고객을 흡수하기 위한 대형마트의 온라인몰 강화 움
직임이 두드러지고 있다. 바쁜 일상과 여성의 경제활동 증가 등의 시간
절약형 소비패턴에 적극 대응하고 그동안 오프라인 대형마트에 대한 고
객의 신뢰와 구매경험을 기반으로 신선식품의 강점을 부각시키면서 당
일배송, 예약배송 등 기존 점포망을 활용한 물류 및 배송시스템으로 온
라인몰이 2009년 대비 150% 이상의 성장을 보이고 있다.

〈표 6〉 대형마트 On-Line Mall 비교

	이마트	홈플러스	롯데마트
품목수	3만 개	3만 개	2만 5천 개
배송점포	72개 점	47개 점	70개 점
무료배송기준	8만원	5만원	5만원
비고	7월 리뉴얼 온라인 팀→담당 격상 어플리케이션, 예약 배송	CRM 강화 (고객별 맞춤 DM) 1일 10배송	5월 리뉴얼 거점 점포 확대 특화물 집중 육성

〈출처: 2011년 리테일매거진〉

〈표 7〉 대형마트 온라인몰 시장규모 및 성장률

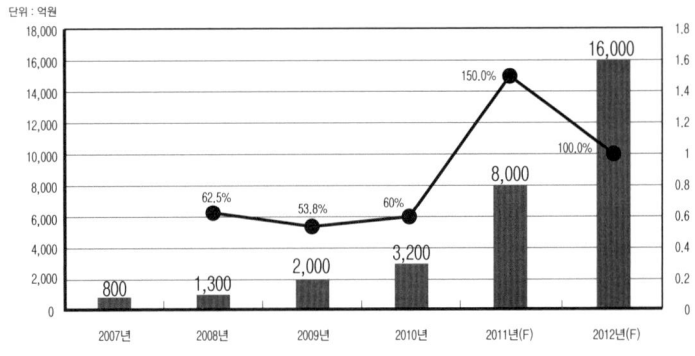

〈출처: 신세계 유통산업연구소〉

또한, 국내 스마트폰 가입자 수가 2천만 명을 돌파하며 모바일을 통한 쇼핑이 본격화되고 있다. 스마트폰 사용자가 2011년 10월을 기준으로 38%에 이르면서 스마트폰은 새로운 미디어로서 기존 미디어의 소비시간을 흡수하고 있다. 2012년 모바일 커머스는 전년대비 3배 증가한 1200억 원 매출이 예상되고 있다. 이에 따라 대형마트 업체들도 QR코드 도입, 스마트폰 애플리케이션 출시 등 모바일 마케팅을 강화하며 고객과의 접점을 확보하는데 주력하고 있다.

홈플러스는 지하철역 기둥과 스크린도어에 스마트 가상스토어를 설치하여 상품 사진을 보고 스마트폰으로 바코드만 찍으면 상품을 집으로 배달해주는 모바일 쇼핑시대를 열었다. 이마트는 삼성전자와 제휴를 통해 이마트 어플리케이션을 통해 냉장고에 없는 식료품을 바로 구매할 수 있는 서비스를 시작했다. 스마트 냉장고에 붙어있는 LCD디스플레이를 통해 이마트 2만 5천 개 식품을 직접주문하여 원하는 시간대에 받을 수 있다.

또한, 이마트 성수점에 스마트카트를 선보여 쇼핑카트에 장착된 태블릿PC에 쇼핑목록을 입력하면 매장 어디에 제품이 있는지, 각종 할인행사에 대한 정보, 할인쿠폰 다운로드 등 다양한 기능을 체험할 수 있는 등 대형마트의 IT전쟁은 본격화되고 있다.

4) 대형마트의 저가격형 트렌스포머(transformer) 업태

기존점 신장률이 저하되고 부지 포화로 신규점 출점이 정체되면서 새로운 성장의 기반을 위한 준비활동이 가속화되고 있다. 소비자들의 저가격 요구에 대응하기 위해 창고형 할인점 오픈 경쟁이 치열하다. 2010년 구성점을 창고형 할인점 트레이더스로 재오픈한 이마트는 2012년 7월 현재 7개 점포를 오픈하는 등 기존점 중 효율이 떨어지는 매장을 대상으로 업태전환을 시도하고 있다. 기존의 할인점과 달리 대용량 번들 위주의 상품구성으로 최저가를 지향하고 운영 SKU를 4천 개로 압축하여 효율화를 추구한 결과 구성점의 경우 매출이 2.5배 상승하고 있다.

롯데마트도 2012년 6월 회원제 창고형 할인매장인 빅마켓을 오픈하는 등 경쟁이 치열한 도심의 점포를 리뉴얼하여 회원제 창고형 매장으

로 재오픈 예정이다. 가격은 대형마트보다 10~30%저렴하며 운영. SKU
는 5천 개로 압축하고 롯데멤버스 회원을 대상으로 오픈할 예정이다. 이
러한 움직임은 국내 유일의 창고형 회원제 할인점으로 상품력과 저가격
으로 지속적 성장세를 유지하고 있는 코스트코의 성과에 힘입은 바 크
다. 코스트코는 대형마트 3사의 점포당 평균 매출의 2.7배 수준을 보이
고 연평균 26%의 고성장을 기록하고 있다.

〈표 8〉 **대형마트 점포당 매출**(단위: 개, 억)

구분	점포수	매출	점포당매출
이마트	131	126,000	962
홈플러스	121	107,300	887
롯데마트	90	53,000	589
계	342	286,300	837

〈출처: 2010년 각사 결산보고서〉

5) 카테고리 킬러 전문점의 강화

고객의 가치소비 니즈가 증가하면서 대형마트는 또다른 집객요소로 매
장내 전문점 형태와 상품 구색을 강화하는 모습을 보이고 있다. 이마트가
구성점을 트레이더스로 리뉴얼 오픈하면서 복합화한 매트릭스(디지털가전),
몰리스펫샵(애완)은 기존의 스포츠빅텐과 더불어 트레이더스 내에 지속적
으로 복합시키고 있다. 롯데마트는 2011년 4월 부산에 롯데키즈마트 부산
점을 오픈하고 매장의 절반 가량을 유·아동 공간으로 할애하면서 향후
롯데마트의 새로운 모델점포로 자리잡고 있다. 이러한 배경에는 치열한
상권에 오픈할 경우 지금까지 볼 수 없었던 새로운 콘셉트의 매장이 아니

고는 성공할 수 없다는 성숙기 업태의 절실함이 반영된 결과이다.

2010년 9월에는 잠실점에 체험형 매장과 IT숍으로 차별화된 디지털파크를 가전매장 중 최대규모로 오픈하여 가전시장에 도전장을 내밀기도 했다. 또한, 롯데쇼핑이 가전 카테고리 킬러인 하이마트를 인수하여 롯데마트, 백화점 가전부문과의 시너지효과를 통해 바잉파워에 따른 가전시장의 지배력을 늘려 나갈 것으로 보인다.

03 주요이슈와 당면과제

선행연구들에 따르면 국내 대형마트는 인구 10만 명당 1개가 포화시점으로 예측되고 있는 상황에서 2010년 점포수가 437개로 11만 명당 1개 수준에 이르며 점차 포화기로 진입하고 있다. 이에 따라 신규점 출점 감소에 따른 성장률저하, 가격경쟁 심화와 마케팅 비용 증가에 따른 수익성 이슈, 타 업태 대비 상품력이 떨어지는 생활, 패션에 대한 이슈, 사회적 책임강화, 해외진출 등 업태 자체적으로나 사회적으로 요구되는 다양한 과제를 안고 있다. 지속가능한 성장을 위해 해결해야 할 대형마트 업계의 주요이슈와 당면과제는 다음과 같다.

1) 마케팅 비용 증가에 따른 수익성 이슈

세계적으로 까다로운 한국 소비자들은 대형마트에서도 백화점식 시설이나 서비스를 요구해 왔다. 이러한 고객의 요구에 부응하기 위해 매장의 고급화와 다양한 매체를 통한 광고, 전단 및 잡지 발행, 매장내 다양한 ISP(InStorePromotion)를 추진한 결과 대형마트 3사의 판매 관리비는 2004

년의 20.1%에서 2010년 24.3%로 대폭 상승하였다. 또한, 경쟁이 치열해지면서 자사 고객의 충성도를 높이기 위해 백화점에서 이루어지던 판매 데이타를 기반으로 한 고객분석 시스템(CRM)을 도입하여 타겟 마케팅을 강화하고 있다. 일찍이 CRM시스템을 도입한 홈플러스 외에 이마트도 2011년 고객 장바구니 데이터를 분석하여 고객 라이프스타일별 상품과 고객타겟별 행사제안이 가능한 CRM시스템을 도입하였다. 또한, 중소업체 동반성장을 위한 수수료 인하 요구로 인해 추가적인 이익감소도 예상된다. 이를 위해 몇 가지 노력들이 요구되고 있다.

첫째, NB상품에 비해 상대적으로 이익률이 높은 PB상품의 강화이다.

대형마트 3사를 중심으로 꾸준히 늘려온 PB상품은 2010년 현재 매출액대비 구성비가 23%에 이르며 업체별 상품 차별화의 핵심적 역할을 하고 있다. 그동안은 식품 위주로 구성비를 늘려 왔으나 향후에는 마트에서 상품력이 약한 생활, 가전문화, 패션레포츠 부문에서 경쟁력을 갖춘 PB상품이 많이 개발되어야 할 것이다. 업체별로는 이마트가 PB 단품의류 브랜드 데이즈를 신세계 인터내셔날로 사업부를 이관하고 패밀리가 즐겨입는 SPA형 브랜드로 육성하고 있다. 홈플러스에서는 영국의 패스트패션 브랜드인 플로렌스&프레드를 직수입하여 66개 매장에서 판매하고 있다. 롯데마트는 PB의류 사업을 강화하기 위해 별도의 조직을 구성하고 미국업체로부터 컨설팅을 받고 있다.

둘째 서비스 사업의 강화이다.

홈플러스는 2003년부터 금융상품 판매를 시작해 50만 명 이상이 보험에 가입하였고 2009년 부터는 일부 매장에 은행을 입점시키고 전문컨설턴트와 보험상담을 하는 마트슈랑스를 런칭하였고 롯데마트도 2009년부터 계열금융사들과 금융쇼핑코너를 오픈했다. 이마트는 2011년 하반기에 서울과 수도권 매장을 중심으로 이마트 매장내 금융센터를 개설하여 보험상품 판매, 대출상담, 재무설계를 서비스하고 있다.

일찍이 테스코, 세인즈베리 등의 글로벌 소매업체들은 수익선 다변화 및 고객들에게 차별적 가치제공을 위해 기존 유통채널을 활용한 금융상품 판매를 적극으로 추진하여 왔다.

그 외 서비스업체와의 또 다른 제휴형태도 고려가 가능하다. 2007년 일본에서 시작한 샘플랩(Sample Lab)과 같은 형태의 업체들을 소매시장에서 인지도가 높은 대형마트내 운영하여 고객들에게 신상품 테스트의 좋은 기회 제공이 가능하다. 샘플랩은 제조업체의 홍보부스관 형태로 17세 이상의 소비자를 대상으로 회원을 모집하여 기업체의 신상품을 미리체험하거나 고가상품에 대해서는 경품당첨, 할인쿠폰 등의 혜택을 부여하는 업체로 일본에서는 큰 인기를 얻은 바 있다.

오프라인 업체들의 자산은 막대한 내점 고객이다. 이들을 바탕으로 다양한 업종과의 협력(collaboration)을 통한 서비스 사업이 가능하며 고객의 편의성, 즐거움 제공과 수익성 제고라는 두 마리 토끼를 잡을 수 있을 것이다.

〈그림 2〉 이마트 금융센타

〈그림 3〉 샘플랩

〈출처: 일간지〉

2) 해외진출 이슈

성숙기 국내시장의 돌파구를 마련하기 위한 업계의 해외진출이 가속화
되고 있다. 1997년 이마트가 상해 1호점을 출점한 이후 기존의 중국 중
심에서 경제성장률이 높은 베트남, 인도네시아 등의 신흥개발국으로 확
대되고 있다. 진출방식은 업체간 특성을 반영하여 이마트는 독자출점
으로 시장상황을 보며 단계적으로 신중히 접근하는데 비해 롯데마트는
중국에서는 마크로와 타임즈를 인수하고 인도네시아에서는 마크로를
인수하는 등 현지업체 M&A를 통해 한번에 점포수를 늘리는 전략으로
2011년 3개국에서 113개 점포를 운영하며 해외진출에 가장 적극적으로
나서고 있다. 이마트는 2013년 이후 베트남, 롯데마트는 러시아에도 출
점을 가시화하고 있다.

　하지만 2004년 중국내 2호점을 내기 시작하며 포문이 열린 해외진출
은 이마트가 2011년 중국 점포 6개를 매각하고 지속적인 적자를 내고 있
으며, 롯데마트도 86개 점포를 운영(2011년 9월기준)하고 있지만 수익을 내
는 점포가 거의 없는 등 소매업이 가장 국제화하기 어렵다는 가설을 뒷
받침하고 있다. 그나라 사회문화적 배경을 반영하여 토착화된 로컬라이
제이션(localization)으로 나갈것인가 표준화된 글로벌라이제이션(globalization)
전략으로 나갈것인가 어떤 전략이 그나라 시장에 유효할 것인가는 정답
이 없는 어려운 이슈가 되고 있다.

구분	해외매장수	국가별매장수	세부사업
롯데마트	106	중국	82
		인도네시아	22
		베트남	2
이마트	28	중국	28
메가마트	4	중국	3
		미국	1

〈출처: 한국체인스토어협회, 2011 유통업체연감〉

3) 규제강화와 사회적 책임 이슈

정부규제 강화, 동반성장, 친환경경영 등 사회적 이슈가 부각되면서 대형마트 업계의 출점과 매출저하 등의 어려움은 지속될 것으로 보인다.

지방 자치 단체 조례 제정에 따라 유통업체의 신규 출점이 제한되고 있으며, 전통상업 보존구역 반경 1km내에서 SSM의 등록을 제한하는 유통산업발전법 추가개정과 대기업이 지분 51% 이상을 가지고 있는 프랜차이즈형 SSM 가맹점을 직영점과 마찬가지로 사업조정 신청 대상에 적용시키는 중소기업 상생 협력 촉진법이 통과되면서 신규 출점을 둘러싼 대형마트와 지방자치단체 간 갈등이 확산되고 있다.

건축 인·허가를 받아 건립 중이거나 완공을 앞둔 점포의 개설 등록을 지자체가 반려하면서 전국 곳곳에서 법적 분쟁으로 번지고 있다. 이로 인해 신규출점이 불허되거나 출점이 늦어지면서 기존점포의 리뉴얼이나 기존점 활성화를 위한 다양한 활동이 증가하고 있다. 또한, 영업시간 제한, 의무 휴업일 지정 등으로 해가 갈수록 규제로 인한 어려움이 가

중되고 있다.

　최근 전 산업에 걸쳐 환경이 주요 이슈로 등장하며, 녹색유통에 관한 관심이 고조되고 있다. "저탄소 녹색성장 기본법"에 따른 온실가스 에너지 목표관리제가 시행되면서 그린스토어를 확대하고 있다. 트레이더스 구성점, 홈플러스 부천여월점, 롯데마트 평택점을 그린스토어 1호점으로 오픈하며 에너지절감 점포 구축을 위해 고효율 기기를 장착한 유통 매장들이 증가하고 있다. 또한, 대형 유통업체 교통유발금 부과 및 냉방 온도 기준을 설정하는 등 세계 환경변화에 따른 투자, 유지비는 계속 증가할 것으로 보인다. 하지만 환경관련 글로벌 기준이 강화되는 것은 세계적 대세이기 때문에 대형마트 업체들도 지속가능한 경영을 위해 당장의 효과를 기대하기 보다는 마케팅적 접근하에 점진적으로 진행해야 할 것이다.

　대기업에 대한 사회적 책임(CSR)을 강화하는 세계적 움직임에 따라 대형 유통업체들의 공급업체와의 동반성장이나 지역사회에의 공헌 등도 지속적인 이슈가 되고 있다. 2011년 공정위 주도의 유통업체 수수료 인하를 통해 중소업체 부담을 덜어주려는 움직임으로 대형마트도 판매장려율을 3~7% 인하하여 년간 400~500억 원의 이익이 감소하고 있고 자발적인 아닌 강제적인 조치에 대해 시장자본논리를 내세운 국내외 주주들의 반발도 일어나고 있다.

　협력회사들이 단기적으로 바라는 동반성장은 지속적인 계약관계의 약속, 원가에 대한 적정 보존, 적정 이익 보장, 빠른 대금결재 등이다. 하지만 중장기적으로는 지속적으로 매출이 늘고 더불어 영업이익이 증가하는 것이다. 안정적인 거래관계를 유지하고 협력회사의 상품경쟁력을 향상시켜주고 그 과정에서 공동상품 개발 및 품질관리 등의 노력이 병행되어야 한다. 단순한 자금지원 등의 시혜를 베푸는 개념에서 인력지원, 경영지원, 기술지원, 교육지원 등을 통해 협력회사의 인프라를 더욱 두텁게 함으로써 지속적인 발전의 토대를 구축해 주어야 한다. 대기업과 중소협력사가 상호작용을 통해 원-원하는 구조의 동반자적 네트워크 형성을 통해 파이를 키워가는 활동이 진정한 동반성장의 발전방향이 될 것이다.

〈표 10〉 대형 3사 동반성장 실행 전략

이마트	홈플러스	롯데마트
• 현장경영지도 • 무료에너지 진단 • 공동상품 개발 확대 • 교육지원 • 경영정보지원 • 인력 구인구직 지원 • 해외 동반진출 지원 • 금융지원	• 공정거래 • 자금지원 • 협력 및 기술지원 • 상품개발 및 수출지원 • 교육지원 • 경영지원	• 공동상품개발 • 자금지원확대 • 경영효율개선 지원 • 해외동반진출 지원 • 소통과 존중 문화 정착

〈출처: 리테일 매거진 2011.8~10월호〉

04 소비트렌드 변화에 따른 향후 전망

대형마트는 2008~2009년 대형 3사가 역신장세를 보이며 포화에 대한 논의가 본격화되기 시작했다. '98년~'02년 연평균 신장률 37%로 두자릿수의 성장세를 보이던 것이 '03년~'06년 연평균 신장률 9.2%의 한자릿수의 신장세로 하락하였다. 이런 추세로 볼 때 2012년 이후는 무점포판매가 대형마트 시장을 제치고 1위의 유통업태가 될 것으로 예측된다.

신세계 유통산업연구소 발표자료(2003년)에 따르면 할인점 포화는 인구 10만 명당 1개를 기준으로 적정 점포수는 470여 개를 예측한 바 있다. 이를 근거로 볼 때 2012년 이후가 포화시점으로 제기되고 있다. 따라서 향후에는 기존의 20~30만 이상의 광역상권을 대상으로 한 대형점보다는 10만 명 이하의 중소도시나 도심 주상복합내 1,000평 이하의 중소포맷으로 출점하는 패턴이 증가할 것으로 보인다.

이러한 배경하에서 향후에는 신규출점을 위주로 한 양적성장에서 기존점의 활성화와 업태전환, 소비자 관점의 점포운영 등 질적성장으로 방향 전환이 필요해 보인다. 특히 저출산, 고령화의 인구구조 변화, 저성장 경제구조, 베이붐 세대가 은퇴하고 건강과 가족을 중시하는 사회문화의 변화, 합리성과 감성의 이중적 소비행태 등으로 변화하는 소비트렌드를 직시할때 대형마트의 지속성장이 가능할 것이다. 향후 예측되는 소비자 트렌드 변화에 따른 대형마트의 대응방안을 살펴본다.

1) 로케팅(Rocketing) 소비

몇가지 중요한 물건에만 엄청난 돈을 지출하고 나머지 것에는 평균이하의 지출만 하는 편향소비를 로케팅소비라 한다. 백화점 명품판매나 전문적인 상품 판매가 급증하고 있지만 이와 반대로 생필품에 대한 저가 상품을 선호하는 현상은 더욱 증가하고 있다. 미국 유통전문지 스토아(Stroes)는 불안정한 경기하의 소비자 패턴변화를 유통업계 과제로 지적하였다. BMW를 타고 IT샵에 가서 비싼 애플 가전에는 열광하며 지갑을 열지만 생활필수품인 치약, 화장지 등 염가상품은 ALDI(하드디스카운트 스토아)에서 구입하는 소비자가 늘고 있는 것이다.

대형마트가 처음 도입되던 시절의 초저가, 기본적인 시설과 서비스로 대표되었던 혁신적인 형태의 신규포맷에 대한 소비자들의 니즈도 가시화되고 있다. 까르푸(ED), 카지노(리더 프라이스), 독일의 Aldi, Lidl, 일본의 Big A, Trial과 같은 업체들이 전개하고 있는 100~200평 규모의 초저가격을 콘셉트로 한 HDS포맷에 대한 관심이 높아지고 있다.

국내업체들도 이미 기존매장의 리뉴얼을 통해 트레이더스와 같은 창고형 할인매장을 만들거나 기존 저효율 매장을 파격적인 가격의 체화재고상품 중심의 매장으로 리뉴얼 운영하고 있다. 이와 더불어 다이소와 같은 균일가매장이 관심속에 확장하고 있다.

대형마트 업계의 신규포맷 검토 대부분이 저가 소구형 매장을 대상으로 하고 있다. 창고형 할인점이든 균일가숍이든, 하드디스카운트 스토아든 가격 하나만큼은 정말 싸다라는 소비자 인지가 그 콘셉트의 그 중심이 되어야 할 것이다.

2) Cross Format & Category

소비자들의 업태, 업체에 대한 충성도가 사라지고 본인이 원하는 시간과 장소, 상황(TPO)에 맞게 필요에 따라 복합적 채널(Cross-Channel)을 이용하는 소비트렌드로 변화하고 있다. 이에 따라 대형마트도 기존의 단일화된 매장구성에서 업태와 업종을 불문한 다양한 형태로 복합화 및 업종별 전문점 형태로 독립하는 복합화와 전문화가 동시에 이루어질 것으로 보인다.

대형마트내 앵커 테난트로서 전문샵을 복합화하는 형태가 가장 일반적인 형태로 이마트의 경우는 스포츠(빅텐), 가전(매트릭스), 애완(몰리스펫샵)을 비롯해 와라토이(완구), 드럭스토어(화장품) 등까지 카테고리 전문화가 확대되고 있다. 이외에도 롯데마트 완구(토이자러스), 의류(오렌지팩토리), 가

전(디지털파크), 홈플러스 명품관(오루루체) 등이다.

특히 최근 들어서는 소비자들의 건강에 대한 관심이 고조되며, 등산, 자전거 위주로 스포츠내에서도 더욱 카테고리가 세분화되는 경향을 보이고 있다. 체험형 스포츠전문점인 인터스포츠, 자전거전문점 바이클로, 등산전문점 오케이 아웃도어닷컴 등이 숍인숍으로 복합되는 형태도 증가할 것이다.

이러한 복합형태는 향후 점차적으로 일본 이온그룹의 근린형 쇼핑센타와 같은 형태로 대형화될 가능성이 있다. 2008년에 오픈한 일본 사이타마현의 이온 레이크타운은 연면적 36만 ㎡로 쟈스코(GMS), 마루에쯔(슈퍼), 비브레(패션전문점), 이온바디(건강, 미용상품전문점) 등이 복합되어 소비자들의 좋은 반응을 얻고 있다. 도심형이 아닌 도시형으로 지역개발요소 및 향후 인구 집적 가능성이 높은 신시가지 인근이나 수도권 배후도시를 중심으로 대형마트를 키 테난트로 하고 업종별 카테고리 킬러 2~3개를 복합한 근린형 쇼핑센타(NSC)의 형태는 증가할 것이며 이를 목표로 한 쇼핑센타 부지매입이 늘어나고 있다.

업체입장에서는 대형마트 내에서 가장 경쟁력이 떨어지는 비식품 부문을 압축하고 소비자가 선호하는 전문점에 과감히 아웃소싱하는 형태도 등장할 것이다. 이케아의 한국 직진출이 예정되어 있으므로 도시외곽 입지의 경우는 대형마트외에 이케아 같은 홈센타나 이랜드의 모던하우스 같은 생활용품전문점, 키즈전문점, 스포츠전문점이 결합된 형태가 고려할만 하다.

또 이와는 반대로 마트 상품중 전문성이 강한 카테고리나 PB상품을 키워 가두 전문점으로 독립시키는 형태가 늘고 있다. 이마트는 패션 PB 브랜드인 데이즈를 유니크로와 같은 SPA브랜드로 육성할 계획이며, 생활용품 위주의 자연주의를 별도 전문점으로 출점할 계획이다. 롯데마트는 디지털파크를 단독 로드숍으로도 선보이는 등 2018년까지 점포수를 100개 이상으로 확대할 계획이다.

이러한 움직임은 선진국의 예로 볼 때 국민소득이 2만불에서 3만불로 상승하는 시점에 카테고리 킬러가 급속히 성장하기 때문에 국내 소비자들의 니즈를 선점하려는 움직임으로 보인다. 고객의 다변화된 니즈대응을 위해 대형마트 업계도 단순히 포맷을 확대하는 Multi-Format방식에서 통합적, 복합적으로 포맷을 운영하는 Cross-Format방식으로 유연한 대응이 필요할 것으로 보인다.

3) CEM을 통해 브랜드가치를 제공하라

소비자들은 8,760시간(365일 24시간)동안 언제나 열려있는 생생한 유통서비스에 대한 니즈가 증가하고 있다. 그에 부응하여 수많은 소매업태와 업체는 치열한 경쟁을 벌이고 있기 때문에 기본적인 하드웨어와 상품만으로는 차별화가 쉽지 않다. 능동적인 고객응대를 통해 고객에게 맞는 맞춤형 쇼핑공간 및 즐거운 경험을 제공하는 CRM(Customer Relationship Marketing)에서 CEM(Customer Experience Marketing)으로 발전하고 있다. 하이엔드(High-End)업태인 백화점에 비해 대중적 업태인 대형마트에서 CEM을 하기란 쉽지 않지만 그중요성을 공감하고 업계의 다양한 노력들이 진행중이다. 대형마트내에서도 차별화된 활동을 통해 브랜드파워를 키워 고객충성도를 높이는 방향으로 나가야 한다.

자사의 타겟 고객을 효과적으로 사로잡기 위해서는 고객이 자사와 함께 머리속에 떠올리는 경쟁업체가 어디이고 자사에 대해 어떤 이미지를 생각하는지를 파악하고 이해해야 한다.

2010년 글로벌 광고회사인 레오버넷/아크(Leo Burnett/Arc)가 성인고객 2,200명을 대상으로 설문 조사한 결과 고객은 매장을 2개의 축으로 인식하는 것으로 나타났다. 첫 번째 축은 물건을 살것인가, 구경할 것인가. 이축에서 소비자들은 판매행위가 중심인 매장과 영감과 아이디어를 원천으로 삼는 매장으로 나눈다. 두 번째 축은 소비자가 쇼핑과정 대부분을 직접 주도해야 하는 매장인지 아니면 상품, 매장, 판매직원 등이 구매과정을 도와주는 매장인지로 나눈다. 이 두 개의 축을 기준으로 미국 내 40개 선두 소매업체를 세분화한 결과 8가지 매장 유형으로 나타났다.

〈표 11〉 고객이 인식하는 소매업체 세분화

가격 우위	편의성 우위	분위기 우위
• BestBuy • 월마트 • CVS • 네이버후드마켓 • 시어스 • TJ맥스 • 타겟	• 세븐일레븐 • 맥도날드 • 달러 제너럴 • 지역슈퍼마켓	• 티파니 • 윌리엄소노마 • 반즈앤노블 • 포터리반 • 배스 프로샵 • 노드스트롬 • 아베크롬비앤피치
아이디어 우위(참신함)	가격 플러스 재미	효율성 우위
• 홀푸드마켓 • 홀마트/골드크라운 • 트레이더조	• 콜스 • Bed Bath&Beyond • 코스트코 • 나이키스토어	• 갭 • 월그린 • 홈데포 • 오토

자사의 매장은 이러한 8가지 유형중 고객의 인식축에 어디에 포지셔닝 되어있으며 어떠한 우위를 줄 것인가가 중요하다. 앞으로의 고객은 단순한 가격, 편의성 우위보다는 참신함과 플러스 재미를 줄 수 있는 점포에 대한 선호도가 커질 것으로 보인다. 고객이 매장에 더 자주 방문하

도록 하기 위해서는 고객에게 참신함과 재미를 줄 수 있는 유연한 매장(flexible retail)전략이 필요할 것으로 보인다. 상품구매가 점차 온라인으로 이동하고 있는 현실에서 오프라인 매장을 통해 단순히 이윤만 추구한다면 경쟁력을 확보하기 어려운 현실이다. 다양한 상품과 서비스를 담아내는 유연한 매장을 구축해 브랜드 아이덴티티를 높이고 이를 자연스럽게 구매로 연결시킬 수 있도록 해야 한다.

유연한 매장이란 기존의 브랜드 아이덴티티는 살리되 그 안에 새로운 가치를 추가하는 매장을 말한다. 파리의 멀티숍 콜레트(Colette)는 매장 일부를 팝업스토어 전용공간으로 꾸며 2009년에는 헬로키티, 유니클로, 스와로브스키 등과 제휴해 제품을 판매해 화제가 되었다. 영국 글래스고 공항(Glasgow Airport)에 위치한 플레인숍(Planeshop)은 매장만 존재할 뿐 상품이 없다. 대신 다른 브랜드의 팝업스토어를 지속적으로 유치하면서 고객을 끌어 모으고 있다.

최근 큰 차별화가 없는 대형마트 내에 화제가 되는 브랜드의 팝업스토어를 정기적으로 운영해 신선한 변화감과 경험을 제공하고 매주 고객이 매장에 내점하고 싶은 동기를 마련해보자. 또는 대형마트의 팝업스토어를 만들어 마트에서 새로 개발한 PB신상품이나 HMR(간편가정식)의 쿠킹스튜디오, 해외소싱 상품들을 싣고 젊은이들이 자주 다니는 거리에서 신제품을 홍보함으로써 대형마트의 취약 고객층인 20대 고객의 저변 확대에도 도움이 될 것이다.

가전업체 켄모어(Kenmore)는 2009년 말 시카고에 쌍방향 판매장인 켄모어 라이브 스튜디오 1호점을 열었다. 80년의 역사를 가진 켄모어는 세탁기, 식기세척기, 음식물 처리기 등을 생산하는 가전업체로 주로 시어즈에서 판매된다. 캔모어 라이브 스튜디오는 브랜드에 활기를 불어넣고 고객들과 소통하기 위해 기획된 것으로 유명셰프가 출연해 직접 요리시연을 하며 신상품을 홍보한다. 스튜디오에는 카메라를 설치하고 이를 페이스북을 통해 실시간으로 공유한다. 이러한 쇼핑경험은 시어즈매장에서 경험하는 것과는 전혀 다른 방식으로 고객 흥미를 유도한다.

소비자와 브랜드간의 상호작용이 중시되는 요즘 이러한 쇼케이스 포맷은 고객의 니즈를 만족시킬 수 있는 새로운 시도가 될 것이다. 가장 효과적인 고객유입전략은 언제나 고객을 소통의 중심에 두는 것이다. 대형마트 성장 정체기에 즐거운 경험을 통한 CEM과 유연한 매장전략(flexible retail)이 필요한 이유이다.

참고문헌

1. 신세계 유통산업연구소, 「각 년도 유통업 전망」
2. 신세계 유통산업연구소, 「이온쇼핑센타 개발현황과 시사점」, 2008
3. 리테일 매거진, 각 월호, 2011
4. 서용구 · 이정희, 「100일 만에 배우는 유통관리」, 2007
5. 대한상공회의소, 「유통산업통계」, 2011
6. 한국체인스토어협회, 「유통업체연감」, 2011
7. 산자부 · 한국유통물류진흥원 · 한국체인스토어협회, 「한국유통산업발전사」, 2005

2-3 백화점

01 국내 백화점의 역사

국내에서 근대적 의미의 백화점이 등장한 것은 1931년이다. 일본 미츠 코시(三越)가 충무로에 진출해 있던 출장소를 지점으로 승격시키고 2년 뒤, 회현동에 신축 건물을 지어 본격적인 백화점의 위용을 갖춘 시점이 다. 백화점은 국내에 등장한 본격적인 소매업체의 성격을 띤 첫 업태라 고 할 수 있다. 그러나, 한국전쟁과 정치 혼란기를 거치면서 국내 소매업 은 전통적으로 생업형 영세 소매상이 주축을 이루다가 1970년대부터 경 제성장과 정부의 유통근대화 시책에 힘입어 새로운 소매업태가 발전하 기 시작했다.

1970년대에는 슈퍼마켓, 1980년대는 백화점이 성장했고, 1980년대 후반 에는 편의점이 선보였다. 1990년 중반에는 국내 유통시장 전면개방과 더 불어 해외 대형마트가 대거 진출했으며, 국내 대형소매업체들의 대형마 트 투자가 확대되었다. 1990년대 접어들어 TV홈쇼핑이 등장했으며 현재 는 인터넷 쇼핑, 모바일 커머스 등의 무점포 판매업태가 성장하고 있다.

재래시장이 소매업의 전부를 차지하던 1930년대에 백화점이 처음 등장할 수 있었던 배경에는 일본으로부터 상업자본이 유입되었다는 점을 들 수 있다. 하지만 당시의 백화점은 일제시대라는 정치적 환경, 상품공급의 문제, 소비자들의 구매방식과 구매력 또한, 재래시장에 익숙한 상태였기 때문에 본격적인 의미에서 백화점이 생성되었다고 볼 수는 없다.

그 후 1960년대 후반과 1970년대에 경제적으로 고도성장의 기반을 마련한 대중 소비사회가 형성되기 시작하면서, 1969년에 신세계백화점이 최초로 직영체제를 갖추었고 여기에 미도파, 롯데 등의 업체가 가세하면서 국내에서도 본격적으로 백화점이 성장하기 시작했다. 이때부터 백화점이라는 업태가 비로소 대형 유통기구로 소매시장에 자리를 잡았고 구매력을 갖춘 중산층 중심의 소비자들 또한, 백화점의 생성에 있어서 중요한 요인이 되었다.

1970년대 초에 등장한 슈퍼마켓 업태의 생성에는 정책적 환경이 크게 작용하였다. 일본의 양판점 발전에 자극받은 정부가 소비생활과 가장 관련이 깊은 식료품점인 슈퍼마켓을 유통 근대화 시범점포로 지정하여, 이를 적극 지원 육성하고 연쇄화를 추진한 것이 결정적인 요인이 되었다. 정부는 당시 주거지역에 조밀하게 분포되어 있던 구멍가게의 근대화를 유도할 목적으로 슈퍼마켓 업태의 개점을 지원하였고, 1970년대에 슈퍼마켓이 한국 소매시장에서 급성장하는 계기가 되었다. 정부의 슈퍼체인 장려사업을 통해 얻은 운영 노하우는 신세계, 미도파, 현대 등 슈퍼마켓 병행 백화점 기업들이 식품부문을 활성화 할 수 있었던 주요인으로 작용한다.

1980년대와 1990년대 중반까지의 경제성장으로 인한 국민소득 및 실질소득의 향상과 더불어, 아시안게임, 올림픽의 개최 등을 통한 국민들의 의식향상으로 국내 백화점은 다점포화 체제를 갖추면서 부도심 및 지역 상권을 확장하는 방식을 통해 대규모의 휴식공간, 스포츠 시설, 커뮤니티 시설을 완비한 복합공간으로 발전하게 되었다. 고객에게 보다 수준 높은 생활문화 서비스를 제공함으로써 백화점은 상품의 판매기능 및 서비스의 제공 차원에서 벗어나 전반적인 생활백화점의 면모를 갖추며 성장했다. 아울러 1990년대 초반 이업종 기업들의 백화점 사업 참여가 두드러지면서 1997년에는 백화점의 점포수가 123개로 절정기에 이른다. 1990년대 후반부터 현대화된 업태/업체간 경쟁의 심화는 사실상 대형마트의 출현으로 비롯된 것이다. 1997년 외환위기를 통해 경제 성장세가 주춤하고, 백화점의 성장이 둔화되면서 'EDLP'를 특징으로 하는 신업태인 대형마트가 급성장할 수 있는 배경이 마련된 것이다. 또한, 이 시기에 전면적인 유통시장 개방으로 인한 외국 대형마트의 국내 진출, 외환위기 이후 소비자들의 합리적인 구매패턴으로 대형마트의 생성 및 성장이 급속도로 이루어지면서 백화점과 대형마트의 경쟁이 불가피해졌다. 1990년대 후반에는 정보시스템, IT 등의 발전에 따른 기술적 환경과 인터넷의 활성화, 생활환경의 디지털화 등으로 인해 신업태의 등장이 가속화되었다. 따라서 백화점이 업태간 경쟁을 비켜 나갈 수 있는 상황이 아니었으며, 다양한 업태의 도전에 직면하여 혁신을 추구하고 한편으로는 스스로 새로운 업태에 참여하여 2000년대의 르네상스 시대를 맞게 되었다.

02 국내 백화점의 특성

1) 백화점 업태의 한국적 특성

백화점이 갖고 있는 기본 속성인 문화라는 측면에서 볼 때, 국내 백화점은 나름대로 세계의 여타 백화점과 다르게 국내의 문화적 특성에 대응하고 있는 고유한 특성이 있을 수밖에 없다. 이러한 의미에서 백화점이 현재 내포하고 있는 쟁점을 논하기에 앞서서 국내 백화점이 유지하고 있는 한국적인 특성을 살펴보아야 할 필요성이 있다.

먼저 국내 백화점의 특성을 출점 전략 측면에서 보면, 도시의 교외화가 진전되고 있으면서도 점포구조는 여전히 대도시의 도심 및 부도심, 그리고 핵심 주변도시를 중심으로 형성되고 있다는 점이다. 승용차의 보급 등으로 이동 능력이 증대하고 있음에도 미국에서와 같이 넓은 범위에서 고객을 흡인하는 것이 한계가 있는 만큼, 교외 입지형 대형점포보다는 주거지역 근거리 밀착형 점포가 백화점의 주류를 이루고 있다. 이는 상대적으로 백화점의 출점 비용을 상승시켜 백화점의 경쟁력을 약화시키는 요인으로 작용하고 있다.

둘째로 상품구성에 있어서 식품의 구성비가 높으며, 전반적으로 점포 내에 다양한 품목을 전개하고 있다는 점이다. 이는 그동안 백화점이 원스톱 쇼핑을 충족시키는 유일한 현대적 소매업태로서 역할을 하였기 때문이다. 신선하고, 믿을 수 있고, 아울러 다양한 식품을 구매할 수 있는 백화점 매장은 주 고객인 주부들로 하여금 자주 백화점을 방문하게끔 하는 확실한 유인(incentive)의 역할을 하였으며, 이에 따라 각 백화점마다 식품 매장의 경쟁력 확보에 많은 노력을 기울여왔던 것이 사실이다. 또한, 가전제품이나 가구 등 다른 제품의 경우에도 백화점 이외에 믿을 수 있으면서 다양한 제품의 비교가 가능한 업태가 존재하지 않았다는 점도 백화점의 품목 다양성을 뒷받침한 배경이 되었다. 그러나, 1990년대 중반이후 식품분야에서 강력한 경쟁력을 가진 대형마트가 등장하고, 또 가전이나 가구분야에서도 카테고리 킬러들이 성장하면서 백화점이 가진 이러한 경쟁우위는 점차 퇴색해가고 있으며 이제는 백화점만이 고유하게 가질 수 있는 강점인 패션분야로 점차 주력 상품의 범위가 좁혀지면서 국내 백화점도 서구 백화점의 모습을 닮아가고 있는 경향을 보이고 있다.

셋째로 우리나라의 인구 밀집도와 지역분포 특성 때문에 백화점은 지역 밀착형 점포의 성격을 강하게 지니고 있으며, 이에 따라 백화점에서의 부대시설, 예를 들면 VIP 고객의 사랑방 역할을 하는 자스민이니 트리니티와 같은 VIP룸을 설치하고, 문화센터를 병설하고 있다는 점이다. 이들 부대시설은 백화점에 VIP 고객을 유인하고 고정 고객화하는 효과를 부여하고 있다.

넷째로 영업 전략에 있어서 백화점의 직매입 비중이 상당히 낮다는 점이다. 특히 매출의 절반을 차지하는 패션의류의 경우, 일본에서 시행되고 있는 특정매입이라는 일종의 위탁판매 형태를 수용해서 운영하고 있다. 이 경우, 판매를 담당하기 위해 상품 공급업체에서 직접 판매사원이 파견되어 매장운영을 한다. 백화점으로서는 직매입을 하지 않음으로서 모든 상품을 직매입해서 생기는 판매위험 부담을 회피하면서 상품정보가 뛰어난 매장담당을 확보하는 이점이 있고, 공급업체 입장에서는 초특급지에 로드샵을 오픈하는 것과 비교해서 초기 고정비용을 절감함과 동시에 백화점의 브랜드력에 기대서 판매 확대를 꾀할 수 있다는 장점이 있어서 상호 간에 Win-Win전략으로서 선호되는 형태이다. 반면 상품

매출동향에 대한 분석력과 상품 기획력을 확보할 수 없게 되어 백화점의 자체 경쟁력 확보가 불가능하다는 단점도 지적 된다. 이러한 특성 이외에도 백화점 경영주체 측면에서 다양한 성격을 가진 기업이 존재하는데, 이것에 관해서는 다음 절에서 보다 자세히 분석해 보고자 한다.

2) 국내 백화점의 계열 분석

국내 백화점은 다른 나라와 달리 백화점을 운영하고 있는 기업의 성격이 매우 다양하다. 백화점이 발달해 있는 프랑스, 영국, 미국과 일본의 경우에는 주로 의류에 종사하던 중소 소매상들이 규모 확장을 하면서 백화점을 개설하는 경우가 많은데 반해, 국내 기업들은 다양한 성격의 기업들이 백화점에 진입하였다. 일본의 경우 일부 예외적으로, 장기간에 걸쳐 吳服系와 私鐵系의 2분류로 정착해 있는 것이 특이한데, 吳服系는 기모노를 판매하던 소매상이었으므로 다른 나라 백화점과 성격이 유사하나 私鐵系의 경우는 1929년 한큐백화점을 시초로 전철이라는 교통 수단을 매개로 전개되었다는 점에서 독특한 성격을 갖고 있다. 그런데, 국내에서는 일본보다도 더욱 복잡한 형태로 (1) 애초에 백화점에 참여했던 전통계를 비롯하여 (2) 건설계 (3) 제조업계 (4) 수퍼계 (5) 상사계의 다섯 가지 계열로 분류가 가능하다.(표1 참조)

〈표 1〉 국내 백화점의 계열 분류

구 분	특 징	대표기업
전통계	1970년대 이전부터 백화점 영업	롯데, 신세계, 미도파#, 대구백화점 등
건설계	1970, 1980년대 건설 특수 및 아파트건설시 유휴부지 이용측면에서 백화점업에 진입	현대, 뉴코아#, 한신코아#, 시티#, 건영#, 블루힐#, 그랜드 등
제조업계	제조공장의 이전후, 유휴지를 활용, 백화점업에 진입	경방필, 애경 등
슈퍼계	슈퍼마켓 영업의 경험으로부터 백화점업을 도입	갤러리아, LG#, 그레이스# 등
상사계	종합상사의 사업다각화 일환으로 백화점업 진출	삼성프라자, 대우

〈자료: Inho Kim, 유통재편 속의 한국백화점, The Store's Report 1998. 6(日), # 표시는 도산 혹은 합병된 백화점〉

국내 백화점의 발전사를 살펴보면, 백화점이 태동하던 시기(1910~50년대), 백화점 직영화 및 백화점업 참여 확대기(1960~70년대), 백화점업의 성장과 다점포화기(1980년대~1990년대 중반), 소매업태간 경쟁시기(1996년 이후)로 크게 4개의 시대 구분이 가능하다. 그런데, 백화점 비즈니스의 신규진입 확대와 백화점 기업의 계열 형성이라는 측면에서, 가장 중요한 시기는 백화점업의 성장과 다점포화기로 요약되는 1980년대부터 1990년대 중반이다.

1980년대에 백화점업계에 신규로 진출한 기업의 대부분은 건설계로 분류되는 기업군이다. 1970, 80년대의 중동진출과 서울아시안게임, 올림픽 등 건설 특수로 사업 여건을 조성한 이 그룹의 업체들은 서울, 부산 등 대도시를 중심으로 조성된 아파트 단지 부근에 대형점포를 출점했다. 이 시기에 참여한 뉴코아, 현대백화점 등의 백화점에 의해, 기존의 도심 백화점에 대립되는 개념으로 지역백화점이라는 용어가 등장했다. 그것은 도심백화점에 대한 반란으로 백화점의 입지 창조성을 확인 시킨 결과물이기도 했다. 다른 건설업체들이 백화점업에 참여하고자 생각하기 시작한 것도 양사가 새로운 입지를 창조하고, 마켓 세어를 확장해 가던 이 시기부터였다. 그래서 1988년 서울올림픽을 계기로 수많은 건설업체가 백화점 사업에 참여하였고, 1990년대 신도시 건설붐은 건설업체의 백화점 진입을 촉진하는 결정적 계기가 되었다. 국내의 신도시는 인위적으로 아파트 단지가 조성된 도시로, 인구 밀집지역이라는 특징이 있어서 백화점 입장에서는 단기적으로 경영성과를 달성할 수 있다는 메리트가 있기 때문에 각 업체의 치열한 경쟁을 불렀다. 그러나, 지금까지 건설계 백화점 가운데 건재해 있는 기업은 거의 없다. 1990년대에 들어서면서 뉴코아가 신도시붐에 편승하여, 일본의 다이에 방식으로 무리하게 사업을 확장시키려다가 도중에 좌초하고 말았다. 선발업체를 캐치 업하기 위해서 적극적으로 다점포화를 추진하고 디스카운트 스토어 중심의 업태 다각화를 진행하다가 자금의 유동성 부족으로 확장에 제어가 걸리고 만 것이다. 시대가 스톡(Stock)사회에서 플로우(Flow)사회로 이행하는 것을 간과한 탓이었다. 반면에, 당시 모회사인 현대그룹의 풍부한 자금과 인적자원을 기반으로 삼고 있던 현대백화점은 서울에 6개 점포 체제를 착실히 구축한 뒤, 지방의 중견백화점을 M&A하는 등 적극적인 활동을 했다. 현대백화점이 1990년대에 들어서 국내백화점의 빅 3로 편입하면서, 기존의 롯데, 신세계, 미도파의 전통 백화점계의 빅 3 구도는 이 시점에서 붕괴되었다. 현재 건설계 백화점의 성과는 현대백화점으로 응축되고 있는데, 우리나라 백화점 역사에서 이 계열이 갖는 의미는 자못 크다고 할 수 있다.

한편, 1990년대에 백화점 업계에 참여하는 다른 계열의 업체는 제조업계, 수퍼계와 상사계가 있다. 제조업계의 경우는 수도권 공장이전 촉진책의 부산물로, 서울 부도심에 산재해 있던 제조업체의 공장이 이전한 부지를 활용하는 형태로 백화점에 진출한 것이다. 경방필, 애경백화점 등이 이러한 타입으로, 자사의 공장부지라는 특성으로 인해 서울 부도심의 단일 점포 형태를 보이다가 애경이 수원역사를 오픈하고, 분당의 삼성플라자를 인수하면서 백화점 사업에 본격적으로 진입하고 성가를 높이고 있다. 수퍼계로 분류되는 LG백화점과 갤러리아와 같은 업체는 오랜 동안 수퍼마켓을 운영한 경험으로부터 백화점업에 진출한 계열을 말한다. 원래 정부는 1970년대에 근대적인 유통기구로서 수퍼마켓을 육성해 왔는데, 초기부터 시장법의 범주에서 진흥되었기 때문에 한국에서의 수퍼마켓이 발전하는 것은 한계가 있었다. 최근에도 이 계열의 기업은 수퍼마켓을 매각하거나 축소하고 백화점을 확장하는 등 활기를 보이고 있다. 이러한 의미에서 본다면, 국내에서는 비즈니스 모델로서 수퍼마켓 보다 백화점 쪽이 더 경쟁력이 있었다고 판단할 수 있다. 수퍼계 기업은 장년의 수퍼마켓 운영에서 생긴 노하우와 인적자원이 이 계열 기업의 튼튼한 자산이므로, 백지에서 시작한 제조업계 보다 월등한 경쟁력을 갖고 있다.

백화점업에 참여하고 있는 또 다른 계열로서 상사계라고 불리는 타입이 있다. 상사계는 이름 그대로 종합상사가 사업다각화의 일환으로서 백화점에 진출한 것이다. 주요 기업으로는 1990년대 중반부터 참여한 삼성물산의 삼성플라자와 대우인터내셔널의 마산대우백화점을 들 수 있다. 국내에서 종합상사가 백화점에 참여하는 이유는, 1960년대에 일본에서 유행했던 〈商社無用論〉과 같은 맥락으로 이해할 수 있다. 계열사의 상품을 해외에 일괄해 판매하는 단순 기능을 비판 받아온 일본의 종합상사가 당시, 동경대 하야시 교수의 〈流通革命論〉에 자극을 받아 새로운 영역인 수퍼마켓에 진출했던 것처럼 한국의 종합상사도 같은 맥락으로 백화점에 진출했다. 그러나, 이 계열의 성과는 그리 좋은 상황이 아니다. 앞서 지적한 것처럼 삼성플라자가 애경에 매각되었으며, 대우백화점도 지역백화점으로 존속하고 있는 상황이다. 그 원인은 역시 상사와 백화점이라는 기업문화의 차에 있다. 아무리 대자본과 엘리트 집단이라도, 현장이 중시되는 노하우가 없이는 백화점 경영이 그리 쉽지 않다는 것은 이미 일본에서도 증명된 일이었다.

03 국내 백화점 시장 현황

1) 백화점 시장 규모의 변화(1990년~2002년)

앞서 지적한 것처럼 국내 백화점 시장은 1980년대 중반, 특히 서울올림픽을 계기로 급속히 확대되었다. 당시 백화점 업체들이 추진한 다점포 전략과 이업종 업체들의 시장 참여로 인해 10여년 연속해서 시장 규모가 현저히 커지면서 지속적인 우상향 추이를 보였다. 동 시기에는 대형마트 등 신업태의 급속한 확산에도 불구하고 신규 점포수의 증가로 인해 전체 판매액이 꾸준히 확대되는 현상을 보였다. 1990년에 불과 3조 6,050억 원이던 전체 매출이 1997년에는 124개 점포에서 12조 6,160억 원 매출로, 7년 사이에 350%나 규모가 증가하였고, 2002년에는 17조 7,740억 원의 규모로 5년 새에도 약 41%의 신장을 보였다. 점포당 판매액을 보더라도, 1990년에 563억 원에 불과하던 것이 1997년에는 202%나 증가한 1,136

억 원, 그리고 2002년에는 2,000억 원으로 대폭 증가했다.

결론적으로 동 기간 한국 백화점의 매출 동향을 간략히 분석해보면, 1990년에서 1997년까지의 성장은 270%의 대폭적인 점포 증가율(46개 → 124개)에 기인한 성장이었다. 1990년대 중반을 전후하여 백화점이 급속하게 증가하게 된 것은 1) 공급자 측면에서 1996년 유통시장의 전면 개방에 따른 위기감과 다점포화의 필요성 인식으로 인해 서울의 대형 백화점이 수도권에 진출하고, 지방 출점을 가속화한 것에 따른 것이다. 2) 수요자 측면에서는 서울 인근의 경기도를 중심으로 한 대단위 신도시 건설에 따라 새로운 상권이 형성되었고, 소비자의 평균 소득이 증가하면서 구매력이 증가한데 원인이 있다. 실제로 1997년 당시의 백화점 진출 상황을 지역별로 살펴보면, 총124개 점포 가운데 37개 점포가 서울에 밀집해 있었으며, 경기도 지역에도 26개 점포가 집중돼 있어 수도권에 개점한 점포가 전체의 절반을 넘어서는 등 수도권 지역의 과밀화 현상을 보였다. 특히, 경기도 지역의 집중화 현상은 당시의 일산, 분당 등 신도시 건설에 따른 신규 상권의 형성에 기인한 것이다

그러나, 공교롭게도 유통시장 개방 이후 외환위기를 맞는 1997년에 124개 점포를 피크로, 점포수가 크게 감소해서 매출 규모도 하향하다가 다시 1999년부터 급신장 추세를 보이고 있는 상황이다. 1999년부터 2002년까지의 급신장은 점포수의 감소(124개 → 89개)에도 불구하고, 점포의 효율 향상을 통해 이루어낸 성장이라고 할 수 있다. 당시, 대형마트의 급속한 팽창으로 인해 백화점 성장의 한계론 이른바, 백화점 사양화론이 부상하였음에도 불구하고 백화점은 대형마트와 상품, 서비스, 매장 환경, 세일즈 프로모션 등 다방면에서의 차별화를 적극 추진하면서 지속적인 성장을 유지해 사양화론을 불식시킬 수 있었다.

(1) 2000년대, 백화점의 규모 확대 전략

동 시기에 백화점은 빅3를 중심으로 적극적인 확장전략을 취하면서 규모의 경제를 추구하였는데 시기적으로 국내 소비자의 구매의욕 상승과 부합하면서 성장 궤도에 오를 수가 있었다. 백화점은 일반적으로 〈표2〉와 같이 1단계증축, 2단계 체인화(다점포화)로 확장을 실시한다. 이후, 3단계로 Multi-Channel 형태로 무점포(통신판매, 온라인) 채널을 확장하고, 4단계로 인수, 합병 전략을 완성된 후, 글로벌화를 추진하는데, 동시기에 국내 백화점 기업은 이렇듯 교과서적으로 지속적으로 확장노선을 견지하였다.

〈표 2〉 백화점의 규모 확대 전략

단 계	확대 전략	비 고
1단계	증축(매장확대)에 의한 확대	• 동일한 업태에 적용 • 1920~30년대 일본 백화점 업태의 사례 • 1980~90년대 국내 백화점업계의 다 점 포화 전략
2단계	체인화에 의한 확대	
3단계	무 점포 판매에 의한 확대	• Off-line 업체의 채널 확장 • On-line의 통합
4단계	인수 및 합병에 의한 확대	• 1997년 외환위기 이후, 2000년 미도파, 뉴코아 등 2000년대 중반 GS 등 인수, 합병
5단계	다각화에 의한 확대	• 다각화→그룹화→글로벌화의 패턴

〈자료: 상업매니지먼트, 三家英治를 이용, 재작성 〉

(2) Multi-channel 전략의 방향성

백화점은 기본적으로 매장 면적이 정해져 있기 때문에 점포를 넘어선 확장전략이 유효하다. 이것을 탈점포, 탈물판 전략이라고 하는데, 이 전략은 대개(도1)처럼 ① 점포내 상품판매 ② 점포내 서비스 판매 ③ 점포의 상품판매 ④ 비점포의 서비스 판매단계로 확장하게 된다.

〈도1〉 백화점의 탈점포, 탈물판 전략의 방향

구분	물판(物販)	서비스 판매
점포 판매	①	②
비점포 판매	③	④

〈자료: 필자작성〉

국내 백화점 기업의 탈점포, 탈물판 전략의 확장은 영역별로 크게 다음과 같은 수순을 통해 전개되고 있다.

① 영역(점포내 상품부문): 명품 등의 MD변화를 통한 객단가 상승, 고객 수 확장 전략

② 영역(점포내 서비스부문): CRM정책을 통해 이익기여고객에 집중, VIP 고객 확장 전략

③ 영역(비점포 서비스부문): TV홈쇼핑 등 채널확장성을 통한 보험, 여행 등 서비스 판매

④ 영역(비점포 상품부문): 인터넷 On line 판매와 TV홈쇼핑 등 채널 보완을 통한 고객확보

2) 백화점 시장 규모의 변화(2003년~2011년)

(1) 백화점의 지속적 성장

국내 백화점 산업은 2008년 금융위기 이후 2009년 1월부터 2011년 10월까지 무려 35개월 연속으로 전년 대비 플러스 신장을 기록했다. 전년대비 실적에서도 2004년부터 2011년까지 8년 연속 우상향의 그래프를 그리며 성장세를 유지, 사상 유래없는 호황기를 구가하고 있는 상황이다.

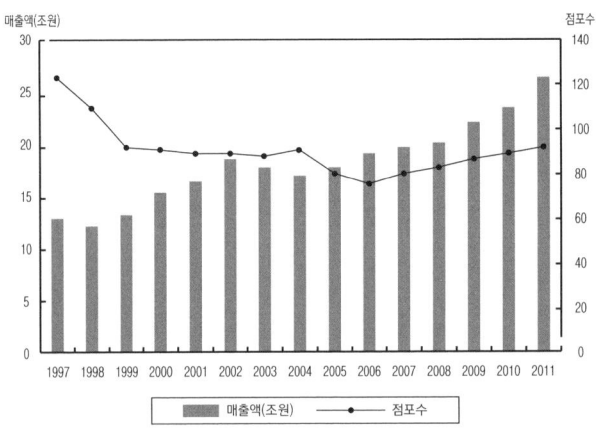

〈도 2〉 백화점 매출, 점포수 추이(1997~2011년)

(2) 백화점의 성장요인

국내 백화점산업이 약 26조 5천억 원 시장으로 확대하면서 이처럼 사상 유래없는 호황을 누리고 있는 이유는 다음과 같은 요인을 들 수 있다.

　① 자산효과: 최근에 유럽 금융시장 여파로 위기감은 있으나 전반적으로 주식시장이 호조인 점과 몇 년 동안 혁신도시개발 등을 통해 지방의 토지 부호들이 대거 등장하면서 백화점 시장에 신규로 진입.

② 제조 강국(삼성전자, LG전자, POSCO, 현대자동차, 현대중공업 등) 부상으로 인해 국내 기업규모가 급속히 확대하면서, 매출과 이익도 확대하면서 이들 대기업이 직원들과 이익을 세어하는 Profit Share 액수가 5~6조 이상으로 늘어나면서 이 가운데 일부가 매년 연말연시를 즈음하여 백화점 시장으로 유입되고 있음.

③ 백화점의 강력한 프로모션 즉, 5%의 자사 card 할인과 세일시 상품권 5% 지급을 비롯해 마일리지 포인트 적립 등으로 약 12%를 판촉비용으로 투하하여 집객도구로 사용함

④ 패션 상품 구매의 대체 시장이 없던 점

⑤ Luxury 시장의 지속적인 확대

⑥ 소비자의 Multi - Use 확대

⑦ 식품매장의 패션화, 캐주얼화와 건강식품 시장 확대

⑧ 시기적절한 CRM의 실행

(3) 백화점 사업의 확장성

국내 백화점이 추진한 비즈니스 확장 전략은 ① 지역선점 및 M&A, 업무제휴를 통한 다점포화 ② 명품에서부터 SPA(자라, 유니크로 합작), 카테고리 킬러용품(토이저러스 등)을 통한 상품 다양화 ③ 디벨로퍼사업, 문화사업, 방송/통신사업 등을 통한 다업화 ④ 해외출점, 해외 유통업체 M&A 등을 통한 국제화 형태로 진행되고 있다. 〈도3〉은 국내 백화점 비즈니스의 확장 방향을 도식화한 것이다.

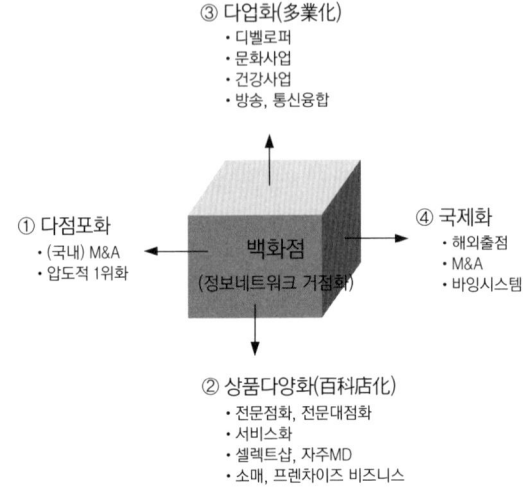

③ 다업화(多業化)
• 디벨로퍼
• 문화사업
• 건강사업
• 방송, 통신융합

① 다점포화
• (국내) M&A
• 압도적 1위화

백화점
(정보네트워크 거점화)

④ 국제화
• 해외출점
• M&A
• 바잉시스템

② 상품다양화(百科店化)
• 전문점화, 전문대점화
• 서비스화
• 셀렉트샵, 자주MD
• 소매, 프렌차이즈 비즈니스

〈자료: 필자작성〉

(4) 명품매출의 지속적 신장

백화점의 매출을 견인한 것은 역시 명품으로 국내 백화점의 명품은 2005
년 7월부터 76개월간 플러스 신장을 이어오고 있다.('06년 1월 -0.2%, 10년 2월
-5.7%' 제외) 백화점 명품 신장이 지속되고 있는 것은 국내 명품시장이 확
대되면서 백화점을 레버리지로 이용한 명품업체들이 지방백화점에까지
적극적으로 입점하는 현상, 즉 채널의 확대와 연관이 있다. 소비자 측면
에서는 국내 명품시장이 과시와 모방, 동조수요의 시기를 지나 일반화
하면서 시장이 두터워지고 있기 때문이다.

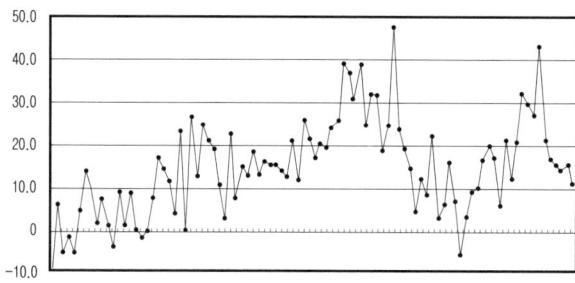

〈자료: 필자작성〉

04 국내 백화점의 주요 이슈

1) 백화점 수수료 이슈

2011년 8월 26일 주식시장에서는 백화점 주가가 폭락을 했다. 코스피 지수가 1% 가까이 상승했음에도 불구하고 신세계 6.61%, 롯데쇼핑 3.07%, 현대 5.76%나 하락을 했다. 하락의 이유는 같은 날 공정위의 백화점에 대한 수수료 인하 요청때문이었다. 시장은 백화점의 수수료 인하를 부정적인 시각으로 판단했기에 낙폭을 키운 것이다. 그 후 공정위의 백화점에 대한 수수료 인하 요청은 〈표3〉처럼 약 3개월의 시간을 끌면서 일단락이 되었다.

공정위, 백화점 수수료 분쟁 일지

· 2011년 6월 30일

공정위 3개 백화점, 5개 TV홈쇼핑 및 3개 대형마트 등 11개 대형 유통업체들의 판매수수료 수준을 종합하여 공개. 정부가 수수료를 시중에 최초 공개 → 매년 지속적으로 대형 유통업체의 판매수수료 수준을 공개하면서 중소 납품업체를 대상으로 수수료 수준을 모니터링하고 개선을 유도함으로써 수수료 수준을 하향 안정화시킨다는 향후 계획 포함

· 2011년 8월 26일

대형 유통업체를 상대로 판매수수료 인하 요청. 판매수수료 공개라는 '초강수'에도 불구하고 대형 유통업체들이 수수료 인하에 대응을 안하자 직접 협조를 요청.

· 2011년 9월 6일

대형업체 사장들과의 회합에서 판매수수료를 현재보다 3~7% 포인트 낮추도록 촉구.

· 2011년 10월 5일

백화점에 수수료의 구체적 인하안 마련을 재촉구.

· 2011년 10월 25일

해외 명품업체를 포함한 수수료 실태를 구체적으로 발표. 해외 명품은 평균 17%의 수수료인데 반해 중소 납품업체는 32%의 차별적 행위를 한다는 것이 골자. 이에 대해 백화점은 시장 논리로 대응. '이익이 많이 나는 곳에 더 많은 혜택을 주는 것이 맞다'는 논리

· 2011년 11월 7일

롯데 · 현대 · 신세계 1,054개 중소입점 · 납품업체 수수료 3~7% 인하 결정 → TV홈쇼핑, 대형마트 등으로 수수료 문제 파급

〈자료: 필자작성〉

백화점이 수수료제를 채택하는 이유는 소비자가 백화점을 선호하는 메커니즘이 수수료제도에 가장 부합하기 때문이다. 4계절 다양한 패션상품을 판매하는 백화점으로서는 재고에 대한 부담없이 매장을 화사하게 변화시켜주는 거래선의 역할이 매우 중요했음이다. (도5)는 소비자가 왜 백화점을 선호하는지 거래선 행동과 백화점 이익의 상관관계를 설명한 것이다.

이러한 상황에서 거래선은 일방적으로 백화점에 이익을 제공하는 것만은 아니다. 수수료제에서 거래선의 이익은 ① 상품의 소매가격을 자유롭게 설정할 수 있는 권한(가격 설정권) ② 상품의 공급을 자유롭게 조절할 수 있는 권한(공급 조절권) ③ 소유 상품에 대해 매장에서의 판매 활동을 자유롭게 관리할 수 있는 권한(매장 관리권)을 자유스럽게 확보하게 되어 이러한 이익을 확보한 거래선의 실질적인 행동은 백화점에 아래와 같은 영향을 미친다.

① 반품으로 인한 손실을 만회하기 위해 반품률을 상정해 상품의 가격에 전가하므로 백화점 상품가격이 상승하고 ② 판매력이 있는 백화점에만 히트 상품을 적시, 적량 공급하고, 상대적으로 판매력이 떨어지는 백화점에게는 거래 정지나 극히 소량의 상품을 공급하므로 백화점 점격 차이의 확대를 유도한다 ③ 매장에 자사 판매사원을 배치함으로써 소비자 니즈 파악이 용이하므로 상대적으로 백화점 바이어의 상품 기획력을 저하시킨다.

이렇듯 백화점 수수료제는 거래선과 백화점에 이익과 손실을 동시에 가져다주는데, 앞서 지적한 것처럼 소비자 관점에서 백화점의 수수료 메커니즘이 백화점을 선호하게 하는 요소이기 때문에 양측이 수수료제에 합의할 수밖에 없는 것이다. 문제는 수수료제의 장점을 인정하면서도 수수료율이 높아짐에 따라 양측의 이해가 상충하는데 있는 것이다. 여기에 공정위가 개입한 것이 2011년 수수료제 인하의 실상이다.

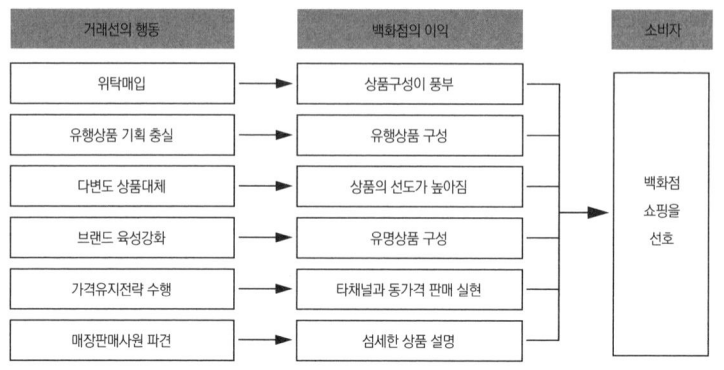

거래선의 행동	백화점의 이익	소비자
위탁매입	상품구성이 풍부	백화점 쇼핑을 선호
유행상품 기획 충실	유행상품 구성	
다변도 상품대체	상품의 선도가 높아짐	
브랜드 육성강화	유명상품 구성	
가격유지전략 수행	타채널과 동가격 판매 실현	
매장판매사원 파견	섬세한 상품 설명	

〈자료: 백화점 반품제의 연구, 江尻弘〉

2) 2012년 이후의 전망

2011년 9월부터 백화점 매출 신장세가 급격히 약화되고 있다. 유럽발 금융위기로 인한 세계적 경기침체 영향과 민간소비 위축에 따라 이러한 매출 신장세 둔화는 지속될 것으로 보인다. 글로벌 경제 불안에 따른 불확실성 증폭으로 기업의 현금유보 확대, 투자 축소 및 국내 상위 글로벌 제조기업의 이익축소 등이 악재로 작용하기 때문이다. 아울러 고액소득자 과세부담 등 동반성장 모드의 강화와 역자산 효과에 의한 소비심리 위축도 가세함으로서 2012년 백화점 매출 신장세는 2011년에 비해 크게 둔화할 것으로 보여 약 5.6% 신장한 28조 원의 매출을 예상한다.

내부적으로는 런던올림픽 등을 이벤트의 호재로 삼아 매출을 견인할 것이나, 전반적으로 백화점 가격구조의 해체로 인한 부정적 요소가 백화점의 매출에 긍정적이지 않다. 2011년 공정위 수수료제 문제가 장기적인 쟁점화되고 언론을 통해 수수료제의 폐해가 부각되면서 백화점의 가격구조가 노출되었다. 이는 두 가지의 문제점을 표출하는데 하나는 정부 개입에 의한 백화점 판매상품의 가격인상 요인 억제이고, 두 번째는 소비자에게 백화점 가격이 비싸다는 인식을 심었다는 점이다.

특히, 글로벌 SPA의 지속 확대와 국내 패션 브랜드의 SPA 진출 확대로 20대를 중심으로 젊은 백화점 고객층이 분산, 이탈하는 요인이 되고, 객단가도 하락할 것으로 예상된다. 아울러, 패션 소비채널로 독점적으로 다져놓은 백화점 시장에 代替財로서 쇼핑센터가 등장하는 것도 부정적인 요인이 될 수 있다.

백화점은 이미 trading up과 trading down을 연결하는 곳으로서 복합쇼핑몰의 정체성을 인식하고 〈표4〉와 같이 동 시장에 진입하고 있는데, 특히 롯데의 공격적인 행보가 돋보이고 있다.

〈표 4〉 백화점이 참여하는 복합상업시설, 쇼핑몰

복합몰	개발회사(입점백화점)	위치	개점시기(예정)
신세계 센텀시티	신세계	부산 해운대	2009년
평택역사몰	AK플라자	경기 평택역	2009년
타임스퀘어	경방(신세계)	서울 영등포	2009년
부산 광복점	롯데	부산 중구	2009년
레이킨스몰	(주)킨텍스몰(현대)	경기 고양 킨텍스	2010년
청량리역사몰	롯데	서울 청량리역	2010년
김포스카이파크	롯데	김포공항	2011년
이시아폴리스	롯데	대구 봉무	2011년
청주복합몰	현대	충북 청주 대농부지	2012년
의정부역사몰	신세계	경기 의정부역	2012년
수원복합몰	롯데	수원 KCC 공장터	2012년 이후

〈자료: 필자작성〉

김포공항 롯데몰의 다양한 의미

연면적 31만 4,000㎡의 국내 최대 규모 초광역형 쇼핑센터로 백화점과 마트, 쇼핑몰, 호텔, 시네마, 전시관 등으로 구성된 김포공항 롯데몰은 2000년대 중반부터 롯데가 준비해온 유통채널, 유통기구 보완의 결정판이라고 할 수 있다.

① 백화점, 면세점, 대형마트, 수퍼, 편의점, 인터넷 쇼핑몰, TV홈쇼핑, 럭셔리 전문점, 영플라자, 프리미엄 아울렛, 쇼핑몰의 유통채널을 확장하고 ② 호텔, 시네마, 패스트푸드, 패밀리 레스토랑, 커피전문점, 도너츠 전문점 등 관련 컨텐츠를 도입하였으며 ③ 타스타스, 유니크로, 무인양품, 토이저러스, 자라 등 해외 소매 컨텐츠를 꾸준히 확장하고 ④ PL 상품 확대로 합리적인 가격 기준을 설정할 수 있는 공장 없는 제조업의 실현 효과가 김포공항 롯데몰이라고 볼 때, 롯데의 쇼핑센터 사업은 백화점 경쟁사에게 매우 위협적인 대체재가 될 것으로 보인다.

따라서 2012년에 오픈하는 현대 청주점과 신세계 의정부몰은 백화점의 본격적인 쇼핑센터 참여라는 관점에서 의미가 있으며, 한편으로는 유동고객을 담보로 호입지에 근거하던 백화점이 외곽상권을 새롭게 창조하는 능력에 도전한다는 점에서도 의미가 있다. 그러나 백화점 기업이 아무리 쇼핑센터를 개설한다고 해도 백화점은 쇼핑센터의 키테넌트 역할에 멈추고 다른 테넌트와 융합하는 과정에서 경쟁을 피할 수 없게 된다. 이러한 역할 분담 과정에서 백화점은 그동안 누려왔던 독점적인 패션채널을 쇼핑센터와 양분할 수밖에 없는 구도가 될 것이다. 지금까지의 백화점 경쟁상황이 백화점 간의 경쟁이었다면, 이제부터는 백화점과 쇼핑센터의 경쟁, 쇼핑센터 테넌트로서 백화점과 다른 테넌트와의 경쟁, 쇼핑센터 테넌트로서의 백화점과 경쟁 쇼핑센터 테넌트로서의 백화점과의 경쟁이 부가될 것이다. 한마디로 무한경쟁의 시대가 펼쳐진다. 그렇기 때문에 패션상품을 주력으로 하고 수수료제를 유지하고 있는 백화점은 그 동안 주력했던 명품에서 탈피하는 Post Luxury Strategy에 대한 관점이 필요하고, 심지어는 그동안 근간으로 삼았던 수수료제에서 벗어나는 탈수수료제에 대한 도전도 필요한 시점이다.

참고문헌

1. 미야 에이지(三家英治), 「商業 매니지먼트」, 한국산업훈련연구소, 1994
2. 에지리 히로시(江尻 弘), 「백화점 반품제 연구」, 中央經濟社, 2003

01 일반 상업시설의 종류

'유통산업발전법'에서는 대규모 점포, 준 대규모 점포, 전문상가 단지, 상점가 등에 대한 용어를 정의하고 있다. 그러나 이는 법적인 분류로써 업계에서 일반적으로 쓰는 용어와는 차이가 나는 경우도 있다. 따라서 본 내용에서는 일반상업시설을 유통산업발전법 상의 용어와 일반적으로 통용되는 용어를 혼합하여 상업시설의 종류를 분류코저 한다.

1) 아파트 상가

아파트를 개발할 때 입주민들의 복리를 위하여 법적으로 의무화 되어 지어지는 상가로써 '주택건설기준 등에 관한 규정' 등에 근거하고 있는데 동 규정에서는 아파트 한 세대당 최대 6㎡를 넘지 못하도록 하고 있다. 대체로 아파트 입구에 개발되며 주로 근린형 업종 중심으로 개발되는 것이 일반적이다. 아파트 단지 상가는 상가규모, 상가형태, 인접 상권 여건, 입점 업종 등에 따라 경쟁력이 큰 차이를 나타낸다.

2) 근린 종합상가

주거지구에 개발되는 상가로써 아파트 단지상가가 아닌 집합상가를 말한다. 택지를 개발할 때 근린상업지구를 배치하는데 이곳에 개발되는 상가로서 아파트 단지상가 보다 규모가 큰 경우가 많고 4~7층 높이로 개발된 형태가 많다. 아파트 단지상가와 유사한 식료품, 음식점, 크리닉, 학원, 종교시설, 금융업소 등이 주로 입점하고 있으나 상권 범위는 보다 넓은 편이다. 그러나 입지위계가 아파트 단지 상가와 동일해 직접적인 경쟁관계를 형성한다.

3) 지하상가

도로 지하공간에 계획적으로 개발된 상가로써 다수의 점포들이 집적된 상가를 말한다. 현재 우리나라 지하공간 개발과 관련해서는 '국토계획법' '도시개발법' '지하공공보도시설의 결정구조 및 설치에 관한 규칙' 등 여러 법규의 적용을 받으며 지자체의 '지하도 상가 관리조례'에 의해 운영관리된다. 지하도 상가는 지하철과의 연결, 통행객수 등 유동성이 활성화에 중요한 척도가 되며 보세패션, 잡화, 이동통신 등이 많이 입점되어 있다.

전국에는 약 80여 개의 지하도 상가가 분포하며 그 중 서울에 30여 개가 분포하고 있다. 서울은 강남역/터미날/영등포역/잠실/종각 지하도 상가 등이 영업이 활성화 되어 있으며, 부산의 대현 프리몰, 대구 반월당, 인천 부평, 수원역 지하, 대전 중앙, 마산 대현 프리몰 등이 지방을 대표하는 지하도 상가이다.

4) 주상복합상가

주상복합상가는 주거시설과 한 건물에 복합되어 있는 상가로써 저층부에는 상가가 상층부에는 주택이 복합되는 것이 일반적이다. 주상복합상가는 대체로 상업지역에 많이 개발되는데 상가규모가 마켓에 의해 결정되는 것이 아니라 법규에 의해 설정되기 때문에 대체로 상가규모가 크다. 또 대부분 부동산 개발업체나 건설업체들이 분양으로 공급을 해 통일적인 운영관리체계가 미비하고 설계구조 난맥 등 여러 가지 문제를 내포하고 있어 전국에 개발된 많은 주상복합상가들이 비활성화 되어있는 상황이다. 주상복합상가 중에서 분양이 아닌 임대로 체계적인 운영관리를 하거나 주거와 상업 공간을 분리시켜 상가는 상가대로 아이덴티티를 갖춰 아주 성공적으로 운영되는 곳들도 있는데 대치동의 타워팰리스, 자양동 스타시티, 사당동 팔레트 시티, 분당 정자동 카페거리 등이 대표적인 사례이다.

5) 민자역사상가

코레일이 부지를 제공하고 사업권권자가 30년 사용권을 갖고 운영한 이후 기부채납 하는 상업시설로써 일정비율 이상의 역무공간의 조기 기부채납과 주식공여, 점용료 등이 코레일 측에 지불된다. 주변상권이 양호하고 철도 승강객이 많은 곳에 개발하기 때문에 대체로 입지가 좋은 편이다. 그러나 민자역사는 이제까지 전문 유통업체가 사업자거나 운영에 관여한 곳은 활성화에 성공했지만 부동산 개발업체 등 유통 전문성이 없는 업체가 관여한 곳은 입지여건과 상관없이 활성화에 실패했다, 롯데가 운영하고 있는 영등포/청량리 /안양 민자역사 등과 AK가 운영하는 수원 민자역사 등이 활성화에 성공한 대표적인 상업공간이다. 따라서 근래 코레일은 민자역사 사업자를 선정할 때 유통업체의 참여여부를 중요한 기준으로 삼는 것으로 알려졌다. 민자역사는 백화점이나 할인마트가 중심업태로 복합되는 경우가 많으며 청량리 민자역사처럼 백화점과 할인마트가 함께 복합된 사례도 나오고 있다.

6) 전문상가

동종업종끼리 집적되어 구성된 집합상가로써 동대문 의류타운내 패션상가, 용산 전자상가, 구의 테크노마트, 구로 공구상가 등이 대표적인 전문상가이다. 동일업종에 한 곳에 집적되면 소비자들 입장에서는 구색이 다양하고 보다 저렴한 가격에 상품을 구매할 수 있기 때문에 전문상가를 선호하게 된다. 우리나라에 전문상가의 효시는 동대문이다. 광장시장은 이미 1905년에 개설되었고 6.25이후 평화시장 등이 조성되고 70년대에 동대문종합시장이 개장했다. 1980년 대에는 구로동 공장을 배후로 공구상가가 조성 되었으며 90년대 후반에 접어들어 동대문에 거평프레야, 밀리오레, 두타 등이 개발되었고 유사한 시점에 구의동 테크노마트가 개발되었다. 초기에 전문상가는 소비자들에게 상당한 인기를 끌었으나 공급과잉과 부동산개발 개념의 상가공급 등의 문제로 예전에 비해 크게 어려워진 상황이다. 무엇보다 공급과잉이 가장 큰 문제인데 동대문 패션몰의 경우 우후죽순으로 개발된 상가들 때문에 공점포가 속출하고 있으며 용산/구의동/신도림 전자상가도 마찬가지다. 한 때 동대문 제기동에 다수의 한방전문상가가 개발되었으나 현재 극도로 피폐한 상황이며 장지동의 가든파이브도 서울의 대표적인 전문상가로 개발되었지만 결국 예정에도 없던 백화점과 할인마트, 패션몰을 복합시켰지만 여전히 골치 아픈 상가로 남아있다.

7) 아케이드

오피스나 오피스텔에 복합되는 상가로써 편익시설 개념으로 복합되는 상가로써 주로 지하에 개발된다. 우리나라 빌딩아케이드는 주로 서울에 국한되는 상가이다. 아케이드는 어느 정도 오피스 규모가 있어야 상가 조성이 가능한데 서울을 제외한 지방도시에는 아케이드를 갖출 만한 오피스 빌딩이 거의 없는 상황이다. 아케이드에 복합되는 업종은 지상 상주자를 대상으로 하기 때문에 이와 연관된 식음시설이 가장 많고 여성 직장인을 대상으로 한 여성패션점이나 잡화매장도 증가하는 추세이다. 서울에서 활성화된 아케이드로는 세종로의 강북 SFC빌딩, 을지로의 센터원빌딩과 페럼타워빌딩, 역삼동의 강남 파이낸스빌딩, GS강남타워 등이다.

이들 빌딩은 지상 상주가가 많고 상주자 중 고액 급여자가 많아 단위 지출액이 높은 특성을 갖고 있다. 강북 SFC빌딩과 센터원빌딩은 특화된 전문 레스토랑가로 개발되어 상주자 뿐 아니라 외부 일반인들도 많이 이용하는 아케이드다. 주 5일 근무제가 시행되면서 아케이드의 가장 큰 문제는 토요일과 휴일 영업부진인데 이 두 아케이드는 청계천변에 위치해 주말과 휴일에도 외부인들이 이용하는 것이다. 또 두 아케이드는 지하 2~개 층으로 구성되어 있어 일반 아케이드와는 규모나 MD측면에서 다른 특성을 갖고있다.

8) 쇼핑센터

유통산업발전법상 쇼핑센터와 복합쇼핑몰을 분류하고 있으나 여기서는 두 분류를 통합하여 쇼핑센터로 전제한다. 우리나라의 실질적인 쇼핑센터의 효시는 롯데월드이다. 1988년 개장한 롯데월드는 두 개의 백화점과 쇼핑몰, 실내테마파크, 아이스링크장, 호텔 등 다양한 시설을 복합하여 잠실벌에 개발되었다. 그 이후 2000년에 삼성동 코엑스 몰과 반포 센트럴시티가 나란히 개장하였는데 코엑스 몰은 지하공간 전체를 쇼핑센터로 개발하였으며 센트럴시티는 터미널과 백화점, 호텔을 중심으로 개발되었다. 2002년에는 월드컵 경기를 위해 지어진 월드컵 경기장에 월드컵 몰이 성공적으로 개장을 했는데 할인마트를 키 테난트로 멀티플렉스, 스포츠센터, 사우나 등이 복합되었다. 2007년에는 건국대가 보유하고 있던 야구장 부지에 스타시티가 개발되었고 근래에는 영등포 타임스퀘어, 대성디큐브 센터, 김포 스카이 파크 등이 개발되었다. 쇼핑센터에서 가장 중요한 것은 테난트이다. 그 중에서도 어떤 키 테난트와 앵커 테난트가 입점했느냐가 중요한데 우리나라 쇼핑센터의 키 테난트로는 외국과 마찬가지로 백화점이나 할인마트 같은 유통시설이 가장 많다. 또 쇼핑센터는 통합적인 관리를 어떻게 하느냐가 매우 중요하다. 국내 쇼핑센터는 개발업체들이 별도의 법인을 설립하여 운영관리하는 경우가 가장 많은데 월드컵 몰은 서울 시설관리공단이 맡아 하고 있다. 아직 본격 쇼핑센터는 서울위주로 개발되어 있다. 지방도시에는 부산 해운대의 스폰지, 창원 시티세븐, 광주 월드컵 몰, 동탄 메타폴리스 등이 대표적인 쇼핑센터로 꼽힌다. 최근 유통업체들도 단일업태 중심으로 개발하는 것을 벗어나 다양한 업태를 복합한 쇼핑센터 개발을 본격화 할 예정으로 있다. 유통업체들이 쇼핑센터 개발에 큰 관심을 나타내고 분양이 점점 어려워지면서 통일적으로 운영관리하는 쇼핑센터가 늘어날 것으로 예상되어 향후 쇼핑센터가 크게 확산될 전망이다.

02 우리나라 일반상업시설의 특성분의

1) 공급과잉

우리나라의 상업시설은 전반적으로 공급과잉이다. 어디를 가도 상가가 넘쳐난다. 예를 들어 동대문의 경우 소매를 중심으로 하는 상가는 처음 거평프레야가 개발되고 밀레오레가 개발되더니 얼마 후 두산타워가 개발되었다. 그 이후에도 헬로APM, 라모도, 패션TV, 굿모닝시티 등이 연달아 개발되었고 최근에 까지 맥스타일이 개장하는 등 엄청난 공급과잉 현상이 나타나고 있다. 도매상권도 마찬가지이다. 빽빽하게 들어선 도매상가도 점포가 너무 많아 의류의 도매 수요는 크게 줄지 않았지만, 점포들이 체감하는 경기는 낮을 수밖에 없는 것이다. 전자상가 역시 마찬가지다. 용산전자상권이 조성된 이후 구의동 테크노마트, 서초동 국제전자상가, 용산 아이파크 몰, 신도림 테크노마트 등이 잇달아 개발되면서 한정된 수요에서 나눠먹기 하는 식이 된 것이다. 근래 수년 동안 우리나라에서 상가가 많이 공급된 곳이 신도시나 택지 개발지구이다. 그런데 이들 신도시나 택지개발지구에도 엄청난 상가의 공급과잉으로 몸살을 앓고 있다. 신도시의 상가 공급과잉은 상업용지 등의 공급과잉에서부터 시작된다. 대부분의 신도시나 택지지구의 상업용지 비중이 적정수요를 초과하는 것으로 평가되는데 이는 주거용지는 저렴하게 공급되고 상업용지는 고가로 분양되기 때문에 신도시나 택지 개발에 따른 수익성을 확보하기 위해서 상업용지 비중을 확대하기 때문이다.

2) 고 가격 구조

우리나라의 점포가격은 전반적으로 너무 비싸다. 1층을 기준으로 분양가나 거래가가 1억을 넘는 경우도 흔하게 볼 수 있다. 예를 들어 강남역, 명동, 신촌, 압구정동 등의 요지인 경우 임대료가 1억을 훌쩍 넘는 점포가 부지기수다. 어디 그 뿐인가, 상당금액의 권리금이 형성되어 있다. 얼마전 잠실 재건축 아파트 단지상가의 분양가가 1억 이상인 경우도 있었다. 우리나라 점포의 고가격 구조는 여러 가지 요인이 있지만 무엇보다 상가를 지을 수 있는 토지가격이 비싼 것과 분양중심의 공급과 피분양자가 실수요자가 아닌 가수요자 중심으로 상가가 공급되는데 근본적 원인이 있다.

우리나라 최고 공시지가가 메겨진 명동 밀레오레 옆 화장품 점포(충무로 1가 24-20)가 입점한 토지의 ㎡당 공시가격이 6,230만원이니 3.3㎡당 2억 원이 넘는 것이다. 이런 공시지가에서 임대료는 천정부지일 수밖에 없다. 최근에 대규모 프로젝트 파이낸싱(일명 PF)사업이 난항을 겪고 있는 이유도 결국은 고가격에 따른 사업성 때문이다. 또 그동안 공급되어 온 신도시나 택지지구의 상업용지도 고가격 공급 논란이 많았는데 상업용지나 PF사업권자를 선정할 때 무엇보다도 가격이 중요한 기준이 되기 때문이다. 그러다 보니 일단 높은 가격을 써서 상업용지를 낙찰 받거나 PF사업을 따놓고 상가를 지어 점포를 공급하게 되는 것이다. 원칙적으로 점포 가격은 입점자의 수익성에 기초한 수익환원법에 의해 책정되어야 하는데 우리나라 점포 중에 수익환원법을 토대로 가격을 책정하는 사례가 별로 없다.

3) 가수요자 위주의 유통구조

우리나라 상업시설 점포는 대부분 가수요 위주의 유통구조이다. 즉 실제 점포주가 자기 점포에서 영업을 하는 것이 아니라 점포주가 세입자를 유치해 투자수익을 실현하는 소위 투자형 점포들이 주류를 이루고 있다. 분양상가의 피분양자를 분석해 보면 피분양자의 70~80%가 가수요자들이다. 결국 점포를 영업 수익을 실현코저 하는 것이 아닌 임대료 수익을 실현하는 부동산 투자상품으로 접근하는 것이다. 그러다 보니 여러 가지 문제를 야기 시킨다. 우선 특정상가가 분양이 완료되어 개장을 했음에도 공점포가 우후죽순으로 방치되거나 아예 개장 조차 못하는 상가도 있다. 이것은 점포의 세입자를 구하지 못하기 때문이다. 세입자를 구하지 못하는 이유는 워낙 많은 상가가 공급이 되니 임차인을 구하기 어려운 경우도 있고 높은 가격으로 분양을 받았기 때문에 높은 임대료로 임차인을 구하려 하니 잘 안되는 것이다. 더욱이 우리나라는 기존 세입자의 순환이 쉽지 않은 것이 또 하나 이유다. 점포 권리금 문제가 얽혀 있기도 하고 점포주가 보증금을 제 때 내주지 못하는 경우도 많아 점포를 마음대로 이전하기도 쉽지 않은 것이다. 처음부터 분양이 아닌 임대로 운영하되 실수요자만 입점시키는 일반 상가나 애초부터 통일적인 운영관리 시스템을 구축해 운영하는 쇼핑센터는 이런 문제가 발생하지 않는다. 예를 들어 타임스퀘어나 건대앞의 스타시티, 대치동 타워팰리스 상가 등이 대표적인 사례이다.

4) 유통시설의 영향

최근들어 상생법이 신설되고 유통산업발전법이 개정되는 등 대형 유통점으로부터 중소영세 점포를 보호하기 위한 조치들이 실행되고 있는데 그만큼 대형소매점들이 일반 상업시설에 미치는 영향이 크다는 것을 나타내는 것이다. 우리나라의 상권이나 일반 상업시설에 미치는 대형 유통업체들의 영향은 절대적이다. 유통업체들은 백화점, 할인마트, SSM

뿐 아니라 최근에 다수 업태가 복합된 쇼핑센터나 아울렛 등의 개발에 열을 내고 있다. 그러다 보니 이들 유통업체들이 운영하는 주변의 일반 상가는 아주 어려운 여건에 처하게 된다. 예를 들어 타임스퀘어가 1년간 약 1조 원 정도의 매출을 한다고 할 때 신규수요를 창출도 하겠지만 결국 중소상권에서 상당한 마켓을 가져오는 꼴이 된다. 최근 파주에 유통업체의 대규모 아울렛이 개장하여 주변 중소상인들이 운영하는 아울렛이 큰 어려움을 겪고 있다. 물론 유통시설이 꼭 위협만 되는 것은 아니다. 상가에 유통시설이 키 테난트나 앵커 테난트로 입점하여 집객가능을 해주거나 분양 · 임대를 촉진하는 긍정적인 영향을 주기도 한다. 특히 우리나라에서 대규모 상업시설에서는 백화점이나 할인마트 같은 업태가 키 테난트나 앵커 테난트로 입점하는 경우가 대부분이다. 최근 중소상인 문제 때문에 유통업태들이 입점 하지 못하는 경우가 발생함에 따라 상업시설의 개발사업에 중대한 차질을 주기도 한다. 그러나 전체적으로 유수 유통업체들의 영향은 중소상인들에게 훨씬 더 부정적인 영향을 주고있다.

5) 대형화, 복합화 추세

상업시설은 로드 숍 형태와 집합상가 형태로 대분되는데 집합상가 형태의 상업시설이 크게 늘었다. 즉 쇼핑센터를 비롯해 주상복합상가, 전문상가, 아케이드, 단지상가 등이 거의 집합형 상업시설들인데 이들 집합형 상가들은 점차 규모가 대형화 되는 추세에 있다. 상업시설이 대형화 되는 이유는 소비자들의 욕구와 연관이 있는 바 다양한 욕구를 한 공간에서 원스톱으로 처리해 주기를 바라고 있으며 이를 해결하기 위해서 다양한 업종.업태를 복합시키지 않을 수 없는 것이다. 요즘 대형 상업시설에 복합되는 업종으로는 판매업종 뿐 아니라 식음, 스포츠, 문화, 의료, 숙박, 업무시설 같은 각종 서비스 업종들이 망라된다. 그리고 점포가 점차 대형화 되고 있는 것도 상업시설을 대형화 시키는 요인이 되고 있다. 근래 우리나라 소비자들의 점포이용 특성 중 하나가 대형화된 점포를 선호하는 것이다. 그러다 보니 백화점이나 할인마트 같은 대형소매점은 물론 다수의 업종들이 카테고리 킬러화 되고 있다. 예를 들어 SPA 매장을 유치하려면 최소 매장면적 990㎡이상을 요구하고 균일가 매장은 최소 330㎡이상을 요구한다. 또 브랜드 패션매장이나 서점, 문구, 인테리어 소품 매장 같은 것도 넓은 점포면적을 요구한다. 판매시설뿐 아니라 서비스 시설도 마찬가지다. 커피숍이 대형화 되어 3~4층짜리가 생기고 멀티시네마가 입점하더라도 최소 6개관 이상을 요구하는 등 단위점포들이 점차 대형화 되고 있다. 이러다 보니 복합 상가의 규모는 커질 수밖에 없는 것이다. 최근에 개점한 신도림동 디큐브나 명동의 눈스퀘어에는 대규모 패스트 패션 매장이 아주 큰 비중을 차지하고 있다. 도입해야 할 시설이 증가하고 소비자들이 대형점포를 선호하는 한 당분간 대형화, 복합화 추세는 지속 될 전망이다.

03 상업시설의 개발 사례

1) 롯데월드

국내 쇼핑센터의 효시는 롯데월드이다. 잠실지구의 개발이 본격화 되면서 개발된 롯데월드는 약 14만 6천㎡의 부지에 백화점, 호텔, 대규모 테마파크와 아이스링크를 중심으로 다양한 업종 업태를 복합하여 개발했다. 롯데월드는 실내와 실외가 결합된 하이브리드형 쇼핑센터로써 연면적이 54만 여㎡에 이르는 세계적인 시설이다. 직영시설과 임대시설로 이루어져 있으며, 영업 생산성은 당연히 백화점과 마트와 같은 유통시설이 높으며 테마파크는 상권의 광역화에 크게 기여하고 있다. 그동안 몇 번의 리모델링을 거쳤는데 최근에는 리모델링을 위해 입점업체를 퇴점시키는 과정에서 사회적인 문제가 되기도 했었다. 롯데월드는 인허가 문제로 오랫동안 지연되었던 제 2롯데월드의 개발을 본격화 함으로써 새로운 전기를 맞게 되었다. 제 2롯데월드는 123층 오피스 건물을 중심으로 판매, 호텔, 전망대 등이 복합되어 개발이 완료될 경우 명실상부한 세계적인 복합단지로 거듭 날 전망이다.

2) 코엑스 몰

코엑스 몰은 2000년 코엑스 단지를 조성하면서 지하에 대규모 상업공간을 조성한 우리나라 최초의, 그리고 최대의 지하 쇼핑센터이다. 지상에 대규모 컨벤션 센터와 백화점, 호텔, 오피스 등이 있어 상당한 상주 인구와 유동객을 흡인할 수 있는 여건을 갖추고 있다. 삼성역에서 북측으로 이르는 깊이 때문에 안쪽으로 16개관의 멀티시네마와 대형 아쿠아리움을 키 테넌트로 복합시켜 고객을 안쪽으로 유인한 것이 특징이다. 이밖에 패션전문점인 엔터식스, 현대백화점 코엑스 매장, 대형서점인 반디엔루니스 등이 앵커 테넌트로써 집객기능을 수행하고 있고 무엇보다 전시장과 현대백화점이 코엑스 몰의 집객에 크게 기여하고 있다. 코엑스 몰 북측 봉은사로에 9호선역이 개통되면 상대적으로 상권 활성화에 불리했던 북측 상권까지 활성화 될 수 있는 호기를 맞을 전망이다. 또 한국전력 사옥 주변부에 대규모 개발이 예정된 것도 코엑스 몰에 중요한 변수가 될 것이다.

3) 센트럴시티

센트럴시티는 호남터미널을 확장 개발하는 과정에서 개발된 곳이다. 초기에는 197년에 건축허가를 받았으나 여러 사정 때문에 2000년이 되어서야 비로서 완공되었다. 신세계백화점과 메리어트 호텔을 중심으로 하여 개발된 센트럴시티는 부지면적 11만 6천㎡, 연면적 43만㎡(터미날 포함)에 이른다. 백화점과 호텔외에 1만 2천㎡에 이르는 영풍문고, 6개관의 시너스 멀티플렉스 등 키 테난트와 앵커 테난트가 입점되어있다. 처음에는 키 테난트인 신세계백화점의 영업이 부진하여 과연 활성화될 것인지 의구심이 갔지만 시간이 갈수록 신세계백화점이 활성화되면서 당시 명품매장까지 매장을 확장하였고 그것이 주효하여 지금은 롯데본점 다음으로 높은 매출을 실현하는 백화점이 되었다. 센트럴시티가 개장한 이후 삼풍백화점이 무너지고 진로백화점과 뉴코아 백화점까지 부도가 남으로써 수혜를 입기도 했고 현재는 3호선외에 7호선, 9호선이 환승하는 교통 요충지가 되어 초기에 비해 입지여건이 크게 좋아졌다. 그러나 동선이 메인동선 외에는 안쪽으로 깊고 복잡하여 동선에 따른 부익부빈익빈이 심한 편이다.

4) 타임스퀘어

타임스퀘어는 최근에 개발된 상업공간 중 가장 대표적인 복합쇼핑몰이다. 영등포가 서울의 부심이 될 정도로 발전하면서 경방이 가지고 있던 공장부지가 요지로 변모하자 공장을 이전하고 부지의 최유효 활용을 검토한 결과로써 타임스퀘어가 탄생한 것이다. 경성방직 부지는 원래 5만

9천여 ㎡(1만 8천여평)이다. 이중 먼저 1만 ㎡(3천여 평)의 부지에 경방필 백화점을 개발해 운영 해오다 후면부지까지 모두 개발한 것이다. 유통시설뿐 아니라 호텔, 오피스, 스포렉스, 컨벤션 등 다양한 시설을 복합하여 서부권의 대표적인 복합 몰로 탄생한 타임스퀘어의 키 테난트는 신세계백화점이다. 신세계 영등포점과 기존 경방필 백화점을 묶어 백화점을 개발하였는데 특히 유수 브랜드가 대거 입점한 명품관을 포함하여 경쟁관계인 롯데백화점에 버금가는 매장규모를 갖추고 있다. 이마트, 교보문고, SPA매장, 모던하우스 등이 앵커 테난트로 입점되어 있다. 전체시설을 경방이 설립한 운영관리회사가 직접 운영관리를 하고 있는데 다만 개발 직 후 두 동의 오피스는 코람코 자산신탁에 매각하였으며 호텔은 매리어트 호텔에 위탁 운영을 맡겼다. 타임스퀘어는 전면부지가 협소하여 개발시 측면도로를 셋백(Set-back)하여 안쪽 측면부에 주출입 동선을 설정하고 주 출입구에 대규모 실내 광장을 조성해 이곳에서 상시 이벤트를 할 수 공간으로 활용하고 있다. 개방이후 1년간 타임스퀘어의 매출은 약 1조 원대인 것으로 발표되고 있을 만큼 성공한 것으로 평가되고 있는데 이는 신세계백화점과 이마트를 비롯한 유수의 테난트들이 입점한 점, 영등포의 중심상권에 위치한 입지, 이미 백화점을 운영해 본 경험을 바탕으로 한 운영 관리력 등이 복합적으로 작용했다 볼 수 있다.

5) 스타시티

건국대는 오래전부터 학교 남측에 약 10만 ㎡(약 3만여 평)에 달하는 야구장 부지를 보유하고 있었다. 그런데 2호선과 7호선이 환승되는 등 건대상권이 교통의 요충지로 변모하고 당시 광진구에 상업지역이 부족한 상황이 맞아 떨어져 야구장 부지를 용도 변경하여 스타시티를 개발한 것이다. 스타시티는 상업지역과 준주거 지역으로 용도가 설정되어 주상복합 '더 샾'이 있는 지역은 준주거 지역이며 롯데백화점이 위치한 곳은 상업지역이다. 스타시티는 롯데 백화점, 이마트, 롯데시네마, 반디앤루니스 서점 등이 키 테넌트 및 앵커 테넌트 기능을 하고 있으며 백화점 북측으로 기부채납한 광진구 예술문화회관이 위치해 간접적인 집객을 지원하고 있다. 주상 복합 개념으로 지어진 후면부 더 샾 아파트는 총1,177세대인데 이 일대에서 평균적으로 가장 소득이 높은 고소득자들이 거주하고 있다. 학교의 수익시설 사업으로 대성공을 한 스타시티 지만 고급 실버타운인 '더 클래식 500'이 입주율이 저조한 것과 롯데 백화점의 영업이 부진 한 것이 문제로 평가된다.

스타시티가 성공할 수 있었던 것은 우선 상권이 좋다는 점이다. 두 개의 지하철이 환승되는 건국대 상권은 서울에서도 대표적인 젊은이 상권에 속하는 곳이다. 건대상권은 스타시티가 개발된 후 단순히 젊은이들이 집객하는 상권이 아닌 지역주민까지 망라하는 복합상권으로 거듭났다. 통일적인 운영관리력도 스타시티가 경쟁력을 갖게된 요인이다. 스타시티 개발이후 아파트를 분양하여 자금을 조달하고, 나머지 시설은 건국AMC를 설립하여 체계적으로 임대 운영 · 관리하고 있다. 또 백화점 외 할인마트와 멀티플렉스가 활성화 되면서 상당한 집객기능을 하는 것도 스타시티의 경쟁력에 크게 기여하고 있다.

6) 테크노마트

구의동 테그노마트는 부지면적 26,466㎡, 연면적 약 158,152㎡, 지상 39층, 지하 6층에 2,500점포가 집적한 우리나라를 대표하는 전자 전문상가이다. 테크노마트가 개발되기 전에는 용산에 전자상가들이 집적되어 있었다. 당시 프라임 산업은 구의동 대규모 부지를 용도 변경하여 아파트 단지와 테크노마트를 개발한 것이다. 테크노마트는 크게 전자상가, 오피스, 벤쳐동 등 세 개 부문으로 구분 되어진다. 전자상가는 용산상인 조합을 사전 수요로 하여 개발·분양하였다. 지하철 2호선 강변역과 지하로 연결되며 전면에 동부 버스터미널이 입지하고 올림픽 대로변에 위치해 광역적 접근성이 양호하다. 초기에 테그노마트는 대규모 현대화된 시설에 전자관련 업종이 아이템별로 군집 구성되어 있고 멀티시네마(CGV)와 할인마트(롯데마트) 등이 복합되어 개장 초기에는 상권이 활성화되어 있었다. 그러나 전자상가의 경기불황, 용산 아이파크 전자상가나 신도림 테그노마트의 개발 등으로 공급과잉 현상에 지난 7월에 건물이 흔들리는 소동이 일어나 예전보다 활성도가 떨어지고 공실도 점점 증가하는 추세를 보여왔다. 최근에는 테그노마트와 접한 동부터미날 부지의 개발이 확정되어 테그노마트 입장에서 위협이 될 소지가 생겼다. 그러나 여전히 구의동 테크노마트는 우리나라를 대표하는 전자 전문상가이다. 건물 흔들림 현상이 확실히 규명되고 공실을 최소화 한다면 예전의 영화를 찾을 수도 있지 않을까 본다.

7) 동대문 패션타운(소매상권)

동대문에는 도매상권과 소매상권으로 대분된다. 동대문로를 중심으로 동측으로는 도매상권, 서측으로 소매상권이 형성되어 있다. 소매상권의 효시는 당시 거평플레야(현 케레스타)다. 덕수중학교를 이전 한 후 동 부지에 패션몰인 거평플레야를 지은 것이다. 그 이후 밀리오레가 거평플레야 앞에 패션몰을 개발하고 얼마 후 다시 두산그룹아 두산타워를 개발하면서 이 일대는 순식간에 패션타운으로 부상했다. 패션타운은 동대문에서 영업 중이던 상인도 많이 흡수했지만 대규모의 면적을 개발해 가수요자나 의류점포를 운영코저 하는 초보상인들을 대거 끌어들였다. 초기 동대문 상권은 원단의 공급에서 디자인 기획, 상품개발, 생산에 이르기 까지 패션의 전 유통단계를 원스톱으로 해결할 수 있다는 점에서 큰 인기를 끌었다. 또 상품을 원스톱으로 처리하다 보니 상대적으로 가격도 저렴한 매리트로 작용하였다. 그러나 시간이 흐르면서 동대문 상권은 여러 가지 문제가 나타나기 시작했는데 우선 상가의 공급이 과다해지기 시작했다. 두산타워 개장 이후에도 헬로 APM, 라모도, 굿모닝 시티, 패션TV 등 기존상가 보다 더 큰 점포 면적이 공급되었다. 또 질 낮은 초저가의 중국 상품들이 넘쳐났고 디자인이 무차별적으로 모방되고 사기 분양사건까지 빈발하여 동대문 상권을 위기로 몰아 넣었다. 그러나 동대문 상권은 여전히 많은 국내 소비자들 뿐 아니라 일본과 중국의 관광객들이 많이 찾는 상권이다. 또 구 서울 운동장 부지에 대규모 디자인플라자가 개발되고 있고 얼마 전에는 롯데자산개발이 동대문 상권에 진출하겠다고 발표를 한 바 있어 동대문 상권의 제 2의 전성기를 기대하고 있다.

8) SFC몰

오피스 빌딩에 복합된 아케이드 중 가장 대표적인 상업공간은 강북 파이낸스센터 지하에 개발된 SFC몰이다. SFC몰은 지하 3층까지 복층으로 이루어진 아케이드이다. 지상 30층, 지하 8층의 연면적 119,345㎡의 건물 아케이드 몰은 전체의 콘셉트가 '월드푸드'이다. 빌딩의 전체 입주업체 90% 이상이 외국기업이 입주해 있는 빌딩이기 때문에 최상의 소득 수준의 직장인들로 구성되어 있고 외국인 상주자도 많은 점을 고려하여 이들 비즈니스맨들이 식사하고 미팅할 수 있는 월드푸드를 콘셉트로 한 것이다. 이곳 입점 브랜드는 국내 최고의 식음테난트 만을 유치했으며 엔티끄한 분위기의 인테리어가 글로벌한 고품격의 글로벌한 이미지를 더 해 주고 있다. 또 외부에서 진입할 수 있는 별도의 출입구와 완만한 썬큰(Sunken)이 단순한 빌딩 아케이드 이상의 접근여건을 갖추고 있다.

SFC몰 주변은 전형적인 업무지구로써 많은 직장인들이 상주하고 있는 곳이다. 오피스 입지의 가장 큰 문제는 야간 시간대와 주 5일 근무에 따라 주말과 휴일의 영업 부진이 문제이다. 그러나 이곳은 주변에 청계천이 복원되고 도심의 유동성이 높아지면서 야간대와 주말과 휴일에도 유동객들이 많아 수요창출에 도움이 되고 있다. 이제까지 SFC몰은 도심권에서 테난트 측면이나 매장 인테리어 등의 측면에서 비교할 수 없을 만큼의 차별화된 경쟁력을 갖고 있었다. 그런데 요즘 도심권을 비롯해 여러 곳에 SFC몰에 버금가는 아케이드들이 개발되어 경쟁관계가 형성되기 시작했다. 가장 최근에 개장한 을지로 센터원빌딩 아케이드의 경우도 복층으로 된 매장구조와 최고의 식음시설 테난트로 구성되어 두 아케이드의 경쟁이 볼만 해졌다.

9) 강남역 지하상가

강남역 지하상가는 1983년에 서울시가 민간자본을 유치하여 개발한 지하상가이다. 초기 강남역 지하상가는 비활성되어 있다가 테헤란로의 개발이 본격화되고 지하철 2호선 지하철 승강객이 크게 증가하면서 강남역 지하상가가 서울시 최고의 지하상가로 부상하였다. 12,099㎡의 면적에 212개 점포가 입점되어 있는 강남역 지하상가는 서울시 지하상가 중 가장 높은 임대료와 권리금이 조성되어 있다. 강남역 지하상가가 서울시 최고의 지하상가가 된 요인은 무엇보다 강남역 상권이 강남 최고의 상권으로 변모한데 따른 영향이다. 현재 강남역의 1일 승강객은 약 20만 명으로 서울 지하철역 중 제일 많고 지상에 많은 버스 노선의 정류장이 집결해 지하철-버스 환승인구도 엄청난데 테헤란로의 오피스와 많은 학원들이 분포하고 지방 대학생들의 통학거점이 된 것 등이 강남역 상권에 높은 유동성을 갖춘 기회요인이 되었다. 이런 상권 환경에 힘입어 강남역 상권은 코엑스 몰과 더불어 젊은이들 만남의 장소로 변모한 것이다. 강남역 지상 상권은 국내외 주요 식음 브랜드가 거의 입점해 있고 주요패션 브랜드 입점이 계속 늘어나고 있으며 논현동 사거리에서 교보문고까지 입점해 상권범위도 확대되었다. 결국, 지상의 이런 상권의 변화는 강남역 지하상가에 비례적으로 영향을 준 것이다. 다만 강남역 지하상가는 지상과 달리 화장품이나 이동통신 매장 같은 점포의 비중이 높은데 특히 패션매장이나 잡화 매장은 비브랜드 매장이 주류를 이루고 식음시설도 부족해 지상상권과 차별화되어 있다. 강남역 지하상가는 최근에 삼성타운이 개발되어 연결되고 리모델링을 완료하여 현대적인 분위기로 전환되고 분당선 연장노선이 개통하여 지하상가가 크게 확대되고 상권여건도 더 좋아졌다. 다만 지하상가의 중앙에 서울메트로 구간이 매장을 분절시키고 기둥이 워낙 촘촘하게 박혀 실질적인 매장환경은 열악하다. 강남역 지하상가 주변 여건은 앞으로 롯데칠성 부지가 추가로 개발되고 논현동 쪽 9호선이 연장 개통되면 현재보다 상권여건이 좋아질 가능성이 있다.

04 일반상업시설의 전망과 과제

쇼핑센터를 제외한 일반 상업시설은 앞으로도 쉽지 않을 전망이다. 기존에 워낙 많이 공급된 시장여건과 분양중심의 상가 공급구조가 당분간은 지속될 것으로 보이며 경기불황과 부동산 경기의 침체까지 겹쳐 많은 상가들의 공 점포가 증가하고 이로 인해 영업 활성화가 더 어려워지는 악순환이 반복될 전망이다. 또 상가를 부동산 개발·분양을 통한 수익성을 창출하는 수단으로 만 보는 상가 디벨로퍼와 상가를 투자의 대상으로 삼는 수요자가 있는 한 상가의 건전한 유통과 활성화를 기대한다는 것은 쉽지 않을 전망이다.

다만 비활성화 된 상가를 저렴하게 매입하거나 임차를 해 상가의 활성화를 도모해 수익성을 실현하고자 하는 업체나 개인이 크게 증가할 것으로 보인다. 최근 미분양 되거나 비활성화된 분양상가에 저렴하게 입점하는 이랜드가 좋은 사례이다. 이랜드는 서울시의 골치 아픈 상가 중 하나인 가든파이브에 NC백화점을, 부천 소풍 터미널 상가에는 뉴코아 아울렛을 입점 시켰다. 또 오랫동안 비활성화 되거나 영업이 부진한 상업시설은 호텔이나 오피스 등으로 용도자체를 변경하는 사례도 늘어날 것이다.

한편 대규모 상업시설은 이제 분양으로 공급해도 분양률이 저조하기 때문에 임대나 수수료 공급이 크게 늘어날 전망이다. 임대나 수수료로 점포를 공급한다는 것은 상가의 활성화가 전제되어야 하는 것인 바 그에 따른 상업시설의 운영관리가 매우 중요한 과제로 떠오를 것이다.

디벨로퍼가 초기에 분양 상업시설을 계획했다가 임대 관리하는 상업시설로 전환한 사례는 동탄 메타폴리스, 창원 시티세븐, 양재 하이브랜드 같은 경우가 대표적이다.

상가가 임대나 수수료로 운영되면 분양 공급과 달리 단의 점포들이 대형화 될 여지가 있어 일반 상업시설에도 카테고리 킬러형 점포의 입점이 크게 늘어날 전망이다. 그러나 일반상업 시설에서 가장 단위 수익성이 높고 매장을 업그레이드 할 수 있는 브랜드 패션점포는 유통업체들이 독식하고 있는 여건에서 앞으로도 유치가 쉽지 않을 전망이다. 향후 신도시나 택지지구를 제외하고 상업시설이 많이 공급될 여지가 있는 곳은 여전히 대규모 PF단지나 도심정비지구 같은 곳이다. 그런데 이런 곳에 유통업체들이 중소상인들 반발로 키 테난트로 입점하지 못하는 상황이 되면 상업시설 개발 자체가 어려워질 여지가 있는 것도 문제다.

인구통계적 특성변화도 상업시설에 크게 영향을 미칠 전망이다. 우리나라 상권이나 상업시설에 젊은층이 미치는 영향이 매우 크다. 서울 주요상권은 모두 젊은이들이 많은 곳이다. 당연히 상업시설 활성화에 절대적인 영향을 미치고 점포가격도 비싸다. 그런데 앞으로 젊은이들이 계속 감소할 것인바 이는 상업시설에 큰 위협요인이 될 것이다. 또 고령화의 진척도 상업시설 환경에 큰 영향을 미칠 것이다. 고령화가 되면 우선 소비력이 감소한다. 그리고 원거리가 아닌 근거리 상권이나 상업시설을 찾게 된다. 후자 요소는 근린상가에 긍정적인 영향을 줄 수 있으나 전자 요소는 당연히 상업시설 전체에 부정적인 영향을 미치게 된다.

온라인 쇼핑몰 등 무점포 판매의 증가도 일반 상업시설에 부정적인 영향을 미칠 전망이다. 특히 온라인 쇼핑몰은 백화점 매출을 뛰어넘고 할인마트 매출에 근접해 가고 있고 SNS와 결합하여 지속적으로 진화될 전망이다.

향후 일반상업시설의 과제는 공급 과잉되고 비활성화된 상가가 많은 시장상황에서 어떻게 이들 상가 활성화 시키고 구조조정을 시키느냐이다. 미 활성화된 상가를 오랫동안 방치하는 것은 소유자나 입점자뿐 아니라 사회적으로도 큰 손실이다. 따라서 이제는 비활성화된 상가에 대해 보다 적극적인 정책적인 방안을 모색해야 된다고 본다. 무엇보다 운영관리 시스템을 구축하는 것이 시급한 과제로 보인다. 우리나라 상가 중 입지는 좋으나 관리력 부재로 비활성되는 사례가 많기 때문이다. 따라서 상업시설 전문 운영관리업체를 육성하고 일본과 같은 쇼핑센터 관리사와 같은 전문 인력을 양성하여 이들을 의무적으로 채용하게 하는 방안 등이 있다.

또 택지나 신도시를 개발할 때보다 전문성 있는 기관에서 상업공간의 정확한 수요를 예측을 토대로 한 적정규모 공급, 상권이 활성화를 고려한 상권배치와 획지분할 등이 필수적이라 하겠다. 현재는 도시개발이나 건축 전문가들이 신도시나 택지개발 시 상권기획을 주관하는데 상권과 상업시설의 활성화를 위하여 초기 단계부터 유통전문가들의 참여가 반드시 요망된다 하겠다.

2-5 전통시장

01 전통시장의 역사와 특성

1) 전통시장의 역사와 변천사

(1) 우리나라 전통시장의 역사

지역의 물물거래를 위해 자생적으로 생겨난 것이 전통시장의 시작이라고 할 수 있다. 그렇기에 과거 기록에서 전통시장에 관한 내용은 찾아보기 어렵다.

서기 2세기 전후 삼한시대에 교통이 편리한 장소나 밀집촌락의 길거리에 공동제례를 거행하는 제단 옆에 정기적인 제전시(祭典市)가 있었고, 시(市)와 정(井)에서 제사가 행해질 때 대중이 운집함으로써 그곳에서 자연히 의사소통과 생활정보의 교환, 물자의 교환이 이루어지는 비정기적인 시장이 있었다고 한다.

〈삼국사기〉에 기록된 최초의 공식적인 시장은 신라 소지왕 12년(490년), 경주 지역에서 쌀을 거래하던 '경사시(京師市)'라고 한다. 당시에는 도정된 쌀이 화폐역할을 했으며 교통의 교차지점이나 성읍 안에서 물물교환이 이루어졌다.

고려시대에는 국가에서 설치한 개성의 '관설시전'이 가장 큰 규모의 시장이었다. 외국 사신의 왕래가 있을 때면 '대시'가 되었다. 이러한 시전들은 고려 중엽 이후 더욱 번창했다. 수도 개성의 거리에서 벌어지던 시장은 조선시대까지 그 명맥을 유지할 정도로 규모가 컸으며 고정점포 외에 부근의 일정한 장소에 노상시장이 형성되어 성의 주민과 인근 농민들이 이용했다. 오늘날과 같이 시장의 유통구조가 잘 발달되어 있지 않았기에 각자 생산물을 장에 가지고 나와 필요한 물품과 교환하는 방식으로 운영했다.

조선시대에 이르러 시전과 육의전을 좌상으로 설치하여 지금의 도시 시장과 같이 상설화되었고, 지방의 시장(향시)은 정기시장으로서 5일장이 대부분이었다. 이 시대의 시장은 지역 간 잉여생산물 거래인 수직적 교환기능을 가진 곳, 소식 및 정보교환, 사교, 오락, 정치 등의 기능이 수행되어 세상 소식을 접하고 활기를 찾던 곳으로 기능했고 정치적 집회 장소로 사용되기도 했다. 향시는 처음엔 6~7일 간격으로 서는 정기시가 많았으나 이후 점차 5일 간격으로 줄어서 하루 왕복거리인 30~40리마다 교통 요충지에 장이 들어서게 됐다. 또한, 보부상이라는 행상이 있어 농산물, 수공업 제품, 수산물, 약재를 들고 다니면서 유통시켰다.

조선 초 인구가 늘어감에 따라 성안 곳곳에서 매일 장 형식의 노상시장이 생겨났으며, 노상시장이 점차 증가하자 상품 종류별로 거래구역이 지정됐다. 이러한 전통시장 시장체계는 개항과 일제강점기를 통해 근대화가 시작되면서 크게 바뀌었다.

일제강점기인 1914년 총독부에서 시장규칙을 제정하여 기존의 시장을 제1호, 2호, 3호 세 가지로 분류하고 시 · 읍 · 면의 허가를 받도록 했다.

제1호 시장은 장옥을 설치하거나 설치하지 않아도 구획된 지역에서 매일 또는 정기적으로 다수의 수요자와 공급자가 모여 화물을 판매하는 장소로 규정하였다. 제2호 시장은 식료품이나 일상 생활용품을 판매하는 시장으로 공설시장, 제3호 시장은 수산물 및 청과물을 위탁받아 경매하는 도매시장으로 지금의 농수축산물 도매시장으로 변화했다. 이것이 근대화를 거쳐 오늘날 전통시장의 기초가 된 셈이다.

〈표 1〉 우리나라 시장의 역사

연도	내용
1399	한양에 시전
1658	대구 약령시 개설
1905	경성 수산시장 개설
1914	서울 야시(夜市) 개설
1921	남대문 시장 개설
1925	동대문 시장 개설
1962	서울 시장 상인단체연합회 발족
1969	신평화, 동평화시장 개설
1975	노량진 수산시장
1985	가락동농수산물도매시장 개설

〈자료: 유통경제핸드북 요약〉

우리나라 시장의 역사는 아래 표1-1과 같으며, 우리나라 시장을 대표하는 남대문. 동대문시장의 상품구성 및 특성을 살펴보면 다음과 같다.

〈표 2〉 동대문, 남대문 시장 상품 및 특성 비교

구 분	동대문시장	남대문시장
역 사	-1905~1961년 광장시장 및 평화시장에 의해 태동됨 -1925년 공식 개설	-600여년의 역사와 전통 -1921년 공식 개설 -한국의 대표적 도매시장
시장규모	-약32개 상가 2만 7,700여 개 점포 -연간 매출10조 원 추정	-대지면적: 4만2,225m2 -연건평: 9만7,194m2 -상가: 58개동 약 11,000개 점포 -연간 매출 5조 원 추정
주력상품	-전국적 의류 도매시장(종합의류) -패션쇼핑몰 등장으로 여성캐쥬얼, 영캐쥬얼 강세 -브랜드 이월재고, 브랜드 명품, 메리야스 -신발(구두 및 스포츠화) 피혁, 가방 -의류 부자재, 원단, 혼수품 -대표적 주력상품: 패션의류 및 부자재	-아동복전문상가 -패션악세사리, 관광기념소품 -주방그릇, 화훼상가 -식품 및 생선 -축산물 및 먹을거리 -인삼 송이 김 등 특산품 -부인복, 홀(Hall)복 -미용재료, 안경, 카메라, 문구 -수입상품(도깨비시장) 등 -대표적 주력상품: 잡화 및 식품류
시장특성	-하루 유동 인구30만 명 추산 -전국 및 해외를 대상으로 한 의류 도매시장 역할 -패션쇼핑몰(밀리오레) 등장으로 신세대 소비층 흡수 -동대문 디자인 밸리 탄생 -낮에는 소매 층 소비자 대상 밤에는 도매상인 대상 영업 -신세대 패션의 발상지	-하루 이용고객 약 100만 명 -해외 여행객 필수 관광. 쇼핑코스 -도 · 소매 혼재 기능 -내외국인의 서민생활 쇼핑센터로서 인기가 높음.
시 사 점	-패션쇼핑몰 개발 과잉으로 포화 상태임 -동대문운동장 공원화 및 패션특구 등으로 인한 시장 잠재력은 있음.	-동대문시장의 개발과 쇼핑몰 등장 등으로 현대화는 미흡한 편이나 아직도 한국 고유의 정서가 살아 있고 시장 분위기를 느낄 수 있는 독특한 매력을 지닌 대표적인 전통시장로 인기를 누리고 있음. -명동 및 쇼핑타운과 연결되는 입지적 장점을 가지고 있음(신세계, 롯데)

〈자료: 한국유통경제연구소〉

특히 우리나라 유통산업 발전사에서 백화점 상품공급처와 상품개발은 남대문시장에서 출발했다는 사실에 주목해야 할 것이다.

(2) 근대적 시장제도

전통시장의 생성과 설립에 비해 시장제도는 훨씬 늦게 정비되었다. 일제강점기 이후 대한민국 정부는 1951년 〈중앙도매시장법〉을 제정하고 근대적 시장제도를 도입하기 시작했다.

〈중앙도매시장법〉의 제정과 함께 일제강점기인 1914년부터 우리나라 시장을 규제해온 〈시장규칙〉이 폐지되고 유통상의 공정성과 투명성에 대한 관리가 시작됐다.

이어 1961년 〈시장법〉의 제정을 통해 시장개설 허가제를 도입하였다. 이와 함께 법인에 한하여 소매시장 개설을 허가하는 제도가 도입되고, 1981년에는 시장을 상설시장과 정기시장으로 구분하여 육성하였다. 1986년 〈시장법〉이 폐지되고, 〈도소매진흥법〉으로 바뀌면서 소매 매장은 시장, 백화점, 쇼핑센터 등으로 세분화되었다.

1982년 유통부문 1차 5개년 계획, 1987년 2차 5개년 계획을 수립하고 〈시장법〉을 대체할 〈도소매진흥법〉이 1986년 제정되었다.

이러한 과정을 거쳐 1988년 도소매진흥 5개년 계획이 수립됨에 따라 규모가 큰 점포를 대상으로 판매관리장비 도입, 연쇄화 사업 등이 추진되었다.

각 시장관계 규정은 시장을 서로 다른 관점에서 정의하고 있다. 〈시장규칙〉이 시장을 기능에 따라 분류한 반면, 〈시장법〉은 시설을 기준으로 구분하고 있고, 〈도소매진흥법〉은 시장을 다양한 유통기관 중의 한 특정한 영업장으로 정의하였다.

외국인 투자와 관련해서는 1981년 소매업종 단일품목, 점포규모 330㎡(100평) 이하에 외국인 투자를 허용한 데 이어 1991년에는 매장면적 1,000㎡(330평) 이내에 투자를 허용함으로써 외국의 유통시스템이 국내로 유입되는 계기가 되었다.

우리나라의 유통정책은 1980년대 말까지 물가안정에 초점을 맞춘 경쟁유지정책을 중심으로 추진되어 왔지만, 1990년대 이후부터는 유통 발전과 지원정책에 초점을 맞추기 시작했다.

(3) 유통시장 정책 급변과 시장개방

정부 정책이 변화하는 동안 전통시장을 비롯한 유통산업에도 역시 또 다른 형태의 새로운 흐름이 몰려오고 있었다.

1993년 WTO 체제가 출범하면서 국내에서는 점포수 20개 이하, 매장면적 3,000㎡ 미만인 점포에 외국인 투자를 허용하는 것을 시작으로, 1996년 유통시장 전면 개방에 따라 종합소매업에 대한 외국인 투자제한을 폐지하여 점포수 및 매장면적에 대한 규제가 완전히 폐지되었다.

정부는 국내시장 보호를 위해 1995년 〈중소기업의 구조개선 및 경영안정지원을 위한 특별 조치법〉에서 노후한 전통시장의 재개발, 재건축 촉진을 위해 토지소유자 동의요건을 80%에서 75%로 완화하는 특례조치를 도입하였다.

1997년에는 〈유통산업발전법〉을 제정하여 대형할인점을 시도지사 허가제에서 등록제로 전환하였고, 1998년 1월에는 외국인의 부동산 취득이 가능하도록 법률을 개정하였으며, 정부에서는 다시 〈도소매진흥법〉을 개정하여 상설시장 허가제를 등록제로 전환, 민간중심의 시장 자생력 강화로 정책방향을 전환하였다.

이러한 정부의 유통산업 촉진 의지는 1998년 시작된 국민의 정부에서도 이어졌다. 규제완화 차원에서 그린벨트 내 창고형 매장 설립을 허용하였고, 창고형 매장 설립 시 인근 점포의 동의요건을 폐지하였다.

1999년 9월에는 유통업자가 상품판매가격을 자율적으로 정하는 오픈프라이스 제도가 시행되었다. 이 제도는 제조업자가 최종 판매가격에 간섭하지 않도록 하는 것으로, 가장 중요한 측면은 그동안 제조업자의 권한이었던 권장소비자가격 기재를 폐지토록 한 것이다.

오픈프라이스 제도 실시에 따라 유통채널의 영향력이 제조업자에서 유통업자로 넘어오면서 대형 유통업체수가 늘어나고 구매력이 증가하였으며, 이는 유통업체의 급속한 성장과 유통업태간 판매가격 경쟁이라는 결과를 초래하는 계기가 되었다.

점차 치열해지는 유통산업 경쟁은 필연적으로 전통시장의 침체를 불러왔다. 새로운 유통형태의 출현으로 전통적인 시장의 개념이 파괴되었고, 소비자들도 전통시장보다 새롭게 등장한 대형마트와 온라인쇼핑몰을 비롯한 신업태에 관심을 쏟게 된 것이다.

이러한 상황에서 전통시장은 침체될 수밖에 없었고, 드디어 국민의 정부 말기인 2002년부터 정부가 전통시장에 대한 지원에 관심을 갖기 시작하였다. 전통시장 활성화 지원내용을 기존 법률에 반영하여 시설현대화 사업을 착수하였는데, 〈중소기업의 구조개선 및 경영안정지원을 위한 특별조치법〉에서 '시장'이라는 용어 대신 '재래시장'이라는 법률용어가 도입되었고, 전통시장 건축물의 용적률, 과밀부담금 등의 특례조치를 확대함으로써 정부와 민간으로부터의 재개발, 재건축 촉진을 유도하게 되었다.

유통시장 개방과 대형할인마트, 편의점, 온라인 판매 등 다양한 신업태의 등장으로 침체가 심화되던 전통시장을 활성화시키려는 정부차원

2장-판매 채널별 유통

의 지원책 바탕이 마련된 것이다.

〈표 3〉 **시장중심 소매업 육성**(1951~1985년)

연 도	내 용
1951	중앙도매시장법 제정(도매시장 설립 허가제 도입)
1961	시장법 제정(법인시장을 시도지사가 허가)
1966	유통구조개선 종합대책 수립(상공부)
1970	유통근대화 5개년 기본계획 수립(상공부)
1977	유통근대화 재정자금지원(상공부)
1981	시장법 개정(상설시장, 정기시장으로 구분 육성)
1982	유통부문 제1차 5개년 계획 수립
1983	POS(Point of Sale) 도입 기본계획 수립

2) 전통시장의 역할과 특성

(1) 서민경제의 애환과 문화가 살아있는 전통시장

전통시장은 물건의 거래가 이루어지는 시장 이상의 기능을 해왔다. 정기적인 장이 서는 날이면 인근 주민들이 한자리에 모여 서로의 소식을 나누고, 상인들은 정보를 나누며 다른 장으로 이동하는 등 생필품의 유통이라는 주된 경제적 기능 외에도 여러 가지 비경제적 기능을 수행해왔다.

장이 서는 날에는 다양한 사회적인 이벤트가 열리거나 친지들이 만나 소식과 이야기를 나누는 등 지역 커뮤니티의 중심지이자, 지역경제의 중심지로의 기능을 수행해 온 것이다. 또한, 전통시장은 서민의 삶을 보여주는 바로미터 역할을 했다. 시장에서 이뤄지는 물건 거래는 그 시기의 경제현황을 단적으로 보여주는 지표가 되었으며, 시장을 찾는 사람들의 입을 통해 소문이 퍼져 나가며 여론이 형성되는 사회적 역할도 했다. 서민들의 삶 이야기를 담은 다양한 민속문화가 펼쳐지는 문화의 장으로서 서민의 삶에 즐길 거리와 볼거리를 제공해왔다.

⟨표 4⟩ 소매업태별 육성시책 다양화(1986~1996년)

연 도	내 용
1986	도소매진흥법 제정 (시장, 백화점, 도매센터 허가제, 업태별 육성, 상점가 진흥조합제도 도입)
1987	유통부문 제2차 5개년 계획 수립 (상인조직 육성, POS 도입 확대, 시장시설 근대화)
1988	도소매진흥 5개년 계획수립(유통근대화 자금 120억 원 융자)
1989	22개 시범시장에 61억 원 지원
1991	매장면적 1,000 이내에 외국인 투자 허용
1995	도소매진흥법 개정(정기시장 시장, 군수 개설 허가)
1996	유통시장 대외개방, 종합소매업에 대한 외국인 투자제한 폐지

(2) 전통시장의 침체와 위기

전통시장의 위기는 1996년 국내 유통시장 개방과 함께 시작됐다. 시장이 개방되면서 다국적 대형 유통업체가 국내시장을 잠식하기 시작했다.

외국 대형 유통업체의 진출에 따라 국내 유통업체들의 확장도 본격화됐으며, 지방 중소도시 진출과 경쟁력 강화에 박차를 가하게 되면서 대도시 및 중소도시뿐만 아니라 그 배후지역까지 전통시장 상권이 전반적으로 위축되는 결과를 낳았다.

1990년대 정부는 유통업의 경쟁력 강화라는 측면에서 전면적 시장개방과 각종 규제 완화를 진행했고 대형 유통기업들의 확장이 끊임없이 진행되었다. '경쟁력 강화', '유통산업 발전'이라는 명제하에 전통시장과 중소 영세상인들의 생존권에 대해서는 간과했던 것이 사실이다. 전통시장이 나름 보존되고 활성화된 유럽의 경우 대형할인마트라는 신업태가 이미 수십 년 전에 등장했지만, 전통적인 지역상권을 보호하기 위한 정부차원의 각종 규제와 제도적 완비로 상호 보완적인 생존이 가능했던 것과는 달리 우리나라 전통시장은 변화의 파고를 온몸으로 겪을 수밖에 없었다.

그나마 전통시장 재개발을 중심으로 중소유통업체에 대한 대책이 정부에 의해 추진되었다. 하지만 인접 지역의 환경변화, 교통문제, 입지특성에 따른 고객수요, 입지 및 상권 규모에 따른 적절한 개발모형 제시, 유통업체 간의 상호 시너지 효과 등 총체적 접근이 이뤄지지 못한 채 재개발에만 초점이 맞춰진데 따른 한계를 드러냈다.

이러한 과정에서 기존 중심지 기능의 파괴는 물론 소매기능의 수행도 제대로 하지 못한 채 유통시장 무한경쟁체제에 돌입하게 된 것이다.

(3) 소비자의 변화, 전통시장 외면 심화

전통시장의 침체 요인의 핵심 요인으로 소비자의 변화를 들 수 있다. 과거의 소비자들은 직접 제품을 선택하고 시각적으로 확인한 후에 구매하였지만, 시대가 지날수록 소비자들은 상인들과 흥정보단 제품의 객관적 정보를 기준으로 자신이 원하는 것을 구매하는 방식으로 바뀌었다.

이에 따라 백화점이나 대형 유통점포 등은 자본력을 바탕으로 소비자의 제품 구색에 맞는 디자인과 진열, 가격할인, 판촉행사 등을 통해 소비자들을 유인하였다.

소비자들은 저렴한 가격, 다양한 상품 구색 등 쇼핑의 실용적 측면뿐만 아니라 대형점 내에서는 원스톱 쇼핑 등 각종 편의적 측면을 동시에 즐길 수 있게 되었다. 그러나 전통시장과 상인들은 이러한 변화에 효과적으로 대응하지 못했다. 판매자 위주의 판매시설과 환경, 영세한 규모 및 비효율적 운영, 무질서한 거래 형태 등으로 소비자의 외면을 받게 됐다. 서비스 능력, 상품기획 능력이 대형 유통업체에 비해 떨어질 뿐 아니라 상품 구입처가 다양하다 보니 유사제품이나 동종 상품의 가격이 같은 시장 내에서도 점포별로 편차가 컸다. 이는 변화된 소비자들의 발길을 멀게 만드는 결과를 초래하였다.

또한, 시장 내부의 열악한 환경도 문제가 되었다. 전통시장은 노후시설과 비위생적 관리로 이미 청결하고 쾌적한 대형 유통업체를 경험한 소비자들에게 전통시장에 대한 부정적인 인식을 갖게 했다. 주차장, 화장실, 휴게실 등 편의시설과 건물 노후화 등의 여건은 소비자들이 전통시장이 아닌 대형 유통업체를 이용하게 하는데 중요하게 작용하였다.

이와 같은 시설적 문제점을 해결하기 위해 정부에서는 재건축, 재개발을 추진했지만, 시장 주체들 간 이해관계 대립으로 무산되는 경우가 많았다. 또한, 세입자가 다수인 영세 상인들에게 전면철거 방식의 재건축, 재개발은 생계 자체를 위협하는 것으로 인식됐다.

전통시장은 관리 운영상의 문제점도 가지고 있었다. 상품진열이나 체계적 상품관리의 미비로 소비자들의 욕구를 충족하지 못하고 재고, 매출관리를 과학적 기법으로 운영하는 대형 유통업체에 비해 그 효율성이 매우 낮았다. 또 유통질서의 문란, 정찰가격제 미정착, 무자료거래 관행 등도 전통시장 발전을 저해하였으며, 호객행위에 따른 소비자 점포선택권 침해, 반품서비스 미흡, 신용카드 사용의 어려움 등이 문제가 되었다.

마케팅 능력 부족도 전통시장의 심각한 문제 중 하나였다. 대형 유통업체나 편의점과 같은 신유통업태의 주 고객인 젊은 소비자들은 친절한 서비스, 다양한 이벤트, 편리한 주차시설 등을 선호하였는데 소규모 상인들의 집단으로 구성된 전통시장은 마케팅 전략을 시행할 인력, 자금, 노하우를 보유하지 못하여 젊은 고객의 욕구를 충족시키지 못하였다. 이러한 내외부 환경의 변화로 전통시장 상권은 크게 위축되어 침체될 수밖에 없었다.

(4) 전통시장의 중요성과 변화

전통시장 역시 공공재가 아니라 자신의 자본을 투자해 개인의 영리활동을 하는 상업시설일 뿐이다. 단순한 시장경제의 논리로 보았을 때 소비자에게 외면당한 전통시장이 몰락하는 것은 당연한 일이다. 그러나 전통시장은 경제논리로는 풀 수 없는 중요한 의미를 가지고 있다. 전통시장은 지역의 전통문화와 정서가 담긴 곳으로, 지역주민의 만남과 정보 교류의 장소 역할뿐만 아니라 토속과 전통을 향유하는 정서순화의 장소 역할도 해왔다. 이처럼 전통시장은 수익성을 추구하는 민간 사업장 차원을 넘어 일정한 지역에 거주하는 주민들이 공동으로 이용하는 공공시설의 성격이 강하다. 특히 주거지 인근에 위치하여 편리하게 이용할 수 있는 판매시설로 그 효용이 크게 인정되어왔다.

전통시장은 이러한 정서적 역할뿐만 아니라 소비자의 구매 선택권을 넓히는 데 하나의 선택이 될 수 있으며, 지금도 지역경제의 중심으로 활동하고 있는 등 중요한 역할을 맡고 있다. 전통시장은 직간접적으로 150만 명이 넘는 종사자의 생계가 걸려있는 고용기회의 제공이란 역할도 수행하고 있다.

이외에도 도시 시민과 가까이 하는 입지적 특성, 주머니 사정이 가벼운 중 · 저소득층의 저가 상품구매 기회제공, 중소기업이 생산한 중저가 상품, 인근 지역에서 농어민이 생산한 농수산물과 지역특산물 모두 전통시장이나 지역상점가가 주요 판로가 되어 지역순환경제 측면에서 다양한 기능과 역할을 해왔다.

이러한 역할을 하는 전통시장의 쇠퇴는 이를 생활기반으로 하고 있는 중소상인 및 자영업자의 몰락은 물론이고, 도시 내의 지역, 산업간 균형발전에도 악영향을 초래하는 한편, 주변 지역민들의 생활 전반에 영향을 미치기 때문에, 전통시장의 몰락은 단순히 경쟁력 없는 유통업태 하나의 몰락으로 끝나는 것이 아니라 그 사후에 드는 유무형의 사회적 비용은 몇 곱절이나 더 크다. 이러한 이유 때문에 유럽과 일본 등 많은 나라들이 전통시장 및 중소 유통업 활성화 촉진에 일찍부터 여러 지원정책을 펴왔던 것이다.

다소 늦은 감은 있지만 2000년대 이후 정부차원의 전통시장 활성화 대책이 다양하게 추진되고 있다. 하지만 전통시장 활성화 대책은 시장 상인들의 변화 노력부족과 인식부족과 더불어 제도적 한계점 등으로 효과적인 성과를 거두는 데는 다소 부족함이 있는 것이 사실이다. 정부나 사회 차원의 재정적, 제도적 지원과 더불어 시장 활성화의 주체인 전통시장 상인들의 끊임없는 혁신 노력이 병행될 때 전통시장의 부활은 가능할 수 있을 것이다.

02 전통시장 현황

1) 전통시장 실태

(1) 전반적 쇠락기를 겪는 전통시장

우리나라 소매유통의 중추적 역할은 전통시장이 담당해왔다. 그러나 전반부에서 서술한 바와 같이 산업화가 진행되고 새로운 유통업태가 대두되면서 경쟁력이 취약하고 변화에 능동적으로 대처하지 못한 전통시장은 전체 유통소매업에서 차지하는 비중이 점점 줄어드는 추세이다. 또 생활수준의 향상과 소비자의 욕구 및 구매행동 변화 등 유통환경 변화에 대응하지 못하고 있다.

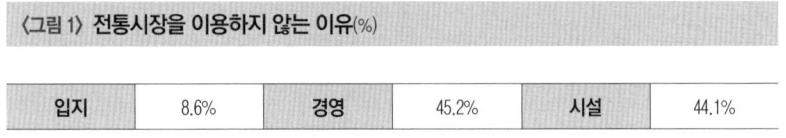

〈그림 1〉 **전통시장을 이용하지 않는 이유**(%)

입지	8.6%	경영	45.2%	시설	44.1%

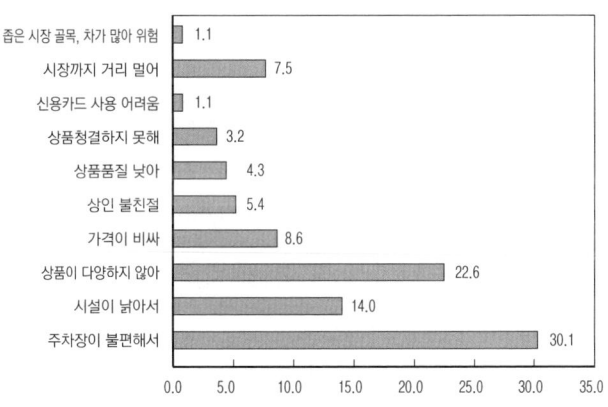

〈전통시장 지원사업 성과평가 보고서, 시장경영진흥원, 2009〉

몇몇 전통시장들은 정부의 지원을 바탕으로 상인들의 적극적 노력으로 성공적으로 변화하고 있지만, 다수의 전통시장들은 능동적 지원을 받아들이지 못한 채 점차 쇠락해 가고 있는 실정이다.

소비자들은 주차공간부족, 상품 다양성 부족, 시설노후화 등의 이유로 전통시장 이용을 꺼리고 있는 가운데 20~30대 젊은층보다 예전부터 이용경험이 많은 40대 이상의 중장년층(65.1%)이 주로 이용하고 있는 것으로 나타나고 있다.

전통시장은 쇼핑 편리성과 제품 서비스 면에서 상대적으로 경쟁력이 점차 저하되고 있으며, 상인의 노령화(평균연령 53.7세) 및 상인조직화(62.4%)가 미흡하고, 아케이드 보유율은 45.7%, 고객안내센터 보유율 9.5%, 고객휴게실 보유율 8.6%로 아직 고객편의시설이 부족한 수준이며, 상품은 품질 대비 가격경쟁력 저하 및 상품구색(대형마트 2만 3천 개, 시장 8천~9천 개 품목)이 미흡한 실정이다.

전국에서 영업중인 전통시장 수는 2004년 1,702개, 2005년 1,660개, 2007년 1,610개, 2008년 1,550개, 2010년 1,517개로 점차 줄어드는 것으로 나타났다. 2004년 23만 7천 개에 달하던 점포수도 2010년 20만 1천 개로 줄어들었으며, 종사자 수 역시 2004년 38만 9천 명에서 2010년 35만 9천 명으로 크게 줄어들었다.

또 무등록 시장도 상당부분 존재하고 있으며, 60% 이상이 소형으로 운영되는 시장인 것으로 나타났다. 시장관리 주체가 불분명한 공동개설 시장 비율도 높은 것으로 나타났다.

전통시장 매출 역시 위축되고 있다. 1996년 유통시장 개방 이후 전통시장 매출이 지속적으로 감소하고 있다. 2005년 전통시장의 매출은 32.7조 원이었으나 2010년은 24조 원으로 2005년 대비 26.6% 감소한 반면, 대

형마트는 2005년 23.7조 원에서 2009년 31.3조 원으로 2005년 대비 32.1%
증가하였으며, 무점포판매 역시 2005년 17.8조 원에서 2009년 27.1조 원
으로 2005년 대비 52.2% 대폭 증가했다.

〈표 5〉 전통시장 매출규모

	2005	2006	2007	2008	2009	2010
전통시장(조 원)	32.7	29.8	26.7	25.9	24.7	24.0
대형마트(조 원)	23.7	25.7	28.3	30.1	31.2	–
무점포판매(조 원)	17.7	19.6	21.2	23.9	27.1	–

〈전통시장 매출은 실태조사 추정액, 무점포판매는 통계청 소매업태별 판매액 참고〉

(2) 전통시장 활성화 노력

어려운 여건에도 불구하고 전통시장 활성화를 위한 상인들의 노력은
점차 증대되고 있다. 상인회가 있는 시장 조직은 2010년 87.9%(1,333개)로
2004년 64.3%에 비해 23.6% 증가하여 상인조직을 통한 시장의 경영현대
화가 점진적으로 진행되고 있는 것으로 나타났다. 2005년부터 전통시장
활성화 지원사업이 활발해짐에 따라 추진사업 주체인 상인조직이 꾸준
히 증가하고 있는 것으로 분석되고 있다.

시장 시설 역시 전통시장 활성화 사업을 통해 점차 개선중인데, 아케
이드 보유시장 비율은 2010년 기준 694개 45.7%이며, 고객휴게실도 130
개 8.6%, 고객주차장은(시장 인근 공영주차장 제외) 699개 시장 46.1%로 나타났
다. 하지만 전통시장 전체 시설에 대한 노후도는 기반시설 3.2(5점 척도 기
준)로 아직도 미흡한 수준이다.

2) 전통시장 현황(통계)

(1) 전통시장 통계현황

전통시장은 생활수준의 향상과 소비자들의 욕구 및 구매행동의 변화에 적절히 대응하지 못한 채 침체를 거듭하고 있으며, 시장수 및 점포수의 전반적인 감소세를 보이고 있다.

그러나 빈 점포율(공실률)은 전통시장 활성화 지원정책에 힘입어 2002년 17.7%에서 2010년 10.8%로 지속 감소하는 추세이다.

〈표 6〉 전통시장 일반현황

구 분	2004	2005	2006	2008	2010
전통시장수(개)	1,702	1,660	1,610	1,550	1,517
점포수(천 개)	237	239	226	207	201
종사자 수(천명)	389	397	353	363	359

〈표 7〉 전통시장 등록유무(단위: 개)

구 분	계	등록시장	인정시장	기타시장
2004년	1,702	1.218	270	214
2005년	1,660	1.016	205	439
2006년	1.610	991	302	317
2008년	1,550	858	389	303
2010년	1,517	816	467	234

〈표 8〉 전통시장 소유(단위: 개)

구 분	계	법인시장	개인시장	공설시장	공동시장
2004년	1,702	503	510	492	197
2005년	1,660	385	80	299	252
2006년	1.610	413	129	427	641
2008년	1,550	226	87	388	849
2010년	1,517	267	59	384	807

〈표 9〉 전통시장 지역별 현황

구분(단위)	2004		2005		2006		2008		2010	
지역(계)	1,702		1,660		1,610		1,550		1,517	
서울(개, %)	313	18.4	262	15.8	226	14.0	204	13.2	218	14.4
부산(개, %)	169	9.9	192	11.6	191	11.9	189	12.2	161	10.6
대구(개, %)	104	6.1	107	6.4	98	6.1	106	6.8	103	6.8
인천(개, %)	50	2.9	50	3.0	50	3.1	48	3.1	52	3.4
광주(개, %)	29	1.7	27	1.6	29	1.8	26	1.7	22	1.5
대전(개, %)	34	2.0	37	2.2	36	2.2	36	2.3	32	2.1
울산(개, %)	48	2.8	45	2.7	43	2.7	37	2.4	40	2.6
경기(개, %)	130	7.6	153	9.2	157	9.8	149	9.6	150	9.9
강원(개, %)	66	3.9	69	4.2	68	4.2	73	4.7	74	4.9
충북(개, %)	81	4.8	58	3.5	56	3.5	62	4.0	64	4.2
충남(개, %)	79	4.6	77	4.6	78	4.8	75	4.8	71	4.7
전북(개, %)	67	3.9	69	4.2	69	4.3	64	4.1	64	4.2
전남(개, %)	128	7.5	125	7.5	123	7.6	124	8.0	114	7.5
경북(개, %)	203	11.9	192	11.6	191	11.9	178	11.5	178	11.7
경남(개, %)	184	1.8	177	10.7	175	10.9	157	10.1	151	10.0
제주(개, %)	17	1.0	20	1.2	20	1.2	22	1.4	23	1.5

시도별 시장 수는 서울이 218개, 14.4%로 구성비율이 가장 높고, 서울을 포함한 인천, 경기 등 수도권 지역의 비율은 27.7%로 나타났다. 수도권의 인구비중이 50%에 육박하는 것을 감안하면 비수도권에 비해 시장 수자체는 적다고 할 수 있다.

〈그림 2〉 **빈점포율 변화추이**(단위: %)

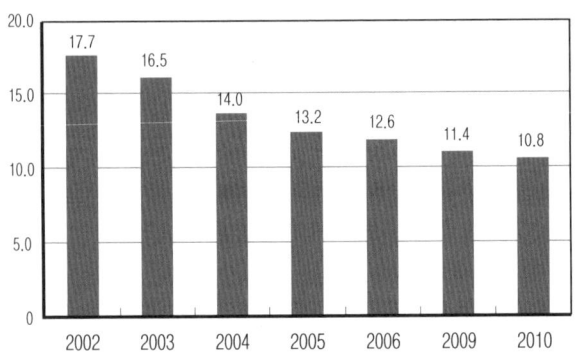

2010년 기준 전통시장 내 총상인 수는 35만 9,375명으로 전년 대비 3,585명 감소하였으나, 종사자 중 종업원 수가 12만 4,371명으로 2008년 대비 5.4%, 점포 소유 상인은 2008년 대비 2.2% 증가하였다.

〈표 10〉 **전통시장 매출규모**(조 원)

연도	2005	2006	2007	2008	2009	2010
매출액	32.7	29.8	26.7	25.9	24.7	24.0

구분	2004	2005	2006	2008	2010	증감률 2004년 대비
시장당 일평균 매출액	6,352.0	5,801.4	5,787.3	5,358.0	4,980.3	−21.6
점포당 일평균 매출액	51.2	47.0	48.3	46.4	41.6	−18.7
종사자당 일평균 매출액	30.3	27.9	30.9	28.1	25.4	−16.2

2010년 전통시장의 하루평균 고객 수는 2,684.1명으로 2008년 대비 8.0% 증가했다. 점포당 하루평균 고객 수는 22.4명으로 2008년 대비 4.2% 증가, 종사자당 하루평균 고객 수는 13.7명으로 2008년 대비 5.4% 증가한 것으로 나타났다.

상인회가 있는 시장조직은 2010년 87.9%(1,333개)로 2004년 64.3%에 비해 23.6% 늘어났다. 법적 단체 조직화율은 62.4%로 2008년 56.5%에 비해 5.9% 증가하였다. 등록시장 중 상인회가 있는 시장은 86.0%, 인정시장 중에서는 98.5%, 기타 시장에서는 73.1%로 나타났다.

전통시장에 대한 지원사업은 그 특성상 기본적으로 점포 개별이 아닌 상인조직을 대상으로 진행하는 경우가 많다. 그렇기에 정부 지원책의 증가에 따라 상인회의 법적 조직화율도 늘어나고 있는 추세이다.

〈표 12〉 **상인조직화율**(단위: 개, %)

연도	시장수	조직 있음					조직없음
		등록상인회	상점가진흥조합	사업조합	(민법상)법인	임의단체	
2004	1,702	228(20.8)	69(6.3)		38(3.5)	759(44.6)	608(35.7)
2005	1,660	267(16.1)	17(1.0)	55(3.3)	129(7.8)	616(37.1)	576(34.7)
2006	1,610	435(27.0)	50(3.1)		126(7.8)	442(27.5)	557(34.6)
2008	1,550	749(48.3)	16(1.0)	25(1.6)	85(5.5)	370(23.9)	305(19.7)
2010	1,517	812(53.6)	20(1.3)	15(1.0)	99(6.5)	387(25.5)	184(12.1)

03 전통시장 지원정책 및 이슈

1) 전통시장의 현안 문제점

대도시와 중소도시, 읍면 지역을 불문하고 국내 전통시장이 공통적으로 안고 있는 현안 문제점은 다른 대규모 소매업태는 물론 다양한 신업태에 의해 전통시장 본래의 경쟁력을 점차 잃어가고 있다는 점이다. 이는 소비자로부터 매력을 상실, 외면당하게 되는 결과를 초래하고 있다.

더불어 전통시장의 근본적 문제점 중 내부적 요인으로는 시대에 뒤떨어진 시장환경과 노후화된 시설, 상품구성 차별화 및 특화미흡, 시장운영 및 시스템 구축 미비, 상인조직체계 구축 및 활성화 미흡 등이다.

외부적 요인으로는 유통산업환경의 급변과 신업태의 등장, 전통시장과 관련한 법률적 제도적 지원 혼선 및 미흡, 소비자 트렌드의 변화와 온라인 시장 등에 의한 소비시장 재편 등을 꼽을 수 있다.

국내 전통시장이 안고 있는 내외적인 문제점과 원인은 경제환경, 정부정책, 소비자환경 등을 불문하고 근본적으로 그 해결의 실마리를 전통시장 자체에서 풀어야 한다는 점이다. 우리나라 전통시장 지원정책에 대해 물먹는 하마, 밑 빠진 독에 물 붓기란 표현을 흔히들 하고 있다. 유통산업 변화 과정에서 전통시장이 과거에 비해 침체된 것은 사실이나 전통 소매업태로서의 기능과 역할을 충분히 발휘하는 '경쟁력을 갖춘' 활성화 시장도 적지 않게 존재한다. 특히 대도시나 수도권보다는 중소도시 및 읍면지역에서 전통시장이 가지는 지역경제 영향력을 높을 수밖에 없다.

중소상인 및 자영업의 보호와 지원 측면에서 볼 때 전통시장 지원정책은 정부로서는 필수불가결한 선택이다. 대기업 소매업의 경우 조직력, 자금력, 전략수립능력으로 시장환경에 스스로 대처하는 자생력을 가진 반면, 전통시장의 입장은 이와는 전혀 다르기 때문에 지원을 통해 생존가능성이 높은 시장을 선별해 지속적인 지원을 해야 할 것으로 본다. 소매업을 이용하는 소비자가 백화점, 대형마트만 이용하는 것이 아니고 지역과 상권의 특성에 따라 전통시장을 선호하는 고객이 많다는 사실도 잊어서는 안 될 것이다.

우리나라 전통시장에 대한 현안 문제점을 살펴볼 때 해결의 방법은

첫째, 시장 상인 스스로, 둘째, 상인회 조직체, 셋째, 지자체 및 관련 부처가 합동으로 진지한 자세로 일관성을 잃지 않고 문제를 해결하려는 노력이 전제되어야 한다.

다음은 전통시장 활성화를 위한 영등포 전통시장 연구 사례에서 나타난 전통시장의 현안 문제점을 알아보도록 하자.

〈그림 3〉 영등포시장 현안문제와 미래비전

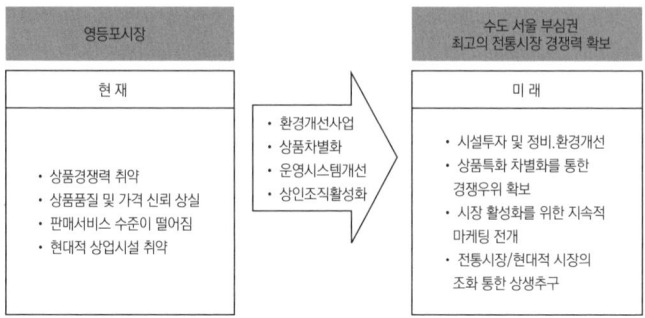

영등포시장의 경우 현안 문제점은 상품구성의 미흡, 품질 및 가격 신뢰성 부족, 낮은 서비스 수준, 뉴타운 보류 지연 등에 따른 시설의 노후 방치 등으로 나타났다.

따라서 이러한 전통시장의 현안 문제점을 해결하고 활성화하기 위한 체계 구도는 아래 그림과 같다.

〈그림 4〉 영등포시장 활성화 체계 구도

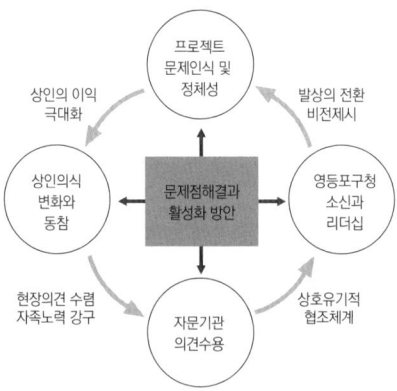

전통시장 문제점 해결을 위한 각자의 역할과 상호간 협조는 지자체, 상인과 상인조직체, 소비자와 지역주민이 함께 나서 해결해야 할 문제이며, 어느 한 쪽에서 의욕만 앞세워서 되는 것이 아니라 상호 연대감을 갖고 지역 전통시장을 활성화 시키겠다는 뚜렷한 사명감과 의지가 요구된다.

특히 영등포 상권은 경방 부지에 타임스퀘어 및 유명 호텔들이 들어서면서 유동인구가 대폭 증가하고 서울 부심상권으로 다시금 부활하는 상황을 맞이하고 있다. 이러한 우호적 여건을 활용해 서울 남부권 대표 시장의 옛 영광을 되찾기 위해 영등포 전통시장의 조기 활성화가 시급한 실정이다.

〈표 13〉 영등포시장 활성화를 위한 각자의 역할

영등포구	상인 및 조직체	소비자(관광객)	지역주민
• 영등포전통시장 활성화 사업 추진 • 뉴타운 보류(취소)에 따른 여론악화 해소 • 영등포상권과 전통시장의 공동활성화	• 안정적 사업터전 마련 • 상인 의식 변화 • 영업 노하우 습득 • 삶의 질 향상(경제적)	• 새로운 쇼핑 즐거움 • 대형쇼핑몰과 전통시의 정취를 함께 경험하는 관광형 쇼핑문화제공 • 쾌적한 쇼핑환경 조성	• 쇼핑 및 관광 명소 유치 • 서남권지역 경제활성화 • 연계사업 및 프로그램 혜택

2) 전통시장의 활성화 지원정책

(1) 전통시장 관련법 및 정책의 변화과정

<표 14> 전통시장 관련법 변천과정

법제명	주요 내용	시행일
시장법	시장개설 허가제(특별시장, 도지사) -지자체와 공익법인이 시장 개설: 상설시장과 정기시장으로 구분 -상설시장의 표준시장모형 개발: 연쇄화사업 육성	1961.8.31
도소매업진흥법	조합의 시장관리 허용 -시장관리자제도 도입: 시장관리자 시범도매센터, 지정연쇄화사업자 및 상점가 진흥조합 등에 대하여 자금 및 세제 지원 / 도소매업진흥심의위원회 설치 / 집배송단지 건립 지원 / 대규모소매점의 시설기준 및 매장면적기준 규정	1987.7.1
유통산업발전법	유통산업발전기본계획 수립 / 대규모 점포 개설 허가제에서 등록제로 전환 시범도매센터 지정 및 지원 / 유통관련 기술 및 인력의 국제교류 지원 해외유통시장의 조사 분석 사업 추진	1997.7.1
중소기업의 구조개선과 재래시장 활성화를 위한 특별조치법	재래시장의 최초 법적 규정 재래시장 활성화 종합계획 수립 및 시행 시장경영지원센터 설치 시장재개발, 재건축시 임시시장 마련 시장재개발, 재건축시 용적률 및 과밀부담금 특례 시장진입도로 확충, 소방시설, 주차장 및 화장실 등의 설치 지원	2002.4.1
재래시장 육성을 위한 특별법	전통시장 정의 명확화 시장, 군수, 구청장의 지역시장육성계획 수립 시장 현대화 촉진 및 지원근거 마련 상거래현대화 촉진, 공동사업 활성화, 홍보 및 교육 등 경영현대화 추진 시장상인조직의 육성근거 마련	2005.1.14
재래시장 및 상점가 육성을 위한 특별법	정책대상을 상점가로 확대 활성화를 위한 기본 계획 및 지역추진계획 수립 시장정비사업의 지원 확대	2006.10.29
전통시장 및 상점가 육성을 위한 특별법	재래시장을 전통시장으로 용어 변경 / 시장정비사업 절차 간소화 상권활성화 제도 도입 -상권활성화구역 지정, 상권관리기구 설치 등	2010.7.1

〈표 15〉 전통시장 정책 변천과정

법제명	주요 내용	시행일
소상공인 전통시장 혁신대책	전통시장에 대한 환경개선 전문시장, 특산물시장, 테마시장 등 특성화 시장 육성 고객편의를 위한 편의시설, 문화공간 확충 재개발 재건축사업 규제완화 전통시장 경영혁신 및 상인 자율혁신역량 제고	2004.3
전통시장 활성화대책	시장의 중장기 정비계획 수립 환경개선사업 지원 강화 재개발 규제 완화 지역사회와 협력 확대	2004.12
전통시장 활성화 종합대책	온라인 쇼핑몰 공동상품권 등 선진 상거래기법 도입 고객편의시설 확충 등 고객이 만족하는 편리한 쇼핑환경 조성 마케팅, 이벤트, 러브투어 등 다양한 마케팅 활동 전개를 통한 경영기법 혁신 청년상인 육성지원 공동상품권, 박람회 등 공동사업 시행	2005.2
전통시장 활성화를 위한 정책방향	전통시장 정비제도 도입을 통한 시장폐지 방안 마련 시설현대화 사업의 효율적 추진을 위한 제도개선 재개발, 재건축 규제완화 인력양성 및 맞춤형 교육 컨설팅 강화 혁신점포(Best Shop) 사업 업종별 확대	2005.5
전통시장 활성화 종합계획	시장 특성을 분류, 유형별 성공모델 창출 확산 경쟁력 수준별 지원체계 구축 지방자치단체 및 지원기관 간 효율적 역할분담 사전 컨설팅, 연구용역 의무화 시장활성화 사업 자문제도 신설	2006.5
전통시장 활성화 종합계획	문화관광형, 상권연계형, 주민밀착형 등 시장유형별 맞춤형 지원 영업기법 개선, 시장홍보 강화 등 경영선진화 촉진 시설현대화 및 시장정비사업 촉진 지역상권 활성화 지원체계 구축 −상권활성화 기본계획 수립 −상권관리기구 설치 등	2008.12

(2) 최근의 전통시장 지원정책

정부차원의 여러 전통시장 지원정책이 시행되었으나 전통시장은 지속적으로 침체되고 있었다. 전통시장의 시설노후도는 다소 개선되었으나 고객편의시설이 부족하여 소비자 기대수준에 미치지 못한다고 판단하였고 이러한 배경하에 2008년 12월 전통시장 활성화 종합계획을 발표하였다.

'매력있는 상권, 생동감 넘치는 전통시장 육성'을 비전으로 한 이 종합계획은 경쟁력을 조사하여 활성화 수준이 양호한 시장(전통시장 활성화 수준 평가결과 5등급 중 A, B급)의 비중을 높이고 빈 점포의 감소를 목표로 삼았다.

이를 실현하기 위한 정책방안으로 공급자 중심의 일률적 지원에서 시장 유형별 맞춤형 지원으로, 개별 시장단위 지원에서 시장과 주변상권을 연계한 지원으로, 하드웨어 양적 위주 지원에서 소프트웨어, 성과 중시 지원으로 전환하고자 하였다.

그에 대한 추진방안으로는 시장유형별 맞춤형 지원, 경영선진화 촉진, 시설현대화 지원, 지역상권 활성화 등의 방안을 제시하였다.

2010년에는 '소비자가 다시 찾는 전통시장 만들기' 대책을 마련하고, 시장 특성에 맞는 지원을 통해 2013년까지 경쟁력 있는 시장 500곳을 육성할 계획이다.

전통시장 활성화 대책은 종전의 획일적인 지원대상 선정방식에서 탈피하여 종합진단을 통한 선정 등 방식을 개편하고, 상인 스스로의 경쟁력 제고를 유도해 나가는 한편, 전통시장 활력 회복을 위한 편리한 쇼핑 여건 조성에 중점을 두고 있다.

시설현대화 지원대상 선정방식을 대폭 개선해 과거, 현재 위주의 단순평가에서 미래경쟁력을 평가에 포함시키고, 시장별 차별화 전략을 수립하며 전통시장과 인근상가를 연계 지원해 상권 활성화 구역을 육성하고 있다.

또한, 상인들 스스로 경쟁력 제고를 유도하기 위해 핵심점포를 육성하고, 상인대학 설치를 늘려 상인 역량을 강화하는 데 중점을 두었다.

온누리 상품권 판매를 확대하고, 소비자들에게 편리한 쇼핑여건을 조성하기 위해 주차장 수를 전기, 가스, 소방 등 안전시설이 미흡한 시장 933곳에 대해 개선을 추진 중에 있다.

〈그림 5〉 소비자가 다시 찾는 전통시장 만들기 대책(2010) 추진방안

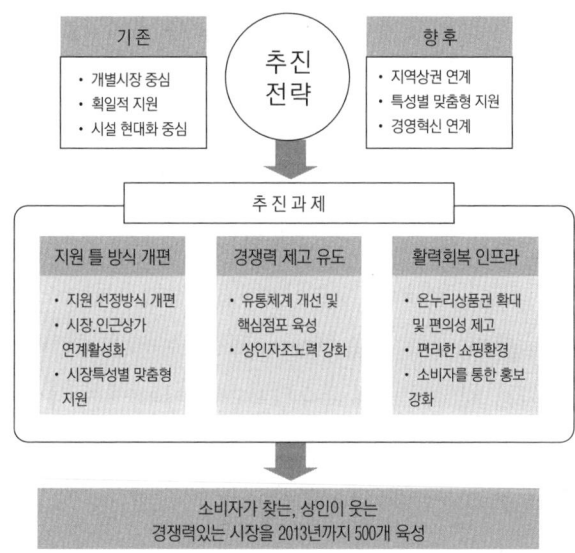

04 전통시장 발전과제

1) 전통시장 향후 전망 및 발전방안

1996년 유통산업이 전면 개방되면서 우리나라 유통산업은 해외 다국적 거대 유통업체에 잠식될 것으로 예상한 적이 있었다. 또한, 국내외 대형 마트가 휩쓸면서 우리나라 전체 소매시장을 한 때 지배하는 듯한 시절에는 백화점과 전통시장은 경쟁력을 잃어 생존이 어려울 것으로 판단한 적도 있었다. 그러나 백화점은 경기가 둔화됨에도 불구하고 상위 소비 계층의 꾸준한 이용으로 나름의 경영성과를 거두고 있다.

전통시장의 경우 전반적으로 침체되었으나 위기를 기회로 삼아 경쟁 력을 강화해 특화 및 활성화된 전통시장도 점점 늘어나는 추세이다. 또 한, 국내 대형마트는 세계적인 유통기업인 미국 월마트나 프랑스 까르 푸 등과의 경쟁에서 이겨 국내시장에서 결국 철수하게 만들었다.

이렇듯 급변하는 국내 유통환경에서 과연 전통시장은 살아남기 위해 얼마나 많은 노력을 해왔을까? 자신의 힘과 노력보다 정부의 육성 및 지 원정책만 바라보고 있지는 않았는지에 대한 반문도 있을 것이다. 물론 변화와 혁신을 통해 앞서 가는 전통시장도 있는 것은 사실이지만 대다 수 시장은 별다른 대비책 없이 속수무책인 것이 엄연한 사실이었다. 이 는 마음은 있지만, 접근방법을 모르고 어디서 어떻게 실마리를 풀어야 될 지 방법을 몰라서 그러한 경우가 많았다.

중기청 시장경영진흥원 등에서 전통시장 활성화를 위한 다양한 정책 과 지원을 계속하고 있음에도 불구하고 아직도 정보 등의 미흡으로 소외 된 시장이 있는 반면 발 빠른 대처로 각종 지원을 확보하고 특화사업, 마 케팅 등을 전개해 발전을 이룩하는 등 양극화는 더욱 심화된 실정이다.

과연 전통시장에 대한 앞으로의 전망은 있는가?

일기예보로 표현하자면 구름 낀 개임으로 표현하고 싶다. 수출주도로 밀려난 우리나라 농업이 아직도 건재한 것이 좋은 예이다. 신업태에도 불구하고 경제적 측면에서 전통시장의 역할이 존재하는 한 소매업태로서 잠재력을 갖고 있다고 여겨진다. 핵심은 전통시장에 대한 새로운 시각으로, 정부지원정책은 물론 상인들의 의식전환이 요구된다.

전통시장에 대한 향후 발전방안은

첫째, 전통시장만의 상품차별화가 최우선이며

둘째, 전통시장이 가지는 장점을 최대한 살려 경쟁우선 순위를 시장콘셉트와 시장운영 전략에 반영하는 것이며

셋째, 전통시장 상인에 대한 혁신과 변화를 위한 실질적인 교육이 지속적으로 실시되어야 한다는 점이다.

전통시장의 경쟁력 우선순위를 크게 상품특화, 경영 및 마케팅, 전통시장 정서로 분류하고 각자 시장특성에 맞게 시장콘셉트를 설정하고 핵심 경쟁력을 키워나가야 한다.

〈표 16〉 유명 전통시장 우수사례 및 경쟁력 분석

구 분	시장명	핵심전략	경쟁 우위 순위		
			상품특화	경영, 마케팅	전통시장 정서
상품특화 전략	횡성시장	지역관광특산품전통시장 연계 횡성한우(축제), 안흥찐빵, 더덕	2004.12	2004.12	2004.12
	수원 지동시장	축산물시장 특화 및 순대곱창타운브랜드화(콜센터 운영)	2005.2	2005.2	2005.2
	광주 양동복개상가	커튼, 가구, 포목(혼수품) 특화 -가구협회 커텐협회 구성	2005.5	2005.5	2005.5
경영 및 마케팅 전략	우림시장	전통시장 매니지먼트도입마케팅 홍보강화(택배차량 3대 운영)	2006.5	2006.5	2006.5
	청주육거리 종합시장	지역 14개 시장 연합 상품권 개발 (1,212개 가맹점 확보)	2008.12	2008.12	2008.12
전통시장 정서	장흥토요시장	5일장 분위기 연출 성공장흥 10개읍면 농가 및 상인 직접참여 (한우, 매생이 버섯)	2008.12	2008.12	2008.12

세상과 손님은 변했는데
상인은 왜 변할 줄 모를까?

상인의 변하지 않는, 변하기 싫어하는 의식구조가 핵심!

∨ 따라가기엔 이제 때가 너무 늦었다.
∨ 내가 변한다고 어떤 효과를 얻을 수 있나?
∨ 교육참가보다 눈 앞의 손님과 매출이 중요하다.
∨ 이 나이 들어 골치 아프게 뭘 더 배워!
∨ 게임이 끝났다는 열등의식과 자포자기
∨ 그래도 남 잘되는 꼴은 배아프고….

자신감을 잃고 지친 상인의 의식을 깨울 수 있는
비전 제시와 교육이 시장활성화의 핵심 키(Key)!

2) 전통시장 특성별 발전 모델(사례)

(1) 서울풍물시장

청계천 개발로 인해 수십 년간 이어져 온 황학동 벼룩시장 상인들은 사업의 터전을 떠나게 되었다.

이로 인한 강력한 반대에도 불구하고 끊임없는 설득과 지원책, 비전 제시를 통해 황학동 벼룩시장이 지금은 없어진 동대문운동장 자리로 이전하게 되었으며, 이후 동대문운동장을 거쳐 현 신설동 서울풍물시장으로 이전하여 자리매김하게 되었다.

상대적으로 좋지 않은 입지와 이전으로 인한 상인들과의 마찰 등 여러 어려움에도 불구하고, 서울시를 중심으로 한 종합적인 활성화 계획과 체계적인 지도, 지원, 노력을 통해 오늘날 소기의 성과를 달성할 수 있었다.

풍물시장 상품특화를 통한 업종전환 노력과 전문가 컨설팅, 상인교육 및 대대적인 투자와 홍보가 있었기에 지금의 안착화가 가능하였다.

서울풍물시장 개장 1주년 시점인 2009년 4월에 비해 2010년 4월 진행된 고객 설문조사에서 2009년 대비 방문자 수 66% 증가, 방문고객 중 20~30대 젊은층의 증가 등 가시적인 활성화 모습을 보이고 있다.

시장이 활성화되기까지 제일 중요한 요소 중의 하나가 사업목표에 대한 일관성과 체계적인 지원임을 보여주는 대표적인 사례이다.

〈그림 7〉 황학동 벼룩시장에서 서울풍물시장으로의 변천과정

(2) 속초관광 수산시장

속초는 매년 인구의 몇 배나 되는 수많은 관광객들이 찾아오는 설악산 과 동해의 고장으로 대표적인 관광도시이다.

그러나 수많은 관광객들은 속초시 방문시 이마트 속초점을 이용하고 지역주민도 외면하던 소도시 전통시장이었다. 하지만 상인회와 지방자 치단체의 노력으로 최근 몇 년간 많은 변화가 있었다.

속초관광 수산시장은 기존 중앙시장의 이름을 관광도시와 해변도시 의 이미지에 맞게 관광수산시장으로 바꾸고 2010년도에 30억 원을 들 여 전통시장 러브투어, 동화장길, 비가림시설 설치 등을 대대적으로 실 시했다.

이러한 이미지 변신과 함께 집중적인 시설현대화 투자와 더불어 전문 컨설턴트를 통한 정기적 자문과 상인대학을 비롯한 집중적인 상인 의식 개혁 사업을 통해 45차례 재래시장 러브투어에서 1,783명이 다녀갔고, 경상북도의회, 인천 남동구의회 등 여러 자치단체 의회와 고흥군, 성남 시장 상인들의 견학도 이어졌다.

또 말레이시아 엘켄그룹 임직원 730명과 중국 본토 관광객 290명 등 외국인 관광객의 방문이 이어지면서 차별화된 시설과 경쟁력을 갖춘 전통시장의 대표적 모델로 자리매김하고 있다.

이러한 혁신과 노력을 바탕으로 2011년도에는 중소기업청 문화관광형 시장으로 선정되어 추가로 33억 원의 예산 지원을 받게되어 속초관광수산시장의 변화는 계속 이어질 것으로 예상된다.

〈그림 9〉 속초 관광 수산시장의 다양한 고객편의 시설

(3) 프랑스 파리 생투앙 벼룩시장 외

Les Puces de Paris Saint Quen는 파리 북부 4호선 Porte de Clignancourt역
에서 도보로 1분 거리에 위치하고 있는 전통시장이다.

현재 파리를 대표하는 전통시장으로 세계 3대 벼룩시장으로 꼽히는
곳이며, 파리 내 70여 시장 중에서도 가장 큰 규모이다. 노점 중심의 방
브 벼룩시장과 달리 개별적 점포로 구성된 시장이며, 일부 지역주민들
이 직접 제품을 파는 좌판도 공존한다. 생투앙 벼룩시장은 하나의 시장
이 아니라 품목 중심으로 구분된 11개의 별도 시장이 이어져 있으며, 이
를 통칭해 생투앙 벼룩시장으로 부른다. 500여 개의 의류점과 1,800개가
넘는 골동품점이 있으며, 매주 12~15만 명의 관광객을 포함한 많은 방문
객수를 자랑한다. 골동품 시장의 경우 고객들에게 신뢰를 심어주기 위
한 노력의 일환으로 6개월에 한 번씩 골동품 감정가들이 상품을 점검하
여, 고가 골동품의 경우 인증서를 발급하고 있다.

동남아시아의 관광대국 타이의 경우 SUAN-LUM NIGHT BAZZAR와
Jatuja 주말시장이 유명하다.

SUAN-LUM NIGHT BAZZAR는 5개 블록 3,700여 점포로 이뤄져 있
으며, 점포 1개당 1~2평 정도로 소규모이다. 전통공예, 직물, 가구, 의
류, 골동품, 음식점 등 다양한 풍물상품과 저렴한 가격을 자랑한다. 타
업태와의 영업시간 차별화로 외국인 및 관광객을 위한 시장으로 특화되
어 대표적인 관광 야시장으로 자리매김하였다. 영업시간은 오후 3시부
터 아침 7시까지이다. Jatujak 주말시장은 동남아 제일의 주말시장으로
손꼽히며, 이용고객의 70%가 외국인일 정도로 관광객들의 사랑을 받고
있다. 시내 외곽지역인 도시전철의 종점에 위치해있으며, 도소매 기능
이 혼재된 시장이다. 주말시장이지만 화훼 및 일부 상품은 평일에도 영

업을 한다. 제조업 이벤트 및 판촉행사가 활성화되어있으며, 시장내 코끼리 관광열차도운행하고 있다. 골동품을 비롯한 다양한 상품의 천국으로 유명하다.

〈그림 10〉 **파리 생투앙 벼룩시장의 모습들**

05 결론

국내는 물론 전 세계 경제 환경은 국가, 산업, 개인 모두가 어려운 상황이다. 국내 유통환경은 경제성장률의 둔화에도 불구하고 전통시장은 어렵지만 다행히 10%대의 성장을 유지하고 있다.

국내 전통시장이 점차 잃어가는 경쟁력을 회복하고, 소비자로부터 매력있는 시장으로 거듭나기 위해서는 어떻게 해야 할 것인가? 한마디로 환골탈태(換骨奪胎) 정신이 요구된다.

변화를 중심으로 지금은 혼자의 힘만으로 살아가기 어려운 시대이다. 다양성을 인정하고 공존과 상생의 지혜가 절실하다. 무조건 반대하고 안된다는 부정적 시각에서 볼 것이 아니라, 균형·조화·융합의 차원에서 전통시장 활성화의 근본 대안을 찾아야 한다.

농업과 전통시장, 프랜차이즈와 전통시장, 다문화와 전통시장, 지역발전과 사회적 기업 등 다양한 모델로 생존을 위한 상생 방안을 모색해야 할 것이다.

동시에 상인에 대한 철학과 사명감도 요구되고 있다.

> 상인(商人)은 적합한 품질의 상품으로 적절한 가격을 통해 소비자를 이롭게 하여 얻은 이익으로 살아가는 양심적인 봉사자이다.

과거 장사꾼 인식과 의식에서 벗으나 상인이 지녀야 할 자부심과 기업가 정신으로 다시 태어나야 할 것이다.

상인도 장사꾼에서 기업가 정신으로 새롭게 변화하자.

- 21세기 상인은 경기를 탓하지 않고 새로운 시장을 창출해낸다.
- 상품의 양으로 승부하는 시대는 끝났다. 품질과 브랜드가치로 승부한다.
- 판매에도 채널이 무너졌다. 앉아서 판매만 하는 시대는 끝났다.
- 과거의 답습과 안정을 포기하고 개선과 개혁에 앞장서야 한다.
- 변화는 상인이 대응할 수 있는 것보다 훨씬 빠른 속도로 변화한다.
- 특혜와 관행이 무너지고 오직 경쟁력을 갖춘 상인만 살아남는다.
- 기업(상인)이 무너지면 국가경제와 선진국으로의 꿈도 동시에 무너진다.
- 사농공상 시대는 끝났다. 서비스산업과 상인이 지배한다.

끝으로 우리나라 전통시장은 유통산업으로서 소매업의 맏형이다. 뿌리 깊은 나무는 쉽게 흔들이지 않는다. 우리 삶의 터전이며, 희로애락의 장터인 우리의 전통시장은 세상이 어떻게 바뀐다 해도 살아남아 본래의 전통시장 기능을 다해야 할 것이다.

아울러 전통시장은 아직도 대다수의 중산층과 서민이 이용하는 대표적인 소매 기관이기도 하다. 이러한 전통시장의 역할을 미루어 볼 때 우리가 해야 할 일은 분명하다. 소비자를 위하고 지역경제를 위해 정부지원만 바라볼 것이 이제는 아니다.

급변하는 거센 시대적 시장 환경을 극복해야 하는 과제를 안고 있다. 이를 위해 우리 스스로 팔을 걷어붙이고 전통시장 생존과 발전을 위해 앞으로 다 함께 나아가야 할 것이다. 결과적으로 우리 스스로의 힘과 노력으로 자생력을 길러 소매업태 경쟁에서 당당히 살아남아야 할 것이다.

참고문헌

1. 전통시장백서, 중기청 시장경영진흥원, 2010.
2. 영등포전통시장 활성화연구보고, (주)굿파트너비즈, 2011).
3. 전통시장 상품특화전략, 한국유통경제연구소 김성수, 2011.
4. 서울풍물시장 상품개발 및 업종전환 용역보고서, (주)굿파트너비즈, 2009.
5. 서울풍물시장 시장관리 운영프로그램 개발 연구, (주)굿파트너비즈, 2008.

2-6 드럭스토어

01 서론

1) 연구배경 및 목적

유례없이 빠른 속도로 저출산, 고령화가 진행되고 있다. 1982년 2.82명 수준이었던 국내 출산율은 2001년에는 1.3명 이하로 떨어졌다. 이러한 출산율 수준을 감안할 경우 국내 총인구는 2018년 약 4,943만 명을 정점으로 지속적으로 줄어들다가 2050년경에는 4,200만 명까지 감소할 전망이다.

　의료기술의 발달과 생활수준의 향상으로 고령화도 빠르게 진행되고 있다. 65세 이상 고령자 인구가 전체 인구에서 차지하는 비율은 2000년 7.2%에서 2010년에는 11.0%로 증가했다. 이러한 증가세는 더 가팔라져 2018년에는 14.3%로 고령사회에 진입하고, 8년 뒤인 2026년에는 20.8%에 도달하면서 65세 이상 인구가 차지하는 비율이 20%를 넘는 초고령사회에 들어설 전망이다. 빠르게 진행되고 있는 고령화는 국민의료비 증가를 가속화시켜 국민 의료비 부담을 가중시키고 있다. 2010년 건강보험에서 65세 이상의 노인의료비는 전체 의료비 43조 6,570억 원의 31.6%를 차지하며 전년에 비해 14.5%나 증가했다. 이와 같이 저출산과 고령화가 진전될수록 경제활동인구는 점차 감소하기 마련이어서 국내 소비시장 또한, 둔화 내지 위축될 전망이다.

그러나 고령화가 진전돼 잠재성장률이 저하되고 소비 여력이 위축된 다고 하더라도 오히려 성장 가능성이 높아지는 소매업태도 있다. 바로 드럭스토어다. 왜냐하면 저출산·고령화가 진전되고 여성의 사회진출 이 확대되면 될수록 건강 및 미용관련 소비는 증가할 것이 확실시 되고 소비자 구매패턴도 크게 변화할 것이기 때문이다.

첫째, 고령화 시대에서는 건강에 대한 관심과 노후에 대한 불안감을 증폭시켜 건강관리 및 유지를 위한 소비 수요를 크게 확대시킬 전망이 다. 또 경쟁사회로부터 오는 스트레스 등으로부터 마음의 평온을 되찾거 나 질병을 사전에 예방하려는 상품 및 서비스 수요 또한, 크게 증가할 것 으로 예상된다. 둘째, 여성의 사회적 진출이 늘면서 노화의 진행을 방지 하고 동안의 미모를 갖고자 하는 의식이 확대될 것으로 보인다. 이에 따 라 고급·기능성 화장품이나 건강식품 등을 통해 육체면의 노화를 방지 하고자 하는 미용 수요 또한, 크게 늘어날 것으로 보인다. 셋째, 고령화는 소비자의 구매패턴도 크게 바꾸어 놓을 전망이다. 저출산, 고령화사회에 서는 많은 양을 한꺼번에 구입하는 대량구매보다는 소량구매를, 원거리 쇼핑보다는 근거리 쇼핑 경향이 더욱 뚜렷해질 것으로 예측된다.

한편, 소득수준 향상에 따른 소비자 욕구의 다양화·고도화에 대응하 고 유통업태간 경쟁을 촉진하기 위한 업태 개발과 확산이 시급한 실정 이다. 유통시장 개방이후 대형마트, 편의점 등 신유통업태의 등장과 발 달은 유통산업 선진화에 기여한 것으로 평가되고 있지만 이들 업태들 또한, 성장기를 지나 성숙기에 들어서고 있다.

이와 같이 건강과 미용 소비수요 증가에 따른 드럭스토어의 발전 가능성과 시장 성숙화에 따른 업태 다변화의 필요성이 커지고 있는 상황이다. 이 글에서는 미국과 일본에서 드럭스토어가 어떻게 태동했고, 또 어떤 과정을 거쳐 성장하였으며, 치열한 경쟁환경 하에서 어떠한 성장전략을 구사했는지를 검토함으로써 국내 드럭스토어의 성장방향과 전략을 제시하고자 한다. 다만, 본론에 들어가기에 앞서 다음절에서는 국내 드럭스토어의 현황에 대해 간단히 살펴보기로 한다.

2) 국내 드럭스토어 현황

드럭스토어란 일반적으로 의약품과 화장품, 건강보조식품, 식품 등 다양한 상품을 판매하는 업태로 미국, 영국, 일본 등에서는 이미 보편화한 지 오래다. 그러나 국내에서는 약사법 규정으로 인해 의약품 중심의 드럭스토어로 발전하지 못하고 화장품이나 건강보조식품을 위주로 판매하는 헬스&뷰티스토어(Health and Beauty Store)로 발전해오고 있다.

국내 드럭스토어 시장은 CJ(Olive&young), GS(Watsons), 코오롱웰케어(W-store)그룹 계열이 운영하는 3개의 브랜드가 주도하고 있다.

한국형 드럭스토어 모델은 크게 두 가지로 구분된다. 먼저 약국을 중심으로 화장품과 식품 등을 취급하는 형태로 더블유스토어가 대표적이다. 이러한 더블유스토어의 운영모델은 약국이 의약품을 중심으로 식품, 생활용품 등으로 상품구색을 확대하며 성장해온 미국형 드럭스토어에 가장 흡사한 모델이라 할 수 있다. 또 하나는 헬스&뷰티스토어란 콘셉트로 화장품, 건강보조식품, 건강용품 등 헬스&뷰티 상품 위주의 구색으로 매장을 운영하는 형태로 올리브영과 왓슨스가 여기에 속한다.

최근 들어 드럭스토어 업태가 재도약할 수 있는 환경이 조성되고 있다. 2011년 7월에는 액상소화제, 정장제, 드링크류 등 48개 일반의약품이 의약외품으로 전환되면서 일반소매점에서도 판매할 수 있게 되었고, 올해 말부터는 해열제, 감기약 등 20개 내외의 일반의약품에 대해서도 소매점 판매가 추가 허용될 예정이다. 이와 같이 약국이 아닌 장소에서 의약품 판매가 가능해지고 약국외 판매범위가 점차 확대될수록 H&B스토어로 대표되는 한국형 드럭스토어는 미국, 일본 등 선진국과 같은 의약품 중심의 드럭스토어로 재탄생할 수 있는 기회를 잡게 될 것이다.

〈표 1〉 국내 드럭스토어 현황

업체명	점포수			매출액		
	2009년	2010년	2011년	2009년	2010년	2011년
CJ 올리브영	71	91	151	980	1,348	2,119
코오롱 W스토어	63	78	79	160	116	93
GS 왓슨스	26	37	53	380	512	753
합계	160	206	283	1,520	1,976	2,965

〈자료: 언론보도 자료〉

02 미국 드럭스토어 발전과정과 성장전략

1) 미국 드럭스토어 현황 및 특징

미국에서 드럭스토어는 문헌에 따라 다양하게 정의되고 있지만 일반적으로는 조제약을 중심으로 일반의약품, 화장품 등 HBC(Health and Beauty Care) 상품과 더불어 음료, 식품, 잡화 등을 취급하는 소매업태로 정의된다.

미국 드럭스토어의 2008년 시장점유율은 1996년 대비 2.2%포인트 상승한 7.7%를 기록했다. 이는 슈퍼마켓(17.9%), 슈퍼센터(15.5%)에 이어 세 번째로 큰 업태로 백화점(6.4%), 홀세일클럽(7.5%)의 시장점유율을 능가하는 규모다.

미국 드럭스토어의 경우 드럭스토어의 핵심부분인 H&BC부분이 전체의 47%를 차지하고, 기본적 니즈에 대응하고 내점빈도를 높이기 위한 컨비니언스 케어와 홈케어부분이 나머지 53%를 차지한다.

미국 드럭스토어 상품구색의 가장 큰 특징은 〈표2〉에서와 같이 조제약의 매출 비중이 71.8%로 압도적인 셰어를 점유하고 있다는 점이다.

〈표 2〉 미국 드럭스토어의 상품구성(2008)

분야	부문	구성비(%)			
		전체 구성비		조제제외 구성비	
헬스케어	조제약	71.8	79.4	–	–
	OTC	6.4		23.4	27.9
	비타민/미네랄	1.2		4.5	
뷰티케어	토일레터리	4.0	5.2	14.6	19.1
	화장품	1.2		4.5	
컨비니언스 케어	식품	5.6	7.2	20.4	26.2
	알코올/음료	1.6		5.8	
홈케어	일반 상품	3.8	7.3	14.1	26.9
	소모 잡화용품	3.5		12.8	
합계		100.0%		100.0%	

※ 주: 조제약은 처방의약품(precsription)을 지칭함.
〈자료: 松村(2010), '最新ドラッグストアの動向とカラクリがよくわかる本'을 토대로 수정/보완.〉

2) 미국 드럭스토어의 발전과정

찰스 월그린이 시카고에서 드럭스토어를 개점한 것은 1901년이었다. 이후 미국의 드럭스토어는 100여년에 걸쳐 다양한 변화를 거치며 성장해왔다.

미국의 초기 드럭스토어는 지역사회의 수요에 따라 각종 식품, 비식품을 제공하는 업태점으로 출발한다. 1950년대 이후에는 타 업태와의 경쟁이 심화되면서 화장품, 잡화 등을 셀프서비스로 판매하는 장소로 탈바꿈하며 저가격 노선을 걷기 시작한다. 60년대에 들어서는 편리성 확보를 위해 컨비니언스 케어와 홈케어 부분을 강화하면서 매장면적이 300~400평 규모로 대형화되고, 쇼핑센터 붐이 불면서 슈퍼마켓 등과 함께 근린형 쇼핑센터(NSC)의 키테넌트로 입점하는 형태를 보이게 된다. 70년대에는 이종 업태와의 경쟁에 직면한다. 1972년 고용기회 균등법의 실시를 계기로 여성의 사회진출이 활발해지면서 원스톱 쇼핑이 소비트렌드의 키워드로 부상하자 디스카운트 스토어가 드럭스토어의 상품군을 취급하기 시작한다. 여기에 약국을 병설하는 슈퍼마켓이 늘어나고 통신판매채널이 크게 약진하면서 드럭스토어와 타 업태간 경쟁은 한층 치열해진다. 80년대에 들어서는 슈퍼마켓이 식품판매와 드럭스토어를 조합한 점포개발을 강력히 추진하자 드럭스토어는 700~2000평 규모의 슈퍼 드럭스토어를 개발하여 원스톱 쇼핑 기능을 강화하는 전략을 취하게 된다. 90년대에 들어서는 생활잡화 분야에서 월마트, K마트 등 디스카운트 스토어가 의약품과 HB&C 매장을 확대하고 이들 상품을 낮은 가격으로 판매하면서 드럭스토어를 크게 위협한다.

이러한 상황에서 월그린과 CVS케어마크 등은 디스카운트 스토어 등과의 경쟁을 위해 조제약 부분을 강화하며 생존의 돌파구를 모색하게 된다.

3) 월그린의 성장전략

이하에서는 미국 드럭스토어의 발전과정과 성장전략을 월그린을 중심으로 고찰한다. 월그린의 역사는 그 자체가 드럭스토어의 역사를 의미할 만큼 존재감이 커서 국내 업계 발전을 위한 나침반 역할을 할 수 있을 것이기 때문이다.

1901년 창업한 월그린은 100년이 넘은 역사를 갖는 No.1 기업으로 디스카운트 스토어 등 타 업태와의 치열한 경쟁에도 불구하고 37년 연속으로 매출과 수익 증가라는 화려한 업적을 달성했다. 2011년도 매출은 2010년 대비 7.1% 증가한 722억 달러로 15년 전인 1996년에 비해 513% 증가했다. 수익면에서 있어서도 괄목한만 성적을 올렸다. 당기순이익은 1996년과 비교해 무려 638%나 증가했다. ROE 역시 18~19%대로 월그린이 얼마나 성장성과 수익성이 높은 경영을 하고 있음을 가늠할 수 있다.

〈표 3〉 월그린의 매출 · 수익 · 점포수 변화(단위: 백만달러, 개)

항목	연도				'96년 대비 성장률
	1996	2001	2006	2011	
매출	11,778	24,623	47,409	72,184	512.9%
당기순이익	368	875	1,751	2,714	637.5%
ROE	19.3%	18.7%	18.4%	18.6%	–
점포수	2,199	3,536	5,461	8,046	265.9%

〈자료: Walgreens Annual Report 2011〉

월그린의 눈부신 성장에는 월그린사만의 성장전략이 있었다.

첫째, 전문성이라는 핵심역량(core competency)의 확보말로 월그린 성장의 핵심요인이라 할 수 있다. 이미 언급한 바와 같이 1970년대 들어 소매업계에 원스톱 쇼핑이 키워드로 부상하면서 디스카운트 스토어, 슈퍼마켓 등이 드럭스토어의 상품을 취급하기 시작했다. 이에 맞서 드럭스토어도 저가격의 생활필수품 등을 타 업태로부터 빼앗아 오는 라인로빙(line robbing) 전략을 통해 디스카운트 스토어 등과 가격경쟁에 돌입하게 된다. 하지만 잡화류부터 일용품까지를 모두 취급하는 풀라인전략은 드럭스토어의 콘셉트를 불분명하게 만들어버리고 만다. 그 결과 가격으로 승부한 하드디스카운트 드럭과 종합적인 상품구색을 내세웠던 슈퍼드럭은 모두 경쟁에서 패배하며 시장에서 사라지는 운명이 된다. 반면, 월그린과 CVS 등은 모든 것을 취급하는 전략으로 이길 없다고 판단, 조제분야를 강화하며 전문성 확보에 나선다.

월그린은 전문성 확보에 그치지 않고 편리성 강화에도 주력한다.

편리성 강화를 위해 월그린은 슈퍼마켓과 함께 동거했던 근린형 쇼핑센터(NSC)로부터 나와 대로변의 교차지점에 단독 출점하는 프리스탠딩 점포를 확대해나간다. 실제로 월그린의 프리스탠딩 점포는 1995년 30.6%에서 2006년 4,697개로 늘어나 전체 점포의 84%에 달하고 있다.

〈표 4〉 월그린의 점포스타일 변천추이

점포스타일	연도				총점포수 대비 비중
	1990	1995	2000	2005	
총점포수	1,564	2,085	3,165	4,953	–
Freestanding stores	155	639	2,118	4,160	84.0
24-hour stores	55	321	690	1,534	28.0
1-hour photo stores	2	162	3,007	4,880	93.7
Drive-thru phamacies	1	441	1,990	4,085	80.9

〈자료: Walgreens Annual Report 각 연도판〉

이밖에도 월그린은 편리성 강화를 위해 24시간 영업, 드라이브쓰루 서비스, 1시간 현상서비스를 제공하는 점포를 확대나간다. 1995년 15.4%였던 24시간 영업점포 비율이 2006년에는 28.0%로 증가했다. 또 월그린 점포의 93.7%에서 1시간 내에 사진현상서비스를 제공하고 있고, 81%의 점포에서 차에서 내리지 않고 주문하고 주문한 상품을 받아갈 수 있는 드라이브쓰루 서비스를 제공한다. 최근에는 복사, 패스트푸드, 프린트 서비스, 택배 등을 취급하며 편리성 강화에 힘쓰고 있다.

세 번째 전략은 지역밀착 경영이다. 표준형 점포는 전점포의 40%에 불과할 정도로 월그린은 상권에 맞는 비표준형 점포를 의식적으로 증가시키고 있다. 또 어느 월그린 점포에 가도 알아보기 쉽도록 하기위해 매장의 기본 레이아웃은 표준화하지만 상품구색과 진열량 등은 점장이 판단하여 결정하도록 한다. 판매가격 역시 저렴한 이미지를 심어주기 위해 30~50아이템 정도의 경쟁상품만 가격을 통일할 뿐 타상품에 대해서는 부동산 가격과 경쟁상황 등을 고려해 다르게 설정하고 있다.

이와 같이 월그린은 조제약이라는 핵심 경쟁력 확보와 프리스탠딩 점포 등의 확대를 통해 소비자의 이용 편리성을 제고하고 지역 밀착적인 서비스 경영을 통해 지역사회의 헬스케어 솔루션(health care solution) 담당자로서 자리매김하면서 화려한 업적과 지속적 성장을 구가할 수 있었던 것이다.

03 일본 드럭스토어 발전과정과 성장전략

1) 일본 드럭스토어업태 현황 및 특징

일본에서 드럭스토어는 의약품, 화장품 중심의 건강과 미용과 관련된 상품으로 가정용품, 가공식품 등 편의상품을 셀프서비스 방식으로 판매하는 업태로 정의되고 있다. 일본에서는 1990년대에 들어 마츠모토기요시가 TV CM에서 드럭스토어라는 용어를 처음 사용하면서 드럭스토어를 인식시키는 계기가 마련된다.

일본 드럭스토어는 경기침체로 소비시장이 전반적으로 감소 내지 정체된 가운데에도 괄목할만한 성장세를 구가하고 있다. 2007년도 전체 소매시장에서 차지하는 드럭스토어의 시장점유율은 2.2%에 불과하지만, 매출 성장률은 2004년 대비 15.9%로 소매업태 중 가장 높은 성장세를 기록했다. 일본 체인드럭스토어협회에 따르면 2010년 일본 드럭스토어 시장규모는 5조 6,308억엔으로 2000년 대비 111.5% 성장했다. 점포수도 2010년 16,259개로 2000년 대비 37.9% 증가했다.

일본 드럭스토어의 특징은 조제약을 중심으로 업태화한 미국과는 달리 OTC, 화장품 등 HBC 부분을 핵심 축으로 하고 컨비니언스 케어와 홈케어를 보완축으로 하는 독자적인 업태화를 이룩했다는 점이다. 이러한 특징은 〈표5〉의 상품 구성비에 잘 나타나고 있다.

구분	부문	매출구성비(%)		중요도
헬스케어	조제	5.8	32.2%	핵심
	OTC	16.5		
	기타 헬스케어	3.4		
	건강식품	2.8		
	베이비용품	3.6		
	복지(실버)용품	0.1		
뷰티케어	화장품	15.9	24.4%	핵심
	기타 뷰티케어	8.5		
콘비니언스 케어	식품	19.7	21.7%	보완
	주류	2.0		
홈 케어	일용잡화	12.3	21.7%	보완
	가정용품	6.9		
	기타	2.5		

〈자료: 日本ホームセンター硏究所(2010), ドラッグストア経営統計 2010〉

일본 드럭스토어의 상품구성은 핵심부분인 헬스케어와 뷰티케어가 56.6%를 차지하고 보완부분인 컨비니언스 케어와 홈케어가 43.4%를 점유하고 있다. 부분별로는 식품이 19.7%로 가장 높고, OTC(16.5%), 화장품(15.9%) 등도 10%대를 상회한다.

2) 일본 드럭스토어의 발전과정

미국 드럭스토어 업태가 이업태와 치열한 경쟁속에서 전문성, 편리성, 서비스를 강화하며 헬스케어 컨비니언스 드럭스토어형으로 진화해왔다는 점은 이미 언급한 바 있다. 그렇다면 일본 드럭스토어는 어떻게 태동을 했고 어떠한 과정을 거쳐 지금과 같은 눈부신 성장을 이루어낼 수 있었던 것일까?

1960년대 이후 일본에서는 다이에 등 대형소매점이 급성장하면서 기존의 소규모 약국, 약점(藥店)은 존폐의 위기에 직면하게 된다. 이에 시판약 판매를 하는 전국의 약점 경영자들이 70~80년대에 걸쳐 미국의 드럭스토어를 견학하고 업태개발의 노하우를 습득하면서 약국이나 약점의 상당수가 미국식 드럭스토어를 표방하게 된다.

1987년에는 마츠모토기요시가 동경 우에노에 아메요코점을 개점하면서 일본 드럭스토어에 성장의 전기가 찾아온다. 마츠모토기요시는 '건강한 사람이 미용과 건강을 위하여 이용하는 점포'라는 콘셉트로 한 광고를 통해 기존 약국에 대한 이미지를 바꾸는 데 성공하며 1995년에 업계 1위에 등극한다. 이후 마츠모토기요시의 의약품, 화장품 중심의 상품구색과 저가격 전략을 모방한 점포들이 각지에 생겨나게 된다.

1990년대에 들어서는 상품구색의 중심축이 헬스&뷰티케어라는 건강과 미용으로 이동하면서 여성으로부터 절대적인 지지를 받으며 일본 드럭스토어는 업태 확립기를 맞이한다. 또 1999년에는 일본 체인드럭스토어협회가 발족되어 업태의 사회적 위상 확립과 업태 발전의 구심점 역할을 하게 된다.

3) 일본 드럭스토어의 성장전략

일본에서 드럭스토어 업태가 성장할 수 있었던 이유는 건강과 미용에 대한 의식변화에 대응한 드럭스토어업계의 독자적인 성장전략이 있었기 때문이다.

먼저, 일본 드럭스토어가 괄목할만한 성장을 구가할 수 있었던 가장 큰 동인은 타 업종이나 업태로부터 취급상품을 흡수하여 상품구색을 확대하는 라인로빙(line robbing)전략을 구사했다는 점이다. "약을 왜 사용하는가?"라는 사용국면에서 생각해보면 약은 질병을 치료하거나 예방하기 위해서 사용하는 것이고, 또 예방을 위해서는 위생관리나 건강유지가 필요하게 된다. 나아가 건강은 육체적 건강뿐만 아니라 정신적, 내면적 건강, 즉 미용으로까지 확장되게 된다. 이렇게 일본 드럭스토어는 질병-치료-예방-위생-건강-미용이라는 생활국면으로부터 건강 · 미용 관련 상품을 지속적으로 라인로빙하게 된다.

결론적으로 일본 드럭스토어는 HBC라는 새로운 생활국면을 개발하여 업종 횡단적으로 상품구색을 재편하고 확대해 나감으로써 약국 · 약점을 통해 축적해온 전문성 이미지를 손상시키지 않으면서 소비자에게 편리성을 각인시킬 수 있었던 것이다.

두 번째 성장전략은 마진믹스를 통해 적정한 이익을 확보해나가는 전략이다. 구체적으로는 이익을 극대화화하기 위해 식품, 일용잡화, 베이비용품 등 로스리더(loss leader)용 상품으로 집객을 유도하고 의약품, 화장품 등 헬스케어 부분에서 이익을 창출하는 전략을 구사했던 것이다. OTC약의 경우 매출 구성비는 16.5%에 불과하다. 하지만 매출 총이익률은 35.8%로 매출 공헌도는 가장 높다. 조제약, 헬스케어 부분 역시 매출 구성비는 5.8%와 3.4%로 낮지만 매출 총이익률은 35.1%, 32.9%로 매출 기여도가 높은 상품군이다. 또 주류(12.3%), 식품(14.8%), 베이비용품(14.9%), 일용잡화(17.7%) 등은 매출 총이익률은 낮지만 집객유도와 객단가 상승에 기여도가 큰 상품군이라 할 수 있다.

결론적으로 일본 드럭스토어는 조제부분의 전문성을 강화하며 성장해온 미국 드럭스토어와는 달리, 식품, 일용잡화 등을 저가격으로 판매해 집객을 유도하여 개인상점, 종합소매업, 편의점, 조제약국의 고객층을 빼앗을 수 있었고, 상대적으로 마진이 높은 의약품과 화장품 등 헬스·뷰티케어 상품의 판매를 통해 수익을 확보해 나갈 수 있었다. 또 헬스케어 상품 판매를 통해 확보된 수익은 로스리더용 상품 강화에 사용하여 지속적으로 이익을 실현하는 선순환 구조를 만들 수 있었던 것이다.

일본 드럭스토어의 세 번째 성장전략은 편리성과 전문성 전략의 양립을 통한 타 업태와의 차별화에 있었다. 일본 드럭스토어는 식품, 음료, 일용잡화 등 일상적인 생활관련 상품을 풍부하게 구색하여 소비자들의 원스톱 쇼핑을 지원했다. 그러나 편리성만을 추구해서는 GMS, 화장품 전문점 등과 차별화하기에는 한계가 있었다. 그래서 의약품으로부터 연상되는 질병-치료-위생-건강-미용으로 드럭스토어 비즈니스 영역을 확대하고 의약품 관련 상품의 원스톱 쇼핑을 지향하게 된다. 그러나 식재를 모두 라인로빙하는 슈퍼마켓과 달리 아무거나 무엇이든지 라인로빙하여 원스톱 쇼핑을 지향한 것이 아니라 의약품으로부터 연상되는 특정 카테고리를 타 업종이나 업태로부터 빼앗아 강력한 상품군을 단계적으로 확대해 나갔다. 쇼핑의 편리성과 상품구색의 전문성을 양립 전략은 궁극적으로 관련분야의 종합화를 가능하게 했을 뿐 아니라 소비자에게 드럭스토어에 대한 차별화된 이미지를 심어줄 수 있었던 것이다.

결론적으로 미국 드럭스토어가 약국 중심에서 출발해 조제약 부분에서 전문성을 강화하는 동시에 프리스탠딩 점포, 24시간 영업, 드라이브 쓰루 등을 통해 시·공간적인 접근성을 강화해왔다고 한다면, 일본 드럭스토어는 헬스케어와 뷰티케어상품을 고객의 니즈에 맞추어 광범위하게 전개하는 한편 컨비니언스 케어와 홈케어상품을 취급하여 내점빈도를 높이고 고객의 편의성을 도모하는 전략을 구사해왔다고 할 수 있다.

04 결론 및 시사점

1) 미일 드럭스토어 성장전략의 공통점

본고에서는 미국과 일본의 드럭스토어의 성장과정과 전략을 검토함으로써 맹아기에 있는 국내 드럭스토어 업태에 전략적인 시사점을 제공하고자 하였다. 검토 결과, 미국과 일본의 드럭스토어의 발전과정에는 다음과 같은 공통점을 가지고 있었다. 첫째는 경쟁우위 확보를 위해 헬스케어와 뷰티케어와 같은 전문성을 강화하였다는 점이며, 둘째는 라인로빙 전략과 서비스 강화 등으로 통하여 쇼핑의 편리성을 추구했다는 점이다. 셋째는 드럭스토어가 전문성과 편리성을 양대 축으로 하여 타 업태와의 차별화를 꾸준히 도모하였다는 점이며, 마지막으로 핵심상품과 보완상품의 이익믹스를 통하여 안정적인 수익구조를 확보해 왔다는 점이다.

결론적으로 드럭스토어는 의약품으로부터 연상되는 치료-예방-미용으로 이어지는 HBC라는 새로운 콘셉트를 만들어내고 업종횡단적으로 상품구색을 재편하고 확대함으로써 약국을 통해 축적해온 전문성이라는 이미지를 손상시키지 않으면서도 일상생활의 편리성을 소비자에게 각인시키며 타 업태와의 차별화에 성공할 수 있었고, 내부적으로는 핵심상품과 보완상품을 적절히 믹스함으로써 이익을 확보하고 이를 토대로 성장을 가속시켜 왔던 것이다.

2) 국내 드럭스토어 성장전략에 대한 시사점

미국과 일본에서 드럭스토어가 발전해왔던 역사적 과정을 볼 때 국내에서도 건강과 미용 관련 수요는 앞으로도 지속적으로 증가할 것으로 예상된다. 이러한 시장을 선점하기 위하여 일부 기업들이 이미 동 업태에 진출하였고 각종 규제로 출점에 어려움을 겪고 있는 대형 유통업체들이 드럭스토어의 진출 가능성을 모색하고 있다.

이들 유통기업이 새로운 업태에 진출하여 성장하기 위해서는 크게 두 가지의 과제를 해결하여야 한다.

하나는 소비자에게 뚜렷한 차별적 이미지를 제공하여야 한다. 그래야 소비자들이 그 이미지를 바탕으로 특정 업태를 지지하게 되고 그 결과 업태가 성장할 수 있기 때문이다. 본고에서 살펴 본 바와 같이 미국과 일본의 드럭스토어는 전문성과 편리성을 양대 축으로 하여 차별적 이미지를 구축하는데 성공했다. 이러한 경험을 토대로 국내의 드럭스토어는 다음과 같은 전략을 성장전략으로 구사하여야 한다.

첫째, 치열한 경쟁에 대비하고 경쟁우위를 확보하기 위해서는 전문성이라는 핵심역량의 확보가 필수 불가결하다. 전문성이라는 핵심역량은 고객에게 신뢰감을 줄 수 있을 뿐만 아니라 점포내 분위기와 브랜드 이미지를 높여주는 효과를 가져다줄 것이다. 본론에서 살펴 본 라인로빙 전략도 전문성이 확보되지 않은 상태에서 전개한다면 가격 경쟁에 빠지기 쉽기 때문에 타 업태로부터의 공격에 취약할 수밖에 없다. 따라서 건강과 미용에 관한 소비자의 기대에 부응할 수 있도록 폭넓고 깊은 상품 구색을 통해 드럭스토어의 존재 가치를 높여나가야 한다.

다만, 전문성 강화는 비즈모델의 차이를 고려한 전략적인 접근이 요구된다. H&B 중심형 드럭스토어는 약사법 제약을 감안, 단기적으로는 의약품 이외의 헬스케어와 미용상품 중심으로 전문성을 강화하거나, 약국 등과의 전략적 제휴를 통해 헬스케어 분야의 전문성을 확보해 나가는 것이 바람직하다. 반면 약국중심형 드럭스토어는 헬스케어 중심의 풍부한 상품구색을 바탕으로 카운셀링 등 헬스케어 솔루션 기능을 강화하여 전문적인 이미지를 확고히 해나가는 것이 중요하다.

둘째, 편리성을 더욱 강화하여야 한다. 미국 및 일본 드럭스토어가 약국, 화장품점, 편의점 등에서 상품과 고객을 드럭스토어로 흡수해온 것과 같이 국내의 드럭스토어는 건강 미용상품 중에서 점유율이 상대적으로 낮은 부분과 식품 등 향후 시장개척 여지가 큰 분야에 대해서는 라인로빙 전략을 적극 검토할 필요가 있다. 또한, 중장기적으로는 건강과 미용을 담당하는 업태 관점에서 피트니스클럽을 운영하거나 에스테살롱을 병설하는 등 서비스업 분야로까지 사업영역을 확장해 나가야 할 것이다. 다만 미국 사례에서 보았듯이 모든 상품을 취급하며 편리성만을 추구하는 전략은 타 업태와의 경쟁에 취약할 수밖에 없기 때문에 편리성 강화는 핵심역량 강화와 더불어 추진하거나 경우에 따라서는 전문성 강화후 차후적으로 추진될 필요가 있다.

이처럼 국내의 드럭스토어는 전문성과 편리성을 양대 축으로 하여 소비자에게 차별적 이미지를 제공할 수 있어야 새로운 업태로 성장할 수 있다.

또 하나의 과제는 수익성을 확보하는 것이다. 본고에서 살펴 본 바와 같이 미국과 일본의 드럭스토어도 상품믹스를 통하여 수익성을 확보해 왔고 이를 토대로 전문성과 편리성을 더욱 강화해 왔던 것이다. 국내의 드럭스토어도 새로운 업태로 성장하기 위해서는 동일한 전략을 구사하여야 한다. 구체적으로는 수익성을 확보하기 위하여 식품이나 일용잡화, 베이비용품 등의 로스리더용 상품으로 집객을 유도하고 의약품, 화장품 등 헬스케어 부분에서 이익을 창출하는 전략을 구사하는 것이 좋다.

이러한 수익성을 바탕으로 국내의 드럭스토어는 세 번째로 다점포 전략을 구사하여야 한다. 다점포 전략은 소비자에게 드럭스토어를 인식시켜 일상생활의 한 축으로 자리 잡을 수 있는 단초를 제공하여 명확한 신업태로 성립할 수 있는 기반을 제공해 줄 것이다.

마지막으로, 향후 약사법 개정에 대비하고 타 업태와의 미래 경쟁에 대비하는 차원에서 국내의 드럭스토어 기업들은 다양한 비즈니스 모델을 실험할 필요가 있다. 현재 국내 드럭스토어의 큰 축을 이루고 있는 H&B 스토어는 뷰티케어를 중심으로 각종 서비스를 추가한 뷰티케어 강화형 포맷에 주력하고 있는 측면이 있다. 하지만 뷰티케어 강화형의 경우, 상권이 크고 입지가 한정되는 한계가 있어 점포수 확대에 제약이 있을 것으로 판단된다. 따라서 H&B스토어는 약사법 개정에 대비하고 타업태와의 경쟁에 대비하는 차원에서 약국체인과의 제휴나 공동출점 등으로 조제약국 병설 점포를 점진적으로 확대해 나갈 필요가 있다.

참고문헌

1. 김현철, 최상철, 「일본유통」, 법문사, 2006.
2. 김현철, '한국 편의점의 성숙기 대응전략', 유통연구, 14(5), 25~43, 2008.
3. 염민선, '일반의약품 판매규제 완화효과와 정책제언', 유통연구, 15(5), 237~255, 2010.
4. 체인스토어협회, 「리테일메거진」, 체인스토어협회, 2011년 4월호.
5. 체인스토어협회, 「유통업체연감 2011」, 체인스토어협회, 2011.
6. 岡村憲之, 美智子, 崎雅晴, 「ドラッグストアガイドブック」, 商業界, 2008.
7. 石井淳藏, 向山雅夫編, 「小売業の業態革新」, 中央経済社, 2009.
8. 鈴木豊, 「小売業態革新と顧客満足―ヘルスソリューション提供型ドラッグストアへの転換」, じほう, 1999.
9. ダイアモンド社, 'アメリカ小売業 2011', 「CHAIN STORE AGE」, 2011년 10월 15일호.
10. 日本チェーンドラッグストア協会, 「日本チェーンドラッグストア業界 10年の歩み」, 日本チェーンドラッグストア協会, 2009.
11. 日本チェーンドラッグストア協会, 「第10回 JAPAN ドラッグストアショー, オフィシャルガイド

ブック」, 日本チェーンドラッグストア協会, 2010.

12. 日本ホームセンター研究所, 「ドラッグストア経営統計 2010」, 日本ホームセンター研究所, 2010.

13. 販売革新編集部編, 「ドラッグストアすべてがわかる本」, 商業界, 2001.

14. マーケティング史研究会編, 「現代アメリカのビックストア」, 同文舘, 2008.

15. 宗像守, 「ドラッグストアの常識-基礎編」, 商業界, 2008.

16. 松村清, 「最新ドラッグストアの動向とカラクリがよくわかる本」, 秀和システム, 2010.

17. 流通経済研究所, 「アメリカ流通概要資料集 2009年版」, 流通経済研究所, 2009.

18. 矢野経済研究所, 「流通小売市場白書 2010」, 矢野経済研究所, 2010.

19. WALLGREENS, 「Annual Report」 각 연도판.

01 인터넷 쇼핑 산업

인터넷 쇼핑산업은 1996년 인터파크와 롯데닷컴의 쇼핑 사이트 개설과 함께 개시되었으며 초창기 시장의 성장은 삼성몰, 롯데닷컴, 한솔 CNS 등 대기업 계열 쇼핑몰이 이끌어 왔다. 이후 2002~2003년 TV홈쇼핑 계열 인터넷 쇼핑이 부각되었던 성장기를 거쳐 2004~2005년 인터파크와 예스24의 배송료 경쟁을 통해 시장의 대중화를 통한 재활성화기에 이르게 되었다. 2006년 이후 시장은 G마켓, 옥션, 11번가로 대변되는 오픈마켓의 중개사업자를 통해 다양한 구색의 저가상품을 중심으로 성숙기에 이르게 된다.

그러나 인터넷 쇼핑산업이 성숙기에 접어듦에 따라, 그동안 산업의 양적 팽창에 가려져 왔던 성장통이 표면화되어 나타나기 시작하였다. 오픈마켓과 같은 대형 사업자의 경우 현재까지 인터넷 쇼핑산업을 견인해 오는 역할을 수행하였으나 그 성장률은 점차 둔화되고 있는 실정이며, 전문몰이나 셀러와 같은 소규모 사업자의 경우 사업 확장의 성장 발판을 마련하지 못하고 있는 실정이다.

이에 따라 본 장에서는 인터넷 쇼핑산업의 개황을 살펴보고, 이에 따른 향후 산업의 발전방향에 대해 가늠하고자 한다.

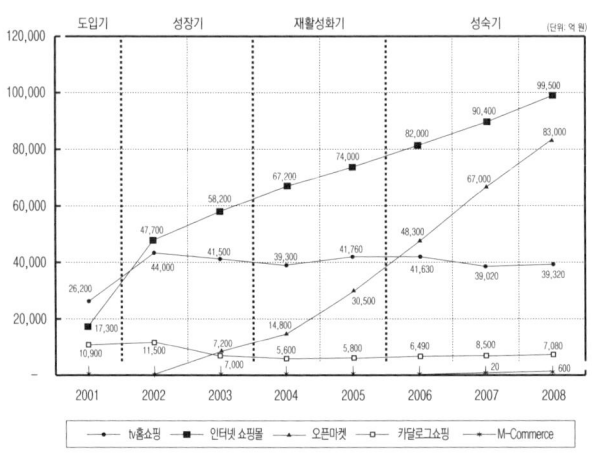

〈그림 1〉 인터넷 쇼핑산업의 성장과정

〈출처: 온라인 쇼핑산업의 현황과 전망(2008), 재구성〉

02 인터넷 쇼핑 산업의 개황

1) 인터넷 쇼핑 산업 업태별 시장 규모

통신판매업의 세부 시장 규모를 볼 때, 2010년 현재 통신판매업 전체 시장규모 34.2조 원 중 일반몰과 오픈마켓으로 이루어진 인터넷 쇼핑이 27.8조로 가장 높은 비중을 차지하고 있다.

〈그림 2〉 국내 통신판매업 시장 규모(단위: 억 원)

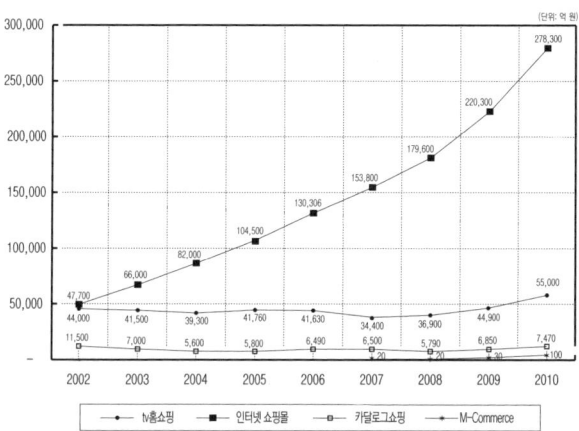

〈자료원: 온라인쇼핑 시장에 대한 이해와 전망(2008, 2010)〉

〈그림 3〉 국내 통신판매업 시장 규모 성장률(단위: %)

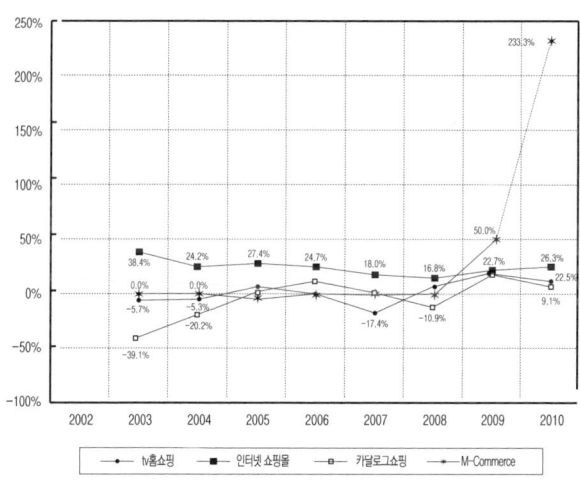

〈자료원: 온라인쇼핑 시장에 대한 이해와 전망(2008, 2010)〉

특히 통신판매업 내 업태별 시장 성장률을 살펴보면 M-commerce 쇼핑의 경우, 안정적인 성장률을 유지하고 있는 다른 업태들과 달리 2010년 현재 전년 대비 233.3%가 성장하는 등 타 업태 대비 가장 급격한 성장률을 보이고 있다. 이러한 상황은 2010년 스마트폰 사용자가 급격히 늘어남에 따라 소비자의 소비환경이 급격히 변화한 것에 따른 것으로 해석된다.

2) 인터넷 쇼핑 산업의 업체 현황

한국온라인쇼핑협회 자료에 따르면, 통신판매 신고업체는 2006년 147,596개에서 2010년 6월 현재 252,844개로 매년 15% 이상 증가하고 있는 것으로 나타남.

〈표 1〉 **통신판매 신고업체**(영업 중인 업체기준/ 휴폐업 제외) **증가현황**

구분	2006년	2007년	2008		2009		2010
			6월말	12월말	6월말	12월말	6월말
업체수	147,596	171,833	189,270	205,641	222,810	237,730	252,844
증감률		16.4%		19.6%		15.6%	

〈자료원: 온라인쇼핑 시장에 대한 이해와 전망(2010)〉

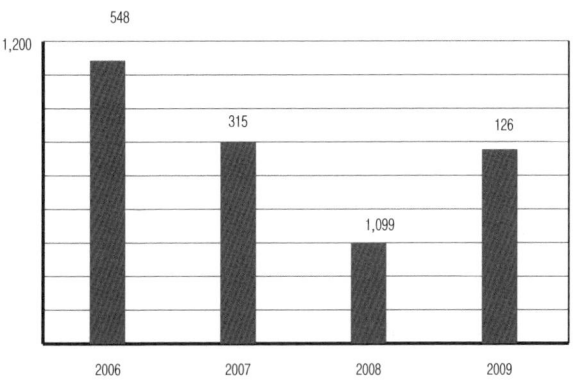

〈자료원: 온라인쇼핑 시장에 대한 이해와 전망(2010)〉

　그러나 점포당 거래규모를 살펴보면 점포당 1억 원 내외로 큰 변동이 없는 것으로 나타났으며 시장 전체 크기가 20%이상 급격하게 성장하는 데 비해 점포당 시장규모의 성장률은 -5%~+5%로 전체 시장규모의 성장률에 비해 낮게 나타나고 잇다. 따라서 향후 인터넷 쇼핑산업의 성장 장애로서 성장의 불확실성에 영향을 미칠 수 있을 것으로 보인다.

3) 인터넷 쇼핑 산업 경쟁 동향

2011년 말 현재 기존의 인터넷 쇼핑 업체 외에 포털 사업자, 오프라인 유통사업자 등 시장참여자가 증대되어 업계 내 경쟁이 심화되는 양상을 보이고 있다. 특히 오프라인 유통사업자들이 인터넷 쇼핑 시장에 참여하면서 오프라인 매장을 적극적으로 활용하는 모습을 보이고, 이에 따라 인터넷 쇼핑 사업자들도 오프라인 유통사업자와 의 협력을 추진하는 등 채널간의 융합이 이루어지고 있다.

<표 2> 인터넷 포털 사업자의 인터넷 쇼핑 산업 진출

	쇼핑 일반	소호쇼핑	할인/특가
네이버	쇼핑캐스트	테마쇼핑(핫이슈, 핫코디 등)	럭키투데이
다음	쇼핑하우	패션소호	소셜쇼핑(반값할인)
네이트	네이트쇼핑 11번가	인기소호	

〈자료원: 나스미디어(2011)〉

<표 3> 국내 주요 식품업계자의 온라인 매출현황과 회원 수

	CJ제일제당(CJ온마트)	남양유업(남양몰)	매일유업(오투세븐)	동원F&B(동원몰)
매출(2007년)	80억	–	350억	–
매출(2008년)	120억	–	–	–
매출(2009년)	160억	100억	530억	20억
회원 수(2010.7.18기준)	50만 명	250만 명	300만 명	25만 명

〈자료원: 각 사업자 단체, 디지털 타임즈(2010.07.18)〉

4) 오프라인쇼핑과 인터넷 쇼핑의 융합

백화점이나 대형마트 등 오프라인 기반의 업체들이 인터넷 쇼핑과의 융합을 통해 오프라인 점포와 온라인 판매의 시너지 효과를 노리고 있으며, 심지어 온라인 기반의 업체 또한, 오프라인과의 연계를 통해 사업운영의 효율성을 꾀하고 있다.

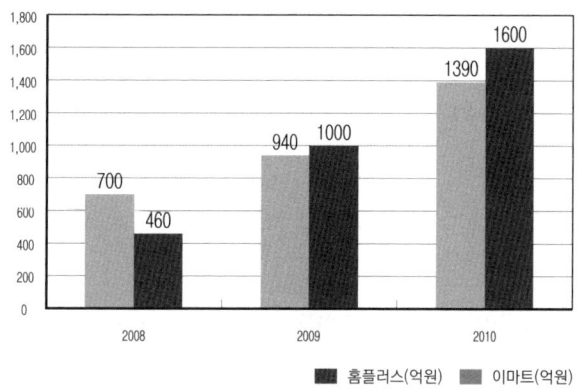

〈자료원: 각 업체 홈페이지〉

5) 인터넷 쇼핑 산업 해외 판로 개척 시도

국내의 경쟁심화와 함께 중국과 같은 해외 인터넷 쇼핑 시장의 가능성
이 높아짐에 따라 국내 기업 역시 지속적인 해외진출을 시도하고 있다.
그러나 성공사례는 일부에 불과하는 등 현재까지 성과는 미미한 수준으
로 보인다. 그러나 중국의 인터넷 쇼핑 시장규모가 약 740조 원에 이르
는 등(디지털 타임즈, 2010.11.22) 해외시장의 가능성은 여전히 높은 것으로 나
타나 새로운 판로를 개척하기 위해 국내 인터넷 쇼핑 업체는 지속적으
로 해외진출을 시도하고 있다.

6) 인터넷 쇼핑 산업 소비자의 행동패턴의 변화

인터넷 쇼핑 시장이 활성화됨에 따라, 소비자의 소비행태도 다양해지고
있으며, 스마트폰과 같은 디지털 기기의 보급 확대로 모바일과 관련된
이슈들이 중요하게 떠오르고 있다. 이에 따른 소비자의 구성 변화를 살
펴보면 다음과 같다.

(1) 인터넷 쇼핑 소비 패턴의 다양화 및 고급화

구매 행태의 경우, 인터넷 쇼핑 확대에 따라 인터넷 쇼핑 이용 세대가 고연령 층으로 확대되고 있으며 남성 소비자의 소비가 점차적으로 증가하는 것으로 나타나고 있다. 이에 따라 구매 품목의 경우에도 기존의 저가, 공산품 중심에서 고가 제품 및 식품/건강으로 구매 품목이 이전하고 있으며, 해외 제품, 전문몰 등을 활용한 다양한 제품으로의 구매제품의 확대가 이루어지는 것으로 나타난다.

대한상공회의소의 조사에 따르면 2006년과 2010년 세대별 인터넷 쇼핑 이용 정도를 비교한 결과 30대(31.9→42.6%), 20대(32.2%→28.9%), 40대(14.4%→18.4%), 50대 이상(4.8%→6.6%)의 순으로 기존의 20대 위주에서 30대로 바뀌어 인터넷 쇼핑몰의 소비 계층이 높은 연령대로 확대되고 있다. 또한, 인터넷 쇼핑몰 방문객은 남성 64.0%, 여성 36.0%로 남성이 여성보다 높게 나타났으며, 체류시간도 남성 1인당 주요 12개 쇼핑몰 체류시간은 28분 1초, 여성은 27분 50초로 남성이 긴 것으로 조사되었다.

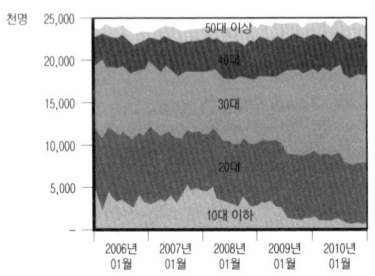

〈그림 6〉 성별 인터넷 쇼핑몰 방문 추이

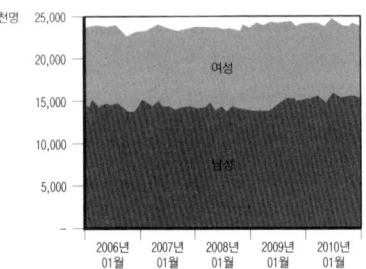

〈그림 7〉 연령별 인터넷 쇼핑몰 방문 추이

〈자료원: 대한상공회의소, 2010.7.12〉

상품품목별로는 2010년 상반기 방문자 수가 가장 많은 품목은 의류/패션잡화가 1,445만 명으로 가장 많았고, 이어 도서/음반/악기 662만 명, 취미/스포츠 544만 명의 순임. 2006년 대비 방문자 수 증가율을 볼 때, 명품이 119.6%로 가장 높은 증가율을 보였으며 이후, 의류/패션잡화 79.4%, 식품/건강 64.1%, 화장품/미용 60.5% 등이 높은 증가율을 보이고 있다.

〈표 4〉 상품카테고리별 월평균 방문자 수 및 증감

상품카테고리	2006년 상반기	2010년 상반기	증감률(%)	성별 증감률	
				남성	여성
의류/패션잡화	8,055,853	14,452,711	79.41	71.76	88.67
도서/음반/악기	5,307,446	6,629,760	24.91	31.2	15.97
취미/스포츠	7,129,868	5,442,121	−23.67	−17.81	−32.11
자동차	3,454,593	4,252,532	23.10	37.61	−14.80
생활용품	3,111,852	3,930,855	26.32	28.43	23.76
가전/컴퓨터	3,914,062	2,915,398	−25.51	−18.27	−43.42
화장품/미용	1,604,251	2,575,503	60.54	73.63	50.36
식품/건강	1,422,183	2,333,660	64.09	75.74	49.60
가구/인테리어	982,560	1,486,725	51.31	57.37	45.39
명품	518,211	1,138,141	119.63	131	107.35
유아/어린이	640,205	726,811	13.53	20.77	5.61

〈자료원: 대한상공회의소, 2010.7.12〉

(2) 스마트폰 이용의 대중화

스마트폰의 이용 증가로 인해 스마트폰을 활용한 소비자 행동이 전반적으로 증가할 것으로 예상되며, 이에 따라 M-commerce 시장이 확대될 것으로 전망된다. 2011년 스마트폰 가입자 수가 1,000만 명을 넘어서 본격적인 스마트폰 대중화 시대에 진입하였다. 방송통신위원회의 보도자료에 따르면 2009년 말 80만 명에 불과했던 스마트폰 가입자 수가 2011년 10배 증가한 800만 명을 돌파하였으며, 2011년 3월에는 가입자 수가 1,000만 명을 넘어서 2012년에는 2,000만 명에 이를 것으로 전망된다.

〈그림 8〉 **스마트폰 가입자 현황**(단위: 만 명)

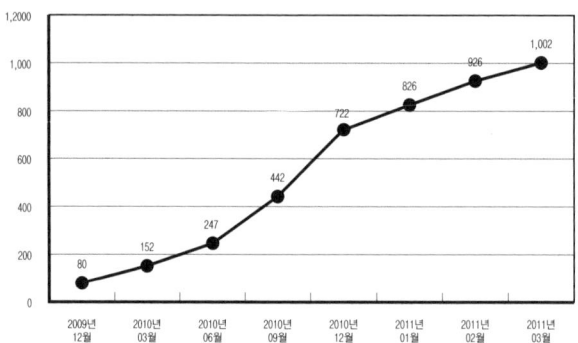

〈자료원: 방송통신위원회 보도자료(2011.3.24.)〉

특히 스마트폰 이용자는 20대(35%), 30대(29%)가 전체 가입자의 60% 이상을 차지하며, 10대 이하 가입자는 8%를 차지하고 있어 20대, 30대를 향한 중요한 유통경로로 모바일 커머스의 부상을 예고하고 있다.

〈표 5〉 **연령대별 스마트폰 가입자 현황**(단위: 만 명, %)

10대 이하	20대	30대	40대	50대	60대	70대 이상	기타	합계
55	254	213	109	43	12	7	29	722
7.6	35.1	29.4	15.1	6	1.7	1	4.1	100

〈자료원: 방송통신위원회 보도자료(2011.3.24.)〉

(3) 소셜네트워크서비스 이용자의 증대

소셜네트워크서비스(SNS)의 이용자 증가에 따라 소비자들의 정보 공유 행태를 활용한 소셜 커머스 업태가 활성화되고 있어 기존 인터넷 쇼핑 사업자의 소셜커머스 업태에 대한 시장 대응이 주목된다. 2010년 7월 DMC리포트에서 나온「SNS에 대한 사용자 인식 조사 보고서」에 따르면 전체 응답자 1,310명 중 83.6%가 SNS를 사용하고 있었으며, 연령별로 10 대 80.0%, 20대 87.4%, 30대 82.2%로 인터넷 사용에 능숙한 10대에서 30 대에서 사용자가 많은 것으로 나타나고 있다.

〈그림 9〉 **SNS 사용 여부**(N=1,310)

그렇다 83.6%	아니다 16.4%

〈그림 10〉 **연령별 SNS 사용 여부**

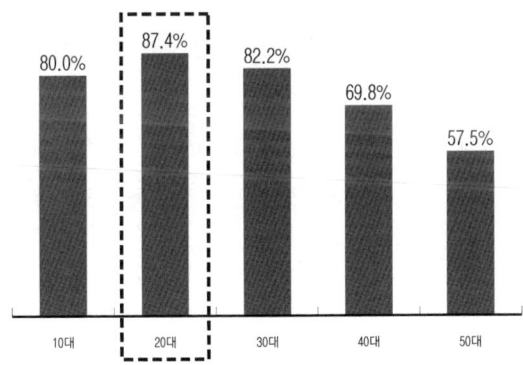

03 인터넷 쇼핑 산업 업태별 동향

1) 인터넷 쇼핑몰 현황* – 인터넷 쇼핑몰시장 성장의 안정화

인터넷 쇼핑몰의 시장규모는 계속해서 성장하고 있는 형태를 보이고 있으나, 최근 들어서 성장률이 다시 재점화되는 양상을 보이고 있다 최근 유통시장의 동향을 고려할 때, 향후 일정기간 동안 인터넷 쇼핑몰 시장은 유사한 성장세를 보일 것으로 전망된다.

〈그림 11〉 **국내 인터넷 쇼핑몰 시장 규모 및 성장률**(단위: 억 원, %)

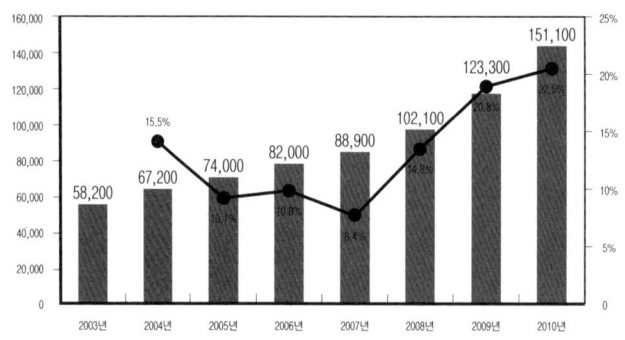

〈자료원: 인터넷 쇼핑 시장에 대한 이해와 전망(2008, 2010)〉

지난 1년간의 종합몰 방문자 및 페이지뷰 추이를 살펴보면, 지난 2011년 3월에 일부 상승하는 모습을 보였으나 전체적으로 안정적인 규모를 유지하고 있는 것을 확인할 수 있다.

---

* 인터넷 쇼핑몰은 인터넷 종합몰과 전문몰을 의미함.

〈그림 12〉 종합몰의 지난 1년간 방문자 수 추이

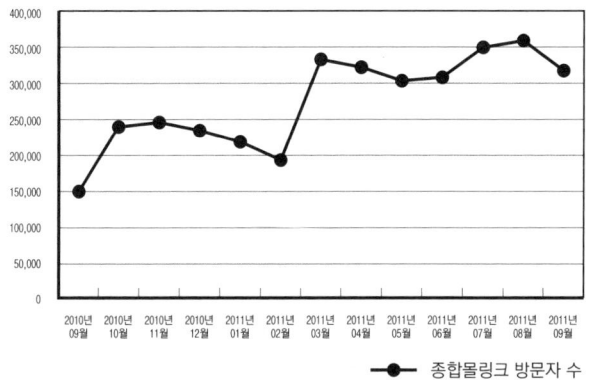

〈자료원: 랭키닷컴〉

〈그림 13〉 종합몰의 지난 1년간 페이지뷰 추이

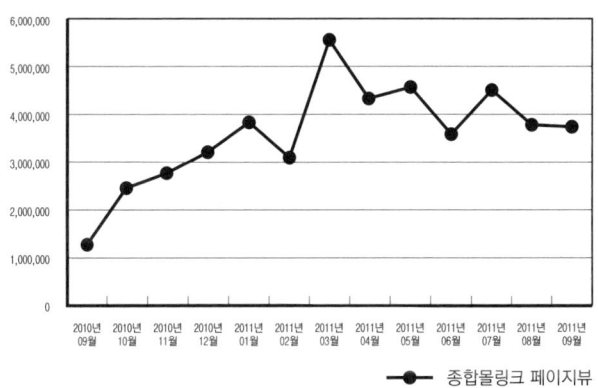

〈자료원: 랭키닷컴〉

현재까지는 주요 20사와 EC호스팅(메이크샵, 카페24 등)을 사용하는 중소 쇼핑몰, 기타사의 거래규모 비중을 살펴보면 주요 20사의 비중이 45% 이상으로 가장 높지만 한국인터넷 쇼핑 협회의 전망에 따르면, 점차적으로 중소 쇼핑몰이 전체 비중에서 차지하는 비중이 높아질 것으로 예상하고 있다.

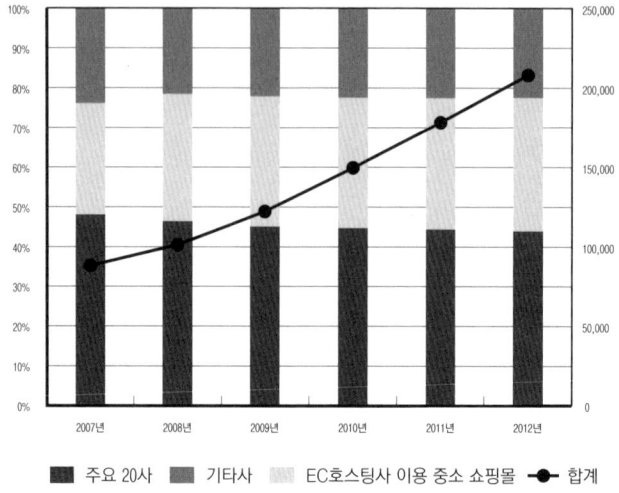

〈그림 14〉 인터넷 쇼핑몰 전체 시장 규모 및 특성별 거래 비중

■ 주요 20사　■ 기타사　▨ EC호스팅사 이용 중소 쇼핑몰　●─ 합계

〈자료원: 2010 온라인쇼핑시장에 대한 전망(2010)〉

2) 인터넷 쇼핑몰 업계의 브랜드강화 전략

인터넷 쇼핑몰의 경우 개별 업체의 성장률은 업체마다 다르게 나타나고 있으며, 오픈마켓의 가격에 대응하기 위하여 브랜드를 차별화 요소로 활용하고자 하는 노력이 나타나고 있다. 이에 따라 종합쇼핑몰의 광고 선전비 비율 역시 전반적으로 증가하는 추세이다.

인터넷 소비자군이 다양한 상품구매에 대한 경험을 하면서 고연령화 됨에 따라 온라인을 통해 고가의 제품을 구입하는 것에 대한 거부감이 적고, 다양한 경로로 상품평에 대한 정보를 수집할 수 있는 변화하는 소 비자의 트랜드에 맞추기 위해 인터넷 쇼핑 업체들은 상품군을 전문화시 키는 노력을 기울이고 있다.

기존 식품 전문분야인 '프레시몰'을 오픈에 이어 2011년 4월 패션, 가전, 가구 등 비식품 전문 '스타일몰'을 오픈하였음(디지털 타임즈, 2011.04.13.)

기존 인터넷 쇼핑 업체인 인터파크의 경우, 상품카테고리를 더 세분화하고 쇼핑의 정보를 제공하는 사이트로 변환하겠다고 언급. 이를 위해, 기존의 오픈마켓. 도서, 투어. 엔터테이먼트, 티켓 사업에서 패션을 추가하고, 리빙, 유아동, 교육 등으로 카테고리를 확대할 방침(전자신문, 2010.11.01.)

2011년 6월 인터파크는 기존의 방침에서 더 나아가 패션사업부를 분사하여 패션에 전문화된 쇼핑몰을 구축하려한다는 방침을 세움(디지털 타임즈, 2011.06.16.)

3) 인터넷 쇼핑몰과 대형마트 인터넷 쇼핑간의 경쟁 심화

인터넷 쇼핑몰의 시장의 성장률에 비추어보았을 때, 롯데닷컴과 H몰을 제외한 기존의 대형 종합몰의 성장률은 시장의 성장률을 따라가지 못하는 것으로 보인다. 기존 대형 종합몰이 시장에서 차지하는 비중이 낮아짐에 따라, 이들이 가지고 있었던 종합구색 시장에 대해 오프라인 매장을 기반으로 가지고 있던 대형마트의 온라인 몰이 급격하게 침투하면서 성장하고 있다.

〈표 6〉 종합몰과 대형마트몰의 매출액과 성장률 비교(단위: 억 원, %)

	2007년	2008년	2009년	2010년	2011년	2012년
종합몰 (성장률)	42,900 –	47,700 11.2%	55,700 16.8%	68,100 22.3%	80,400 18.0%	92,500 15.0%
대형마트 온라인몰 (성장률)	800 –	1,300 62.5%	2,000 53.8%	5,900 195.0%	10,000 70.0%	13,000 30.0%

〈자료원: 인터넷 쇼핑 시장에 대한 이해와 전망(2010)〉

기존의 대형 종합몰의 경우, 인터넷 쇼핑에서의 산업에 대한 충분한 경험과 자원을 가지고 있기 때문에 M-commerce 혹은 T-commerce와 같은 신규 채널에서의 신규 벤더를 소싱하여 채널을 활성화 시키는 개척자 역할을 수행할 수 있다. 하지만 새롭게 등장하는 대형마트의 온라인몰은 인터넷 쇼핑에서의 경험이 부족하기 때문에 아직까지는 신규채널의 개척자로서의 역할을 기대하기 어렵다고 판단된다.

4) 오픈마켓 시장의 성장률 둔화

2006년 이후 인터넷 쇼핑몰은 오픈마켓을 중심으로 성장하여 왔으나 최근 오픈마켓의 성장률은 상대적으로 둔화되고 있다.

〈그림 16〉 **국내 오픈마켓 시장 규모 및 성장률**(단위: 억 원, %)

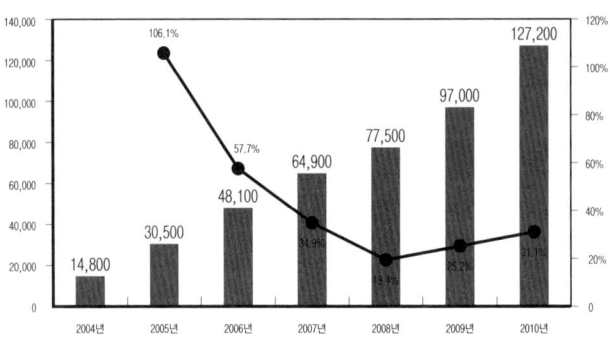

〈자료원: 온라인쇼핑 시장에 대한 이해와 전망(2008, 2010)〉

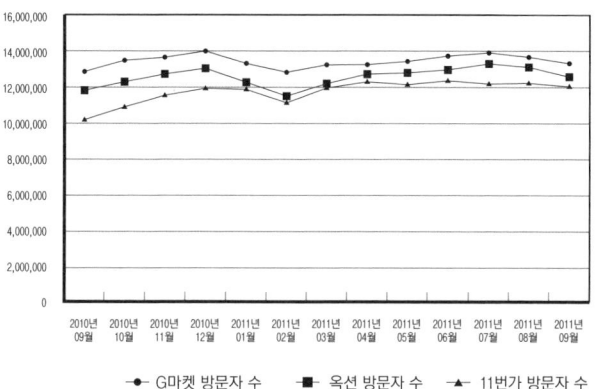

〈그림 17〉 오픈마켓의 지난 1년간 방문자 수(G마켓, 옥션, 11번가)

● G마켓 방문자 수   ■ 옥션 방문자 수   ▲ 11번가 방문자 수

〈자료원: 랭키닷컴〉

  오픈마켓 시장의 성장과정에서 주요 4사(G마켓, 옥션, 11번가, 인터파크)가 시장의 대부분을 차지하고 있는 양상을 보이고 있어, 시장의 안정화에 따른 업태의 확장 및 변화에 대한 추구가 필요한 시점이다.

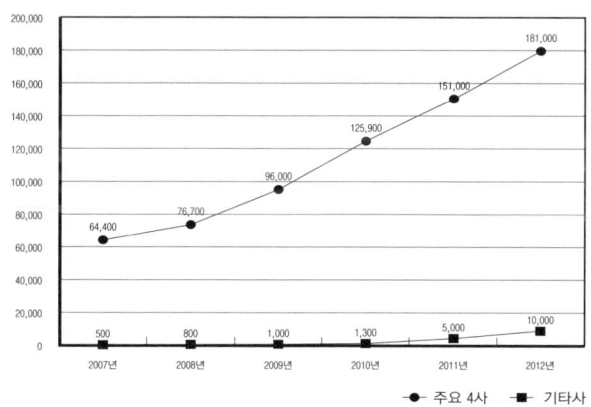

〈그림 18〉 중개몰 특성별 시장규모 및 전망(단위: 억 원)

● 주요 4사   ■ 기타사

〈자료원: 2010 온라인쇼핑시장에 대한 전망(2010)〉

11번가의 경우 브랜드 패션관을 통해 브랜드제품과 백화점 전문관을 운영, 저가 제품이 아닌 브랜드 제품의 판매 확대에 나서고 있음

G마켓 역시 BRAND ON과 롯데백화점 패션브랜드 전문 전문페이지를 개설, 유명 브랜드의 제품 확대에 나서고 있음

이 시장에서 옥션은 지난 1998년 설립 후 2001년 2월 글로벌 전자상거래 기업인 이베이에 인수되었으며, 이후 이베이 코리아는 2009년 G마켓의 주식을 99.9% 인수해 계열사로 편입시켰다. 최근 G마켓과 옥션은 공정거래위원회로부터 2011년 8월 31일부로 합병 승인을 받고 사업을 진행하고 있어, 전반적인 시장에 대한 지배력을 강화하고 있다.

상위 4개사가 시장의 대부분을 차지하는 상황이지만, 네이버의 오픈마켓 진출 발표 등 새로운 시장참여자의 등장으로 시장 내에서의 경쟁이 점차 심화될 것으로 보인다. 주요 오픈마켓의 매출액 대비 광고선전비 동향을 살펴보면, 옥션과 G마켓이 합병논의가 시작되기 시작한 2008년 이후, 일정한 비율을 유지하고 있는 것을 확인할 수 있다. 따라서 2009년 이후 오픈마켓의 운영목표가 이용자의 확대보다는 기존 고객을 상대로 판매제품의 범위확대에 나서고 있다는 것을 의미한다.

〈표 7〉 주요 오픈마켓의 매출액 대비 광고선전비 추이(단위: %)

	2006	2007	2008	2009	2010
옥션	30.99	40.05	36.55	–	–
G마켓	17.28	14.18	11.30	13.57	13.93
인터파크	1.44	0.63	1.63	1.78	2.01

〈자료원: 금융감독원 홈페이지 공시, 재가공〉

〈자료원: 각사 홈페이지〉

5) M-commerce 시장의 급격한 성장

국내 모바일 쇼핑 시장규모는 2009년 30억 원 정도의 수준이었으나 점차 증가하여 2010년에는 100억 원에 이르고 있다.

〈그림 21〉 국내 M-commerce 시장 규모 및 성장률(단위: 억 원, %)

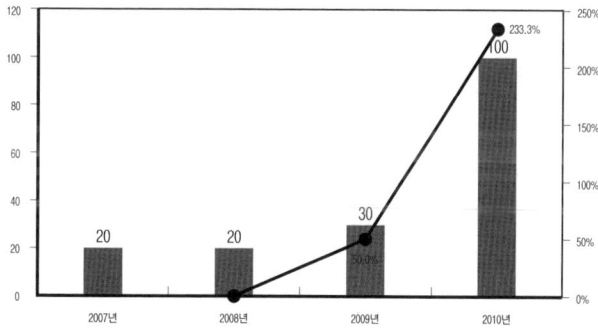

〈자료원: 온라인쇼핑 시장에 대한 이해와 전망(2008, 2010)〉

모바일 쇼핑몰은 이동통신사의 인터넷 서비스를 통해 접속 후 쇼핑몰 카테고리를 선택하는 제휴 쇼핑몰과 공공기관이나 기업이 독자적으로 운영하는 독립 쇼핑몰로 분류 되며, 현재 국내 무선 인터넷 이용자들은 대부분 통신사의 사이트를 이용하기 때문에 대부분의 매출은 제휴 쇼핑 몰에서 일어나고 있다.

6) 소셜커머스의 이해

소셜커머스란 전자상거래와 소셜미디어와의 결합을 뜻하며, 소셜네트 워크서비스(SNS)를 매개로 소비자들은 구매 경험을 서로 공유하며 이러 한 소비자들의 SNS 참여가 상품 구매에 영향을 미치는 상거래를 의미한 다(김학훈, 2011). 따라서 소셜커머스는 네트워크 내의 신뢰성 있는 정보 원 천으로부터 생성된 구매 경험 정보에 대한 탐색을 통해 소비자들의 합 리적인 소비를 유도하고 있다.(김철환, 2011) 또한, 지역서비스 사업자와 고 객을 연결시켜줌으로써 해당 지역 상권을 강화시키는 순기능을 가지고 있다.

소비자의 경우 동일한 제품이나 서비스를 다른 때보다 저렴하게 구매 할 수 있다(40.8%)는 장점이 소셜커머스의 가장 큰 이용 동기로 나타났으 며, 평소 사고 싶은 브랜드를 저렴하게 구매 가능(35.7%), 다른 곳보다 저 렴하게 구매 가능(21.2%) 등의 이유도 소셜커머스 이동 동기로 언급되고 있다(한국소비자원, 2011.4.29). 이에 대해 사업자가 소셜커머스를 이용하는 것 은 홍보효과(86.3%)가 가장 큰 이유로 나타났으며, 그 외에 새로운 판매방 식 시도(6.7%), 수익 증대(4.7%), 재고처분 또는 빈 좌석 채우기(2.0%) 등이 이 유로 제시되고 있다(대한상공회의소, 20110413).

국내 소셜커머스 시장은 2011년 3월 현재 641억 원으로 이는 전년도

328억 원에 비해 2배 정도 증가한 수치이며, 2011년 들어서 매달 30% 이상의 고속 성장률을 기록하고 있어 유통업계 전반의 주목을 받고 있다. 이에 따라 국내 소셜커머스 시장 규모는 2011년에는 3천억 원에서 5천억 원 규모로 고성장이 예상되고, 2012년에는 7천억 원에서 8천억 원에 이를 것으로 추정된다(이은민, 2011).

〈그림 22〉 **국내 소셜커머스 시장 규모 및 성장률**(단위: 억 원, %)

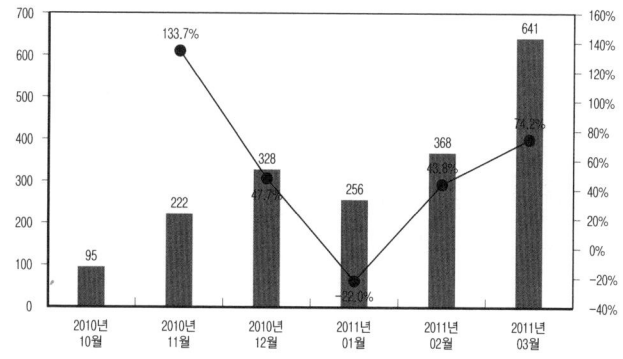

〈자료원: 김윤화(2011) 데이터 재구성〉

하지만 주요 소셜커머스 업체(쿠팡, 티켓몬스터)의 방문자 수와 페이지뷰를 살펴보면 지난 1년간 급격한 상승을 하던 모습이 최근에 들어 안정적인 형태로 변화하고 있음을 확인할 수 있다.

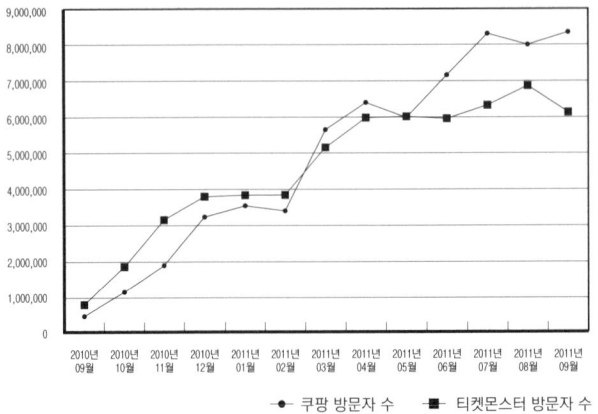

〈자료원: 랭키닷컴〉

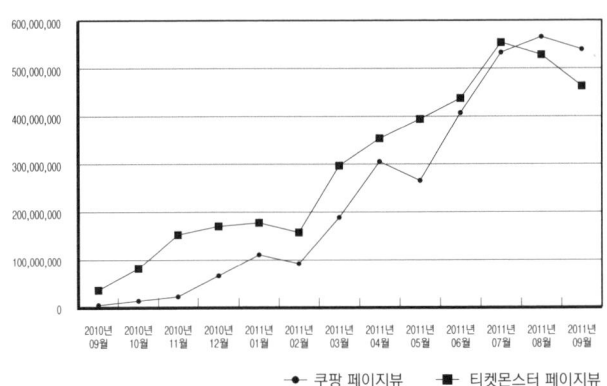

〈자료원: 랭키닷컴〉

    2011년 3월 현재 국내 소셜커머스 업체수 역시 232개로 2010년 말부터 업체수가 꾸준히 증가하고 있으나 증가 속도는 점차 안정화되고 있는 추세이다.

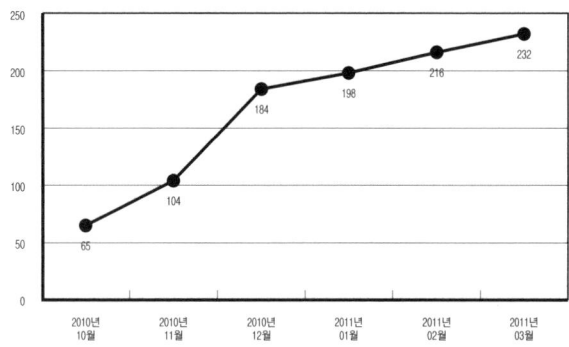

〈자료원: 김윤화(2011) 데이터 재구성〉

국내 대표적인 소셜커머스 업체인 티켓몬스터, 위메이크프라이스, 쿠팡 Big3의 매출 규모는 2011년 3월 현재 268억 원 정도로 전체 232개 소셜커머스 업체 매출액 대비 40% 이상을 차지하는 것으로 추정되고 있다. 이에 따라 1위 업체인 티켓몬스터는 2010년 6개월간 매출이 100억 원을 넘었으며, 2011년의 경우 한 달 만에 100억 매출을 달성한 것으로 보인다(이은민, 2011). 2위 업체인 위메이크프라이스도 2.5개월 만에 100억 원의 매출을 올렸으며, 동기간 30만 명의 회원유치와 더불어 하루 순방문자 수 150만 명을 기록하고 있다(김윤화, 2011).

이에 따라 상위 업체간의 경쟁이 격화되어 한국방송광고공사(KOBA-CO)의 2011년 4월 100대 광고주 안에 포함될 정도로 소셜커머스 Big3의 TV광고비는 높은 수준을 차지하고 있는 상황이다. 이베이지마켓의 경우 2011년 6월 기준 지출한 TV 광고비는 약 8억 원 정도로 소셜커머스 업체의 광고비 지출은 오픈마켓보다도 큰 상황이다.

업체명	2011년 3월	2011년 4월	2011년 5월
위메이크프라이스	-	14억 원	7억 8천만원
쿠팡	15억 원	12억 원	-
티켓몬스터	13억 원	8억 5천만원	9억 원

〈자료원: 한국방송광고공사, 100대 광고주 광고비 현황〉

그러나 전년도와 올해에 걸쳐 급속히 성장해오는 과정에서 소셜커머스 업계 내 구조변화의 양상을 보이고 있다. 티켓몬스터가 2011년 9월 리빙소셜에 인수된 것과 더불어 7월 업계 2위인 쿠팡의 순방문자 수는 847만 명으로 늘어난데 비해 티켓몬스터는 500만 명대를 유지하면서 쿠팡이 티켓몬스터를 따라잡고 있다(조선일보, 2011.09.23). 이에 따라 소셜커머스 업태는 현재의 기간별 할인품목을 제시하는 데일리 사이트(daily deal site) 형태에서 벗어나 예를 들어 페이스북 페이지를 활용하는 것과 같은 소셜 네트워크 서비스와의 직접적 접목 또는 트위터의 팔로우 관계구조 분석을 통한 사회적 연결관계의 파악 등 소셜 네트워크 구조 정보의 활용 등 다양한 형태로 발전할 것으로 예측된다.

04 인터넷 쇼핑 산업의 발전과정에 대한 쟁점

인터넷 쇼핑 시장은 성숙기에 들어선 종합몰, 오픈마켓과 같은 기존 업태와 산업을 재활성화 할 수 있는 M-commerce, 소셜커머스와 같은 신규업태의 등장으로 요약할 수 있다. 이때 소비자 소비구조의 경우 주요 소비자의 연령 상승과 소비 제품의 다변화 및 고급화에 따른 소비구조의 세분화, 고급화, 주요 소비 채널로서의 인터넷 쇼핑의 활용, 강력한 가치의 추구 경향 등이 나타나고 있다. 이에 따라 제품 소싱과 관련된 공급구조의 경우 소비자의 소비패턴의 변화와 신규 경쟁자의 등장으로 인해 이에 대응하기 위한 제품 소싱 능력의 고도화, 효율화 이슈가 주요 요소로 떠오르고 있다. 또한, 경쟁구조 측면에서는 주요 경쟁자들에 대한 식별이 가능해짐에 따라 운영측면에서의 전문화에 따른 효율성 추구가 주요한 이슈로 제기되고 있다. 이에 따른 향후 인터넷 쇼핑산업의 발전에 대한 쟁점을 정리하면 다음과 같다.

1) 인터넷 쇼핑 소비구조의 세분화, 가치화, 지속화

소비 카테고리의 세분화가 심화됨에 따라, 기존의 단순 판매 제품소싱에서 제품 카테고리 구성의 심화를 거쳐, 소비자의 라이프스타일을 고려한 소비구조의 세분화가 이루어지고 있는 것을 확인할 수 있다. 또한, 인터넷 쇼핑에서의 주요 소비 연령이 기존의 20대에서 30대 이후로 전환됨에 따라, 단순한 재미 위주의 소비가 아닌 가치를 위한 소비로서의 소비구조의 고급화가 이루어지고 있다.

2006년에서 2010년간의 성장과정에서 인터넷 쇼핑에서의 구매활동이 일회성 구매였다면, 현재의 인터넷 쇼핑 구매활동은 지속적 구매로서의 전환이 나타나고 있음을 확인할 수 있다. 또한, 소셜커머스에서 볼 수 있듯이 거래에서 기존의 거래 가치를 뛰어넘는 초가치의 추구성향이 나타나고 있음을 확인할 수 있다. 따라서 이러한 소비구조의 변화과정에 대응하는 다양한 판매 사이트 포지셔닝과 사업방식의 모색이 필요할 것이다.

2) 인터넷 쇼핑 공급구조의 다변화, 고도화, 효율화

제품 소싱에 있어서 종합몰과 오픈마켓 모두 성숙기 시장상황과 소비자의 변화된 소비문화에 대응하기 위해 제품 카테고리의 확대를 시도하고 있는 상황이다. 또한, 소셜커머스 역시 단기 거래에서 지속적 거래로의 전환에 따른 업태의 정체성 변화를 위해서 기존과는 다른 변화된 거래 소싱 전략을 도입하고 있다. 이러한 문제의 해결을 위해서는 공급구조의 고도화, 효율화가 주요한 이슈가 중요한 고려요소로서 떠오를 것으로 보인다.

3) 인터넷 쇼핑 경쟁구조에서 효율적 운영의 중요성 증대

인터넷 쇼핑 산업 내에서의 경쟁자가 충분히 식별 가능해짐에 따라, 유통 경로 상에서 상위에 위치하거나 효율적 운영이 가능한 업태가 시장에서 우위를 가지게 될 것으로 보인다. 따라서 대표적인 유통경로 상위 업체라 볼 수 있는 대형마트의 인터넷 쇼핑몰의 경우, 종합몰의 시장에 침투하며 성장세를 보이고 있다.

참고문헌

국내 문헌

1. 김순은(1999), Q방법론의 이론적 배경과 비판적 고찰, 정책분석평가학회보, 9(2), 201~216.
2. 김용학(2007), 사회 연결망 분석, 서울, 박영사.
3. 김윤화(2011) 소셜커머스 시장현황 및 정책이슈, 정보통신정책, 제23권 11호 통권 510호, 정보통신정책연구원, 2011. 6. 16.
4. 김철환(2011) ''진짜' 소셜커머스의 6가지 특징', Social Commerce Lab, 2011.5.23.
5. 소셜미디어의 분석과 활용, 제2회 MTN 소셜미디어 포럼, 2011.
6. 2008 온라인쇼핑 시장에 대한 이해와 전망, 한국온라인쇼핑협회.

7. 2010 온라인쇼핑 시장에 대한 이해와 전망, 한국온라인쇼핑협회.

8. 2011 상반기 온라인 미디어 트렌드 보고서, 나스미디어, 2011.8.23.

9. 2011 유통업체연감, 한국체인스토어협회 출판부.

신문기사

1. 국내 소비자의 온라인몰 이용행태 조사, 대한상공회의소 보도자료, 20100712.

2. "스마트폰 가입자 1,000만 돌파, 스마트 시대 본격 개막", 방송통신위원회 보도자료, 20110324.

3. 소셜커머스 이용기업 44% "수익 10% 늘어", 대한상공회의소 보도자료, 20110412.

4. 소셜커머스 피해, 식사·음료 서비스가 가장 많아, 한국소비자원 보도자료, 20110429.

5. 전자상거래 이용자 10명중 3명은 소셜커머스 구매 경험, 서울특별시전자상거래센터 보도자료, 20110207.

6. 1위 인터넷사업자 NHN 오픈마켓 진출, 디지털 타임즈, 20101020.

7. CJ GLS, 경북 농특산물 택배운송 전담, 디지털 타임즈, 20101015.

8. CJ오쇼핑, 일본 등 진출 해외시장 개척 강화, 디지털 타임즈, 20110222.

9. 공동구매로 외식·공연·스파 반값에…새 '비즈 모델' 부상, 한국경제신문, 20110814.

10. 네이버의 오픈마켓 독자 행보 시작됐다, 디지털 타임즈, 20110207.

11. 롯데百 "온라인 주문상품, 점포서 받아가세요", 디지털 타임즈, 20100725.

12. 모바일 상거래 날개 달았다, 전자신문, 20110228.

13. 모바일 쇼핑 "아직은 불편해요", 디지털 타임, 20100608.

14. 모바일 쇼핑 대전 시작됐다, 전자신문, 20110726.

15. 모바일 쇼핑 대전 시작됐다, 전자신문, 20110726.

16. 반값 할인 판매 소셜커머스…거품 꺼지나, 조선일보, 20110923.

17. 병행수입이라도 좋아~ 온라인몰 명품 매출 늘었다, 디지털 타임즈, 20100725.

18. 소셜쇼핑 대약진에 온라인몰 긴장, 디지털 타임즈, 20101111.

19. 소셜커머스, 인기 쇼핑몰로 급부상, 디지털 타임즈, 20110803.

20. 식품업계, 온라인 사업이 매출 효자, 디지털 타임즈, 20100718.

21. 신세계 "온라인 시장서도 1위 하겠다", 디지털타임즈, 20100102.

22. 옥션-G마켓, 일본 패션 쇼핑몰 조조타운 입점, 디지털 타임즈, 20110623.

23. 온라인몰 "모바일시장 주도권 잡자", 디지털 타임즈, 20101114.

24. 온라인몰 해외실적 신통찮네, 디지털 타임즈, 20100404.

25. 올해 740조 규모…중국 온라인 쇼핑몰 잡아라, 디지털 타임즈, 20101122.

26. 이기형 인터파크 회장 "쇼핑포털 만들겠다", 전자신문, 20101101.

27. 이마트 "2012년 온라인몰 1위 도약", 디지털타임즈, 20100102.

28. 인터파크 패션사업 조만간 분사, 디지털 타임즈, 20110616.

29. 전문쇼핑몰도 모바일 쇼핑시대 열린다, 디지털 타임즈, 20100604.

30. 전자책 매출, 종이책 앞질렀다, 중앙일보, 2011.05.23

31. 포털업계, 인터넷 커머스 시동, 디지털 타임즈, 20110208.

32. 한국상품, 온라인 타고 중국공략, 디지털 타임즈, 20100111.

33. 홈플러스 온라인몰 강화…비식품 전문 스타일몰 오픈, 디지털 타임즈, 20110413.

34. 홈플러스, 온라인쇼핑몰 확 키운다, 전자신문, 20100527.

35. 훼미리마트 "편의점에서 인터넷쇼핑 결제", 디지털 타임즈, 20101027.

웹사이트

1. G마켓 (http://www.gmarket.co.kr/)

2. 옥션 (http://www.auction.co.kr/)

3. 11번가 (http://www.11st.co.kr/)

4. 인터파크 (http://www.interpark.com/)

5. 롯데닷컴 (http://www.lotte.com/)

6. CJ오쇼핑 (http://www.cjmall.com/)

7. 티켓몬스터 (http://www.ticketmonster.co.kr/)

8. 쿠팡 (http://www.coupang.com/)

9. 금융감독원 전자공시시스템 (http://dart.fss.or.kr/)

10. 랭키닷컴 (http://www.rankey.com/)

2-8 TV홈쇼핑

부제: TV홈쇼핑 산업의 성장 과정과 향후 전망

01 TV홈쇼핑의 비즈니스 구조와 특성

TV홈쇼핑은 1995년 국내 최초 유료방송인 케이블 TV산업의 도입과 함께 출현했다. TV홈쇼핑은 TV매체를 이용해 상품 정보를 시청자에게 제공하고, 이를 통해 상품을 판매하는 대표적 무점포판매 사업의 하나이다.

전용 채널을 이용한 TV홈쇼핑 사업을 전개하기 위해서는 통신판매 사업자 등록과 함께 방송통신위원회로부터 홈쇼핑채널 사용 사업자 면허를 취득해야 한다. 현재 국내 전문업체는 총6개사로, GS홈쇼핑(구 한국홈쇼핑, LG홈쇼핑)과 CJ오쇼핑(구 삼구쇼핑, CJ39쇼핑)이 1995년에, 현대홈쇼핑, 롯데홈쇼핑(구 우리홈쇼핑), 농수산홈쇼핑이 2000년, 그리고 홈앤쇼핑이 2011년에 각각 면허를 취득해 사업을 전개 중이다.

TV홈쇼핑의 사업은 TV매체를 이용한다는 특성상 시청자 확보가 가장 기본적인 사업 요건이며, 전략적인 상품 소싱, 체계적인 물류시스템, 효율적인 고객 데이터베이스 관리 및 다양한 서비스 제공이 필수적이다.

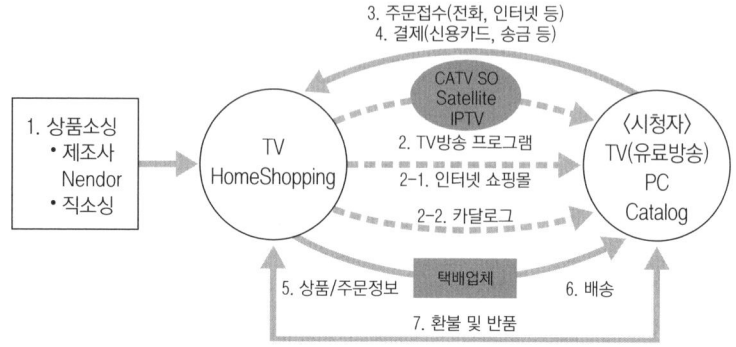

〈표 1〉 TV홈쇼핑의 Business Process

3. 주문접수(전화, 인터넷 등)
4. 결제(신용카드, 송금 등)

CATV SO
Satellite
IPTV

1. 상품소싱
• 제조사
  Nendor
• 직소싱

TV
HomeShopping

2. TV방송 프로그램
2-1. 인터넷 쇼핑몰
2-2. 카달로그

〈시청자〉
TV(유료방송)
PC
Catalog

5. 상품/주문정보   택배업체   6. 배송

7. 환불 및 반품

〈자료: 우리투자증권 리서치센터 정리〉

대부분 소매형태와 마찬가지로 TV홈쇼핑 사업도 계절적 특성이 뚜렷해 일반적으로 연말 효과가 있는 4분기가 최성수기이고, 여름휴가 등으로 방송시청률이 낮아지는 3분기가 최비수기이다.

월드컵, 올림픽 등 지상파 방송의 시청률이 높아지는 이벤트가 백화점과 마트 등 오프라인 소매업태에게 마케팅 기회를 제공하는 반면, TV홈쇼핑에게는 시청점유율 하락에 따른 부정적 영향이 나타나기도 한다.

TV홈쇼핑은 유료방송 매체를 이용해야 한다는 비즈니스 특성상 케이블TV방송국(케이블SO: System Operator), IPTV 및 위성방송 등 유료방송 플랫폼 사업자들에 대한 의존이 불가피하다. 방송산업의 관점에서 TV홈쇼핑 채널 운영은 영화, 스포츠 채널과 마찬가지로 프로그램을 공급하는 프로그램 공급자(PP: Program Provider)의 하나이기 때문이다. 채널 편성과 특히, 유료방송 가입자(시청자) 확보를 통해 프로그램 공급자들의 콘텐츠가 시청자에게 도달할 수 있게 하는 중계자 역할은 플랫폼 사업자들이 수행한다.

한편, TV홈쇼핑 전문업체들의 경우 인터넷 쇼핑몰과 카탈로그 통신판매를 동시에 전개하고 있는데, 이는 상품 주문, 배송 등 비즈니스 인프라를 그대로 활용할 수 있기 때문이다.

02 TV홈쇼핑 산업의 도입과 고도성장(1995~2002년)

GS홈쇼핑과 CJ오쇼핑이 1995년 첫 방송을 개시하면서 국내 TV홈쇼핑 산업(전문업체들의 TV판매액 기준, 전문업체의 인터넷 쇼핑몰 및 카탈로그통신판매 판매액 제외, 인포머셜 미포함)은 2002년까지 연평균 158%의 성장세를 시현하며 업태 도입과 함께 고도성장기를 맞았다.

1995년 44여억 원에 불과했던 시장 규모는 1998년 외환위기에도 불구하고 편의성과 저가격 경쟁력을 바탕으로 2000년 1조 원을 넘어섰고, 2002년에는 3.3조 원으로 확대되었다. 이에 따라 국내 소매시장 점유율(자동차 및 차량용 기름판매 제외한 소매시장 기준)도 2002년 2.2%로 높아졌다.

도입 초기 TV홈쇼핑의 고도 성장은 유료방송인 케이블TV 시청가입자 수 증가에 비례해 나타났다. 1995년 도입과 함께 케이블TV의 시청가구 수는 급증세를 보였는데, 최초 유료방송 매체라는 점과 국내 소비자, 특히 주 고객층인 주부들의 문화적 욕구 증대가 결합된데 기인한다.

케이블TV 도입 2년 만인 1997년 시청가구 수는 250만 가구를 넘어섰다. 외환위기가 있었던 1998년에는 전송망 사업자들의 전송망 구축 지연과 케이블TV 사업자들의 무료 시청가구 축소 등으로 시청가구 수가 일시적으로 감소하기도 했다. 그러나, 1999년 경기 회복과 함께 케이블TV 시청가구 수는 폭발적으로 증가해 2002년 746만 가구, 2003년에는 1,140만 가구를 넘어섰다. 2002년에는 두 번째 유료방송인 위성방송이 출범했으며, 2003년 가입자 수는 약 113만으로 증가했다.

<표 2> TV홈쇼핑의 시장 규모와 소매시장내 M/S 추이

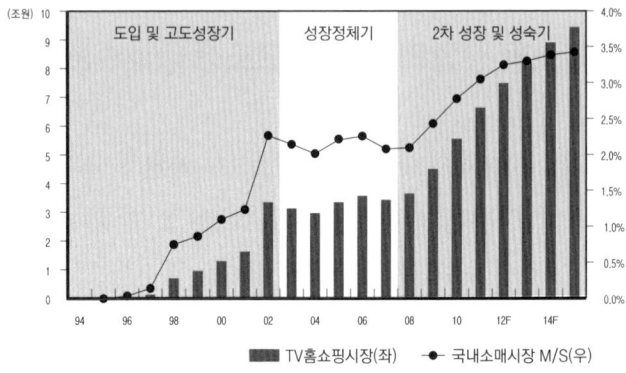

※ 주: TV홈쇼핑 시장은 전문업체들의 TV판매액 기준
〈자료: 통계청, 각 사 사업보고서, 우리투자증권 리서치센터〉

<표 3> TV홈쇼핑의 시장과 케이블TV 시청가구수 추이

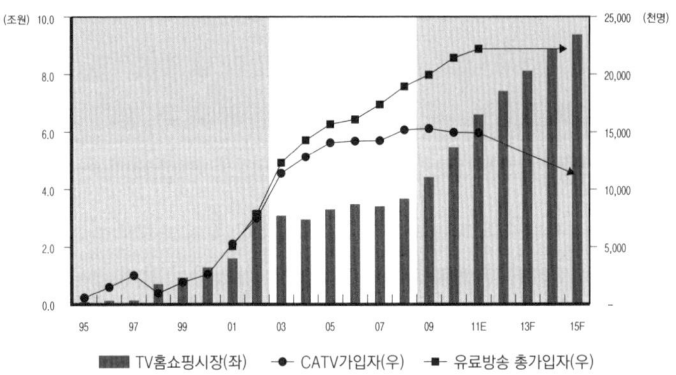

※ 주: 유료방송은 CATV, IPTV 및 위성방송 등을 포함.
〈자료: 방송통신위원회, 각 사 사업보고서, 우리투자증권 리서치센터〉

신규 사업자들의 진입도 시장의 양적 성장에 긍정적으로 작용했다. 2000년 현대홈쇼핑, 우리홈쇼핑(현 롯데홈쇼핑), 농수산방송 등 신규 3사가 새롭게 사업 면허를 취득했으며, 2001년 홈쇼핑 방송 송출을 개시했다. 신규 3사의 시장진입은 경쟁 심화 요인으로 작용했다. 그러나, 다양한 서비스가 도입되기 시작함에 따라 TV홈쇼핑 시장의 양적 성장과 함께 질적 성장에도 중요한 계기가 되었다.

한편, 외환위기 직후 GS홈쇼핑과 CJ오쇼핑은 인터넷 붐을 계기로 인터넷 쇼핑몰을 런칭했다. 마케팅 채널 확대를 통해 성장성을 강화하기 위한 것이었으며, TV홈쇼핑의 상품소싱, 배송 및 결제시스템 등 인프라는 새로운 매체로의 사업 확장을 용이하게 했다.

03 TV홈쇼핑의 변혁기(2003~2008년): 성장정체, 수익성 개선기

TV홈쇼핑 시장은 2003년 이후 변혁기를 맞는다. 업계는 처음으로 성장 정체를 경험하게 되면서 중장기 성장성 회복을 위한 다양한 시도를 행하게 된다. 반면, 업계의 수익성은 오히려 개선되는 시기를 맞는다.

TV홈쇼핑 시장은 2003년 업태 도입 후 처음으로 전년대비 역신장세를 보였으며, 리먼 사태가 발생했던 2008년까지 연평균 1.7% 성장하는 데 그쳤다. 인플레를 감안하면 만 6년 동안 사실상 역신장을 지속한 셈이다.

이와 같은 성장 정체는 2003년 신용카드 버블 붕괴에 따른 내수시장 위축과 케이블TV 시청가구 수 증가세 둔화에 기인한다. 2003~2004년 국내 소매시장은 전년대비 실질 감소세를 보였다. 또한, 고도성장기에 연평균 44.9% 증가세를 보였던 케이블TV 시청가구 수 증가세도 2003년 ~2008년까지 연평균 5.9%로 낮아졌다. 그러나, 케이블TV 시청가구 수는 2008년 1,520만에 달해 사실상 정점에 도달했다.

한편, 2006년에는 IPTV가 도입되어 2008년 가입자가 161만 명, 그리고 위성방송 가입자가 235만에 달하는 등 여타 유료방송 가입자가 증가했다. 그러나, 이들 유료방송 매체는 케이블TV보다 많은 채널 수와 시청률이 높은 지상파 방송 재전송 분쟁 등으로 시청률 분산이 나타나면서 TV홈쇼핑의 판매에는 그다지 영향을 주지 못했다.

이와 같은 성장 정체와 달리 홈쇼핑 업계의 수익성은 2003년을 저점으로 크게 개선되는 추이를 보였다. 고도성장기를 통해 2000년 4.5%까지 상승했던 업계의 영업이익률(홈쇼핑 5개사의 영업이익 합계/5개사의 전체 판매액 합계, 인터넷 및 카탈로그 판매액을 포함)은 2003년 1.4%로 크게 하락했다. 후발 3사의 시장 진입에 따른 경쟁 심화와 신용카드 부실 사태의 여파에 따른 가계소비 약화로 2003년 업계 영업이익은 전년대비 24.5% 감소했다.

2004년에도 TV홈쇼핑 시장의 역신장세가 이어졌으나, 업계의 영업이익은 전년대비 212% 증가하고, 영업이익률도 4.5%로 급상승하는 반전을 맞았다. 2005년에는 내수 회복이 더해지며, 영업이익률은 7.3%까지 높아졌다. 이후 영업이익률은 다소 하락해 최근에는 5~6% 수준을 유지하고 있다.

업계 수익성의 급개선에는 2004년 보험 상품의 도입이 결정적인 영향을 미쳤다. 보험 상품은 원가가 없는 상품이라는 점에서 TV홈쇼핑의 수익성에 크게 기여했으며, TV홈쇼핑 업계의 상품 범위를 유형 상품에서 무형 상품으로 확장시키는 계기가 되었다.

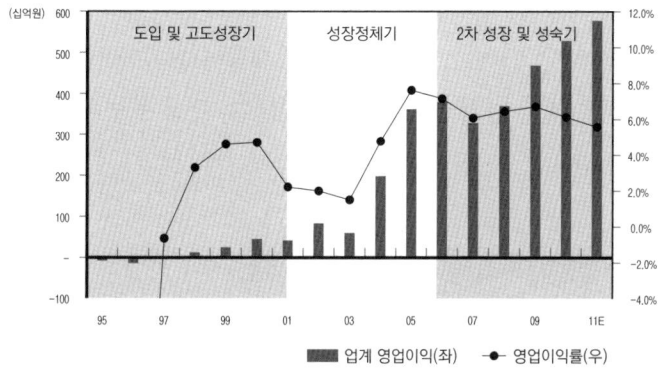

※ 주: 영업이익률은 영업이익의 매체별 분류가 명확하지 않아 5개사 전체의 판매액과 영업이익을 기준으로 함.
〈자료: 각 사 사업보고서, 우리투자증권 리서치센터〉

일반적으로 TV홈쇼핑의 유형 상품 판매수수료율(판매마진)은 약 30%, 영업이익률은 약 6~7% 수준이다. 이에 비해 보험 상품은 판매수수료 자체가 판매액이기 때문에 판매수수료율이 100%이며, 영업이익률도 약 40%에 달한다. 보험 상품 매출의 TV판매액 대비 비중은 7~11%에 불과하나, 보험 상품의 영업이익 기여도는 매우 높은 수준으로, 2007년의 경우 약 50%로 최고치에 달했다.

지속적 증가세를 이어가던 TV홈쇼핑의 보험 매출은 2010년 전년대비 약 25% 감소세를 보였다. 과대 광고와 미흡한 상품 설명, 자필서명 생략 등 불완전판매로 소비자 분쟁이 증가함에 따라 금융감독원의 제재가 가해진데 기인했다. 그러나, 불완전판매 축소와 상품 설계 강화 등을 통해 2011년 홈쇼핑 업계의 보험 상품 판매는 전년대비 약 30% 증가한 것으로 추정된다.

현재 TV홈쇼핑의 보험 상품은 약 95%가 손보 상품으로 의료비 실손

보험, 암보험, 어린이보험, 실버보험 등 월보험료 2~3만원의 저가형 상품이 중심이 되고 있다. 업계는 월보험료가 높은 생보 상품의 판매 확대를 도모하고 있다. 그러나, 비대면 텔레마케팅이라는 한계점으로 생보 상품의 판매 확대는 단기적으로 효과를 거두지 못하고 있어 중장기 과제가 되고 있다.

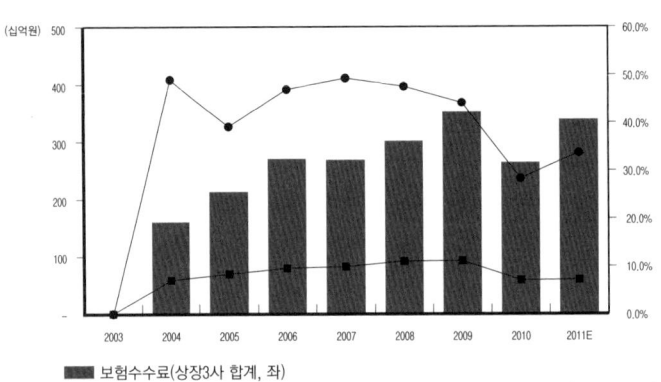

보험수수료(상장3사 합계, 좌)
TV판매액 중 보험수수료 비중(3사 평균, 우) ● 영업이익 중 보험 기여도(3사 평균, 우)

〈자료: 각종 자료에 의거 우리투자증권 리서치센터 작성〉

보험 상품의 성공에 따라 TV홈쇼핑 업계는 2004년 이후 적립식 펀드, 상품권, 항공권, 숙박권 등 다양한 무형 상품을 시도하고 있다. 그러나, 아직까지 보험 상품과 같은 고수익 히트 상품은 발굴하지 못한 상태이다.

한편, 업계는 2000년대 중반 이후 성장 정체를 타개하기 위해 TV홈쇼핑의 매체력 및 상품력 강화에 주력한다. 또한, 해외시장 진출을 시작하는 동시에 인터넷 B2C쇼핑몰 강화와 함께 C2C 오픈마켓 사업에도 진출한다. 여기서는 오픈마켓 사업에 대해서만 살펴보며, B2C쇼핑몰은 뒷

부분(2차 성장기)에서 서술하기로 한다.

2000년 중반 인터넷 쇼핑몰 시장이 C2C 오픈마켓을 중심으로 급성장하면서 선발사인 GS와 CJ는 2005년과 2006년 각각 오픈마켓 사업을 개시한다. 이에 따라 홈쇼핑 업체들의 인터넷 쇼핑몰 사업 비중이 크게 높아져 2007년 상장 3사의 판매액 중 인터넷 쇼핑몰 비중은 약 36%에 달했다.

그러나, 오픈마켓 시장의 극심한 가격 경쟁으로 손익 확보에 어려움을 겪으면서 선발 2개사는 2008년 오픈마켓 사업 철수를 결정한다. 이에 따라 상장 3사의 인터넷 쇼핑몰 비중은 2008년 29.8%로 낮아졌다. 현재 TV홈쇼핑 업체의 B2C 인터넷 쇼핑몰의 판매액 비중은 약 30% 전후 수준을 유지하고 있으며, 인터넷 쇼핑몰의 영업이익률은 1~2%로 TV홈쇼핑에 비해 낮은 수준을 보이고 있다.

〈표 6〉 상장 홈쇼핑 3사의 인터넷 쇼핑몰(B2C & C2C) 비중

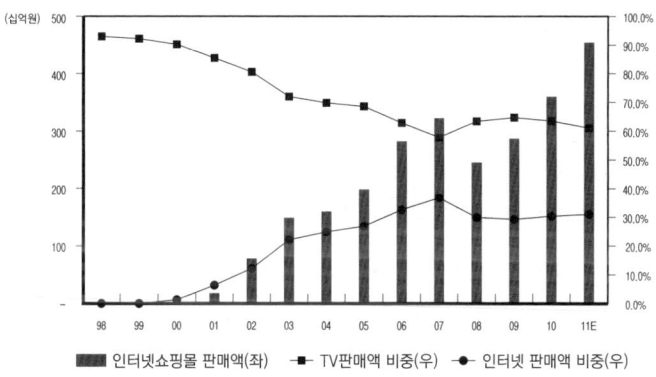

※ 주 : TV판매액 비중과 인터넷 판매액 비중은 상장 3사의 총판매액에서 차지하는 매체별 비중.
　　인터넷 쇼핑몰은 B2C 뿐 아니라 C2C몰을 포함.
〈자료: 각사 인터뷰 및 사업보고서, 우리투자증권 리서치센터〉

04 TV홈쇼핑의 2차 성장기(2009년~현재)

성장 정체로 고전하던 TV홈쇼핑 업계는 리먼사태 이후 성장성을 재차 회복한다. 2009~2011년까지 연평균 성장률은 21.7%로, 변혁기와는 완연히 다른 양상을 보이고 있다. 이와 같은 성장세 회복은 TV홈쇼핑에 대한 소비자들의 이미지 개선, 매체 확장을 통한 가격경쟁력 강화, 마케팅 및 서비스 강화 등 다양한 성장모멘텀 제고 노력에 기인한다.

우선 2007년 롯데홈쇼핑의 출범 이후 업계의 명품을 포함한 패션 및 생활용품의 강화, 백화점과 연계한 마케팅 전개 등은 TV홈쇼핑 채널에 대한 소비자들의 인식을 한단계 상승시켰다. 상품별 판매액 비중에도 변화가 나타나 가전 제품의 비중이 2000년대 중반 40%에서 최근에는 약 20%로 낮아진 반면, 의류/잡화 및 생활용품의 비중은 2000년대 중반 약 40%에서 최근에는 약 60%로 크게 높아졌다.

이와 함께 방송콘텐츠의 변화도 TV홈쇼핑의 인식 변화에 영향을 미쳤다. 과거 판매목적의 상품정보 전달 중심의 방송을 상품과 관련된 생활 정보를 포함시키고, 토크쇼 형식을 접목하는 등 엔터테인먼트적 요소를 강화한 점은 주고객층인 주부층에 크게 어필하고 있다.

또한, 폭 넓고 유연한 상품 믹스도 소비자 유인을 강화하는 배경이 되고 있다. 낮은 재고리스크와 오프라인보다 용이한 상품 믹스 전환을 활용해 TV부문에서는 신상품 투입률을 높이는 한편, 인터넷 쇼핑몰의 확장과 연계해 총취급 품목수를 약 70만 개 이상으로 늘려 선택의 폭을 확대하고 있다.

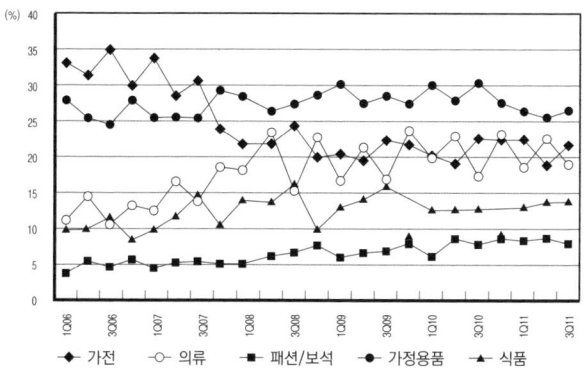

〈표 7〉 TV홈쇼핑 A사의 TV판매액 상품별 비중 추이.

〈자료: 각종 자료에 의거 우리투자증권 리서치센터 작성

특히, 가격경쟁력의 강화가 주목된다. TV 부문에 인터넷 부문을 연계한 절대 외형 확대 효과를 신용카드 제휴 할인과 결합함으로써 주요 상품을 백화점 뿐 아니라 일부 상품은 할인점보다 10~15% 저렴한 가격에 판매하고 있다. 단위 용량이 크고 대량 구매가 가능한 생활 용품의 경우 소비자들은 편의성과 함께 가격매력도가 높아진 TV홈쇼핑을 매력적인 구매 채널로 느낄 수밖에 없다. 배송기간이 최근 2일내로 짧아진 점도 소비자 만족도를 높이는 배경이다.

05 TV홈쇼핑 산업의 문제점: 성장성과 수익구조

현재 TV홈쇼핑 산업은 성장성 회복과 양호한 수익성을 유지하고 있다. 그러나, 향후 성장성과 수익성 측면에서 모두 우려감이 존재한다. 먼저,

성장성 측면에서 중장기적으로 내수시장의 성장잠재력이 낮아지고 있는 점은 기본적인 우려감이다. 더욱이 최근 TV홈쇼핑의 성장세 회복에 마케팅 강화에 의한 가격경쟁력 강화가 영향을 미치고 있는 점은 되짚어볼 필요가 있다. 창고형 할인점, 하드디스카운트 스토어 및 소셜커머스 등 강한 가격경쟁력을 무기로 소비자들의 지지를 얻기 시작한 업태들의 확산은 TV홈쇼핑의 가격 매력도를 떨어뜨리는 요인이 될 수 있기 때문이다.

TV홈쇼핑 시장의 기본적 인프라인 유료방송 가입자 수가 2011년 2,311만으로 사실상 포화에 도달한 점도 부담스럽다. 매체별로 IPTV와 위성방송 가입자 수는 2011년 각각 492만과 326만으로 증가하였으나, TV홈쇼핑 시장이 주로 의존하고 있는 케이블TV 가입자 수는 2009년 1,529만을 정점으로 2011년 1,493만으로 감소하고 있다. 특히, 국내가구수가 2011년 1,494만(E)으로 추산되고 있어 적지 않은 중복 가입자가 있는 점을 감안하면, 향후 유료방송 가입자의 추가 증가는 쉽지 않을 전망이다.

한편, 수익성도 다시 약화되고 있어 지켜볼 필요가 있다. 최근 업계의 영업이익률(전 매체를 모두 포함한 실적 기준)은 5~6%로 양호하나, 2005년 7.3%를 고점으로 하락세에 있다. 제 6 사업자인 홈앤쇼핑의 본격적 사업 전개에 따른 업태내 경쟁 심화와 저가경쟁력을 무기로 성장하고 있는 업태와의 경쟁 심화 등은 향후 수익성에 부정적으로 작용할 수 있다.

특히, 플랫폼 송출수수료는 비용 규모가 크고 지속적으로 인상되고 있어 매우 부담스러운 부분이다. 유료방송채널의 하나인 TV홈쇼핑이 시청자들에게 전송되는 데는 방송플랫폼의 중계가 절대적이다. 더욱이 판매액 증대를 위해 시청자 노출을 높이려면 방송을 프리미엄 채널(시청률이 높은 지상파 방송 사이 채널)에 위치시켜야 한다. 문제는 TV홈쇼핑 업체수가 프리미엄 채널 수보다 많기 때문에 위치 선점 경쟁이 불가피하다는 점이다.

송출수수료는 2001년 후발 3사 진입 후, 특히 2006년 롯데가 우리홈쇼핑 인수를 통해 진입한 이후 급증세에 있다. 2011년 상장 3사의 송출수수료 합계는 전년대비 30% 증가한 약 4,380억 원으로 3사의 영업이익 합계 약 4,065억 원을 넘어섰다. 더욱이 송출수수료는 향후에도 상승할 가능성이 높다. TV홈쇼핑이 절대적으로 의존하고 있는 케이블TV 방송사들(케이블SO: System Operator)도 TV홈쇼핑 의존적 수익 구조를 보유하고 있기 때문이다.

케이블SO 업계의 송출수수료 수입은 2010년 이미 약 4,400억 원으로 업계 영업이익을 넘어섰다. 케이블SO 업계의 영업이익은 최근 수년간 낮은 한자리 증가에 그치고 있는데, 위성방송 등과 경쟁 심화와 디지털 방송 전환 투자비 등 비용 증가에 기인한다. 이에 비해 송출수수료 수입은 2006년 이후 두자릿수 증가세를 유지하고 있다. 현재 케이블SO의 사업 환경을 감안하면, 향후 비용 증가를 TV홈쇼핑에 전가시킬 가능성이 높아 보인다.

〈표 8〉 TV홈쇼핑 상장 3사의 영업이익과 송출수수료

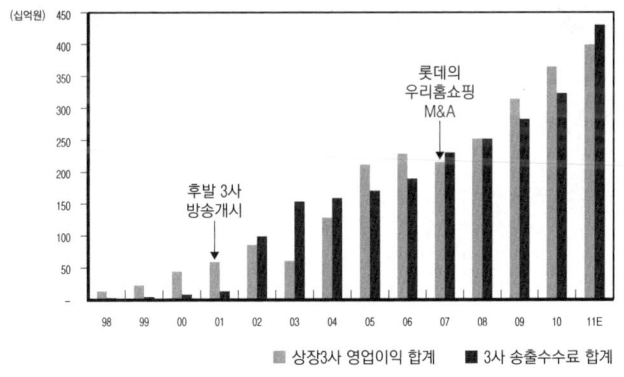

〈자료: 각사 인터뷰 자료, 사업보고서, 우리투자증권 리서치센터 작성〉

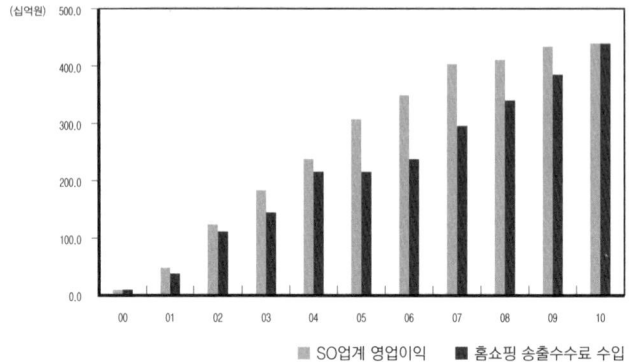

(십억원)

■ SO업계 영업이익　■ 홈쇼핑 송출수수료 수입

〈자료: 방송통신위원회, 한국케이블TV방송협회〉

06 TV홈쇼핑 업계의 성장 전략

국내시장의 경쟁 격화와 중장기 내수시장 포화에 대응해 TV홈쇼핑 업계는 현재 중국을 중심으로 해외 사업을 본격적으로 확대하고 있다. 또한, 2013년 지상파 방송의 디지털 전환이라는 방송환경 변화에 대응해 T커머스 시스템을 강화하는 한편, TV와 연계한 인터넷 쇼핑몰 사업(인터넷 TV쇼핑)도 강화하고 있다.

〈표10〉 국내 TV홈쇼핑의 주요 해외 사업 현황

업체	국가	해외사업 현황

CJ오쇼핑	중국	- 2003.8월 중국 상하이 SMG(Shanghai Media Group)와 합작법인 '둥방CJ' 설립
		  2004.4월 송출 시작 (지분: 설립 초기 49%, 현재 27%)
		• 2008.9월 1일 6시간 생방송, 2010.2월 24시간 방송 시작.
		• 2006년 BEP 달성.
		• 2010년 판매액 7,139억 원, 순이익 402억 원.
		• 2011년 판매액 약 1조 원 상회 추정.
		- 2008.9월 중국 텐진에서 '텐텐CJ' 개국(지분 44%)
		• 2010년 순손실 6억 원
		• 2011년 판매액 약 450억 원 추정. 2012년 BEP 예상
		- 2011.10월 중국 광둥성 SMC(Southern Media Corporation),
		  SMG와 '남방CJ'개국(지분: 23%)
		• 2011년 판매액 100억 원
		• 2014년 판매액 2,500억 원, BEP 목표

	인도	- 2009.9월 스타TV와 합작 법인, '스타CJ' 개국(지분 50%). • 2011년 판매액 약 800억 원 추정. • 2014년 판매액 4,000억 원, BEP 목표
	일본	- 2011.1월 프라임쇼핑 인수, 'CJ프라임쇼핑' 개국
	베트남	- 2011.1월 SCTV와 합작, '베트남 SCJ TV' 개국
	태국	- 2011.11월 GMM Grammy사와 합작투자 합의 • 2012년 상반기 합작 법인 설립, 송출 개시 예정.
GS홈쇼핑	중국	- 2005년 충칭에 독자 법인 설립, 송출 개시 • 2010년 사업 중단, 2011.5월 청산 결정 - 2012.4월 차이나홈쇼핑에 지분 투자(20%) • 북경 중심의 기존 업체, 6천만 가구에 송출 중
	인도	- 2009년 'TV18 HSN홀딩스' 지분 인수(15.3%) • 2010년 순손실 85억 원. 2011년 판매액 약 1,000억 원 추산 • 2014년 판매액 3~4천억 원, BEP 목표
	태국	- 2011년 트루비전과 '트루GS' 설립(지분 35%) • 10월 송출 개시. 2013년 판매액 600억 원, BEP 목표
현대홈쇼핑	중국	- 2003년 중국 광저우 진출. '홍야홈쇼핑' 지분 50% 인수 • 인포머셜 형태로 사업 전개, 2006년 사업 부진으로 철수 - 2011.4월 중국 상하이 '가유홈쇼핑'과 합작법인 설립 (지분: 30%, 계열사 현대그린푸드 5%) • 2011.7월 송출 개시, 3년차 총매출 3천억 원, BEP 목표

〈자료: 각사 인터뷰 자료, 우리투자증권 리서치센터〉

국내 TV홈쇼핑 업계가 해외시장 진출을 시작한 것은 변혁기를 맞았던 2003년, '현대홈쇼핑'이 중국 광저우에 진출하면서 부터이다. 현대홈쇼핑은 현지 업체인 '홍야홈쇼핑'의 지분 인수를 통해 중국 시장에 진출했다. 그러나, 인포머셜 형태의 사업 전개에 따른 한계점과 TV홈쇼핑 시장 형성 미흡에 따른 사업성 부진으로 진출 3년만에 현지 사업을 중단했다.

현대홈쇼핑은 2011년 상하이 현지 업체인 '가유홈쇼핑'과 합작법인 설립을 통해 재차 중국 시장에 진입했다. 현대홈쇼핑은 현지법인을 3년 내 외형 3천억 원 규모로 키운다는 목표이며, 향후 인도 등 여타 지역으로 사업 영역을 확대한다는 계획이다.

현재 해외 사업에서 가장 성공을 거두고 있는 업체는 'CJ오쇼핑'이다. 동사는 중국 상하이 지역에서의 성공을 바탕으로 톈진, 광저우 등 중국 내 사업 영역을 확대하고 있는 한편, 인도, 일본, 베트남 등 글로벌화를 본격화하고 있다. 해외 판매액은 2011년 약 1.1조 원으로 추산되며, 2013년에는 약 3조 원에 달할 것으로 예상된다.

대표적 성공 사례인 '둥방CJ'는 2004년 초 개국 후 3년만인 2006년 손익분기점을 돌파했으며, 2012년에는 국내 업체의 현지 사업체 중 최초로 판매액 1조 원을 넘어설 것으로 예상된다. 현재 둥방CJ는 중국내 1위 업체이다. 미국의 QVC나 HSN이 딱딱한 상품 설명에 그치고 있는 반면, 엔터테인먼트 요소를 감안해 비쥬얼적 이미지를 가미한 점이 경쟁력으로 꼽히고 있다.

CJ오쇼핑은 2008년 중국 톈진에 두 번째 채널인 '텐텐CJ'을 개국했으며, 현재 톈진 시장점유율 약 70%를 점하고 있는 것으로 파악된다. 또한, 2011년에는 광저우 지역에 '남방CJ'를 개국 하는 등 중국 전역으로 사업 망을 확장해 가고 있다.

CJ오쇼핑이 중국에 이어 주력하고 있는 시장은 인도이다. 2009년 스타TV와 '스타CJ'를 설립해 인포머셜 형태로 사업을 개시했으며, 2010년 8월에는 전용 채널을 승인 받아 홈쇼핑 사업을 본격적으로 확대하고 있다. 스타CJ는 2014년 판매액 4천억 원과 BEP 달성을 목표로 하고 있다.

이외에도 CJ오쇼핑은 2010년 초 '프라임쇼핑'을 인수해 아시아 대표적 소매시장인 일본에 진출했으며, 2011년 7월에는 베트남 최초 홈쇼핑 업체인 'SCJ TV'를 설립했다. 동사는 2012년 이후에도 아시아 주요 지역을 중심으로 한 글로벌 사업망을 확대한다는 계획이다.

GS홈쇼핑은 2005년 중국 충칭에 단독 법인을 설립하며 해외사업을 개시했다. 그러나, 현지 파트너인 충칭TV와의 송출 갈등으로 2010년 사업을 중단했다. 2012년 4월에는 현지 업체인 '차이나홈쇼핑'의 지분 인수(20%)를 통해 중국 사업 확장을 재차 도모중이다. 이외에 2009년 인도 시장, 2011년 태국 시장 등에 진입했으며, 2013~2014년 중 해외 사업에서 BEP를 달성한다는 목표이다.

또한, TV홈쇼핑 업계는 디지털방송 환경 전환에 대응해 T커머스 시스템을 강화하는 동시에 이와 연계한 인터넷 쇼핑몰 사업도 강화하고 있다. 홈쇼핑 업계의 T커머스는 2005년 방송통신위원회(당시 방송위원회)의 T커머스 사업자 승인과 함께 시작되었다. 만 5년이 지났으나, 2011년 현재 홈쇼핑 업체들의 판매액 중 T커머스(독립형 T커머스, TV홈쇼핑 방송 중 리모컨을 이용한 상품 주문, 결제 형태)의 판매액은 각 사별로 아직 연간 2~3백억 원, 그 비중은 약 1%에 불과하다.

그러나, 현재 케이블TV의 디지털 가입자가 약 4백만(디지털 전환율 26%)으로 증가했고, 2013년 지상파 방송의 디지털 송출이 개시되면 케이블TV 아날로그 가입자(1,114만)의 디지털 전환이 빠르게 진전될 전망이다.

시청자들은 디지털방송 환경에 적응해 갈 것이며, 현재 독립형 T커머스가 연동형(드라마 등 콘텐츠에 커머스 연계)으로 진화함에 따라 소비자들의 이용도도 높아질 것으로 기대한다.

T커머스가 방송과 통신의 융합에 따른 사업 영역임을 감안하면, 2011년 현재 약 29조 원으로 추산되는 인터넷 쇼핑몰 시장의 일부를 향후 흡수해 갈 수 있을 전망이다. 한국전자통신연구원에 따르면, T커머스 시장이 궤도에 오르는 경우 만 5년차에 1.15~2.77조 원의 시장을 형성할 수 있을 것으로 예상된 바 있다.

<그림 1> 국내 TV홈쇼핑 A사의 인터넷 TV쇼핑 화면

TV홈쇼핑 A사의 웹페이지

이와 함께 홈쇼핑 업체들은 인터넷 쇼핑몰의 차별화 포인트를 강화해 간다는 방침이다. 홈쇼핑 업체들의 인터넷 쇼핑몰은 TV 생방송(인터넷 TV쇼핑)과 동영상 비디오 클립을 포함하고 있어 평면적 상품정보 전달 방식으로 구성된 일반 인터넷 쇼핑몰과는 차별화되어 있다.

인터넷 TV쇼핑은 2000년대 초반 GS홈쇼핑이 처음 도입했으며, 현재는 모든 홈쇼핑 업체들이 인터넷 TV쇼핑을 운영 중에 있다. 인터넷 TV쇼핑은 TV홈쇼핑 상품을 주축으로 구성되어 있으며, 연간 판매액은 각 사별로 평균 약 2천억 원, 인터넷 쇼핑몰 판매액의 약 25%를 차지하고 있다.

인터넷 TV쇼핑의 영업이익률은 약 8%로 매우 양호하다. 홈쇼핑 업체들의 인터넷 쇼핑몰 영업이익률이 전반적으로 1~2%에 그치고 있는 점을 감안하면, 인터넷 TV쇼핑은 인터넷 쇼핑몰 전체의 수익성 개선에 매우 의미있는 부문이 될 수 있다. 인터넷 TV쇼핑은 TV홈쇼핑 업계에 커다란 부담 요인인 플랫폼 송출 수수료가 없으며, 스마트TV의 등장이 인터넷TV 쇼핑을 활성화시키는 새로운 플랫폼으로 작용할 가능성도 존재한다. TV홈쇼핑만큼 콜센타가 필요하지 않다는 장점도 보유하고 있다. 중장기적으로 그 성장 여부를 주목해 볼 만하다.

참고문헌

1. GS홈쇼핑, [사업보고서], 2001.3~2011.3
2. CJ오쇼핑, [사업보고서], 2001.3~2011.3
3. 현대홈쇼핑, [사업보고서], 2011.3
4. 박 진, "유통, 소비모멘텀 약화 가능성에 대비해야…!", 우리투자증권, 2011. 11.
5. 박 진, "유통, 이어지는 飛上, 모멘텀은 살아있다!", 우리투자증권, 2010.11
6. 박 진, "유통업, 날다! 돌을 이고 날다!", 우리투자증권, 2009.11
7. 박 진, "유통업, 三年不蜚不鳴!, 1Q08년이 단기 고점일 가능성", 우리투자증권, 2008.5
8. 박 진, "홈쇼핑(유통업), 더 이상 나쁠 수도 없다!", 우리투자증권, 2006.7
9. 김진혁, "TV홈쇼핑으 신성장동력, T-커머스", 삼성경제연구소, 2006.1
10. 박 진, "홈쇼핑(소매업), 홈쇼핑에 대한 기우-축소되는 Multiple discount 요인들!", LG투자증권, 2005.3
11. 박 진, "홈쇼핑(소매업), 홈쇼핑 again!-강화된 이익모멘텀", LG투자증권, 2004.11
12. 박 진, "유통업, 추락하는 것은… 날개가 있다!", LG투자증권, 2002.11
13. Korea Retail Forum, [Korea's Retail Industry in the New Millennium], KCCI, 2003. 9

2-9 Social Media와 유통

01 소셜미디어(Social Media)란 무엇이며 왜 중요한가

최근 온라인쇼핑분야의 가장 큰 이슈는 이른바 '소셜커머스' 시장의 급성장이라고 할 수 있다. 국내 첫 소셜커머스 업체인 위폰이 2010년 2월 설립된 지 불과 2년밖에 지나지 않은 2012년 중반 시점에 500여 개 가까운 업체들이 치열한 경쟁을 벌이면서 2012년 추정 거래규모 2조 원의 시장을 형성하고 있다.

소셜커머스라는 새로운 유통업태가 등장한 지 불과 2년 만에 이처럼 급격한 외형성장을 이루게 된 데는 트위터나 카페, 페이스북과 같은 소셜미디어의 힘이 매우 크게 작용하였다.

위키피디아에 따르면 소셜미디어란 인터넷상에서 사용자간의 상호작용과 대화를 통해 사용자 생성 콘텐츠(User-Generated Content)의 생성과 교환을 촉진하는 웹 혹은 모바일 기반의 어플리케이션을 의미한다. 소셜미디어는 흔히 우리가 생각하는 트위터나 페이스북, 싸이월드미니홈피와 같은 SNS(Social Networking Service)뿐만 아니라 사용자 간에 상호작용과 콘텐츠생성이 일어나는 모든 형태를 포함하므로 여기에는 온라인포럼·커뮤니티, 블로그, 위키게시판, 팟캐스트, 사진·동영상공유, 소셜북마크, 그리고 위키피디어와 같은 협업프로젝트, 리니지와 같은 온라인·소셜게임까지도 포함하는 매우 광범위한 활동을 포함한다.

〈그림 1〉 소셜커머스 대표업체 티켓몬스터(http://www.ticketmonster.co.kr/)

인터넷이 본격적으로 확산된 지 10여 년이 넘은 지금 시점에서 우리가 소셜미디어에 새삼 주목해야 하는 이유는 사회구조 및 산업·시장에 미치는 엄청난 영향력 때문이다. 소셜미디어의 영향력은 이용자 수 및 이용시간과 같은 양적인 측면, 그리고 신뢰성이나 영향력과 같은 질적인 측면의 두 측면에서 살펴볼 수 있다.

먼저 양적인 측면에서 보면 과거의 웹사이트, 이메일과 같은 1세대 인터넷 도구/서비스와는 달리 소셜미디어는 사용자의 개인적인 맥락과 연결되어 있어, 일상적인 사용자 수가 급속하게 늘고 있으며, 그 사용시간이나 사용비중 또한, 꾸준히 증가하고 있다. 소셜미디어의 대표적인 서비스인 페이스북(Facebook)의 경우 2011년 9월로 가입자가 8억 명을 넘어섰고 하루 접속자가 5억 명을 넘어선 상태이다. 이제 페이스북은 과거의 포털사이트를 대체하면서 인터넷 그 자체를 의미하게 되었다는 이야기도 들리고 있다.

소셜미디어는 또한 질적인 차원에서도 정보의 다양성, 신속성, 전문성 그리고 신뢰성에서 매우 뛰어나 소비자의 의사결정과 구매행동에 큰 영향을 미친다. 인터넷상에서 다양한 관점과 의견을 가진 소비자들이 자유롭게 개방적으로 정보와 의견을 제시하기 때문에 어느 매체/공간보다도 소셜미디어는 개성 넘치면서도 다양한 입장과 가치관이 조화를 이루는 다양성을 보이고 있다. 또한, 수많은 사용자들이 저마다 정확하고 빠른 정보를 전달하고자 하는 선의의 경쟁을 통해 매우 빠르게 정보가 유통되고 공유되어지므로 신속성에서 뛰어나다. 뿐만 아니라 개개인의 소비자들은 자신이 전문성을 가지고 있는 분야의 정보와 지식, 경험을 가지고 참여하기 때문에 이들이 작성하는 콘텐츠는 매우 전문성이 뛰어나게 된다. 무엇보다도 소셜미디어에 참여하고 있는 사용자들은 기업이나 브랜드로부터 영향받은 일이 없이 자신의 생각과 의견을 피력할 수 있으며, 기업으로부터 오염되지 않은, 믿을 수 있는 정보를 게재하므로 신뢰성이 높은 특징을 보인다.

이러한 소셜미디어의 영향력은 과거 기업이 주도하였던 마케팅과 유통구조를 무너트리고, 기업-소비자 관계를 고객주도형 마케팅 패러다임으로 진화시키는 구조적인 동력으로 작용하고 있다. 고객주도형 마케팅에서는 고객은 기업의 파트너이며 협업자로서의 역할을 수행하게 되며, 광고나 유통과 같은 전통적인 수단보다도 고객 커뮤니티나 소셜미디어

와 같은 새로운 형태의 접점이 핵심 마케팅 수단으로서의 역할을 하게
될 것으로 예상된다.

〈표1〉 기업주도형마케팅 vs. 고객주도형 마케팅

	기업주도형 마케팅	고객주도형 마케팅
마케팅의 주체	기업	고객-기업
소비자/고객의 위상	구매자	협업자/파트너
경쟁우위	제품력	진정성
중심 마케팅 수단	광고/홍보, 유통망	커뮤니티/소셜미디어
핵심 자원	기술과 판매망	고객의 지지와 후원
고객대응	CRM	CEM/현장중시

2) 소셜미디어는 유통에 어떤 영향을 미치고 있는가 ?

소셜미디어에 의해 마케팅 패러다임이 고객중심으로 이동하면서 과거
의 유통과 마케팅의 모습 또한, 크게 변화할 조짐을 보이고 있다. 소셜미
디어가 상품정보의 교환통로로 활용되면서 제품구매에 절대적인 영향
력을 행사하고 있으며, 유통 판매를 위한 지원도구 혹은 판매의 직접적
인 수단으로서도 적극적으로 활용되고 있다. 앞의 소셜커머스의 사례에
서 보았듯이 소셜미디어가 유통과 결합하여 소셜미디어 기반의 새로운
유통형태도 등장하고 있다. 나아가서 소비자간 연결망을 기반으로 한
새로운 시장구조로서 공유경제(Sharing Economy)를 만들어내고 있다.

유통/소매가 인터넷이나 소셜미디어 내의 소비자간 정보공유에 의해
간접적으로 영향을 받게 된 것은 이미 오래전부터이다. 더구나 최근에
는 스마트폰과 같은 실시간 정보검색과 공유를 촉진하는 기기의 보급으

로 사용자간의 정보공유, 인터넷상의 정보검색이 보다 빈번해졌고 이는 구매결정, 브랜드결정, 구매장소 및 시점결정과 같이 유통/소매업에 관련된 의사결정에 큰 영향을 미치고 있다.

보다 직접적으로 기업이 보다 적극적으로 소셜미디어를 유통지원의 도구 혹은 판매의 도구로 적극 활용하는 경우도 크게 늘고 있다. 소셜미디어내에서 오고가는 제품이나 점포에 대한 정보를 오프라인 매장에서의 POP문구나 매체광고 문구로 활용하는가 하면, 트위터를 활용하여 고객문의에 대응하거나 집객도구로 활용하기도 하고 심지어는 매장내 결품여부를 직접 제조업체에 신고하도록 함으로서 소비자를 현장직원으로 참여시키는 데 사용하기도 한다.

나아가서 아예 소셜미디어를 새로운 판매경로/접점으로 적극 활용하는 경우도 다양하게 등장하고 있다. 카페나 커뮤니티를 통한 공동구매는 인터넷 초창기부터 활성화 되어왔으며, 최근 확산되고 있는 트위터나 페이스북도 새로운 판매창구로서 활용되고 있다. 트위터를 이용해서 재고품 판매를 하거나 항공사나 호텔과 같은 서비스업계가 페이스북에 직접 예약페이지를 운영하기도 한다.

소셜미디어를 통해 여러 사용자가 제품의 가치에 동시에 접근할 수 있게 됨으로서 "공유"가 가능해졌고 이는 Peer-to-Peer소비 나아가서 공유경제라는 새로운 경제 패러다임을 만들어냄으로서 기존의 산업과 시장질서를 대체하는 대안을 만들어내고 있기도 하다.

앞에서 언급된 소셜미디어가 유통에 미치는 영향들을 그 유형별로 정리해보면 다음 표와 같다.

차원			내용	사례
미시적 차원 (유통관리 및 소매경영)	간접적		제품/매장관련 정보공유	업종/제품별 Cafe
	직접적	지원	소셜미디어내 콘텐츠활용	Loblaw, Walmart
			고객대응	BestBuy
			고객참여	Hippo, MUJI
		판매 도구	공동구매	맘스홀릭베이비 카페
			신업태/플랫폼	Groupon, 티켓몬스터
			직접판매경로	Dell, Hilton, P&G
거시적차원 (시장구조)			프로슈머경제 공유경제	Tanomi, Quirky Zipcar, AirBnB

이제 위의 각 유형별로 보다 상세한 내용과 주요 사례들을 살펴보기로 하자.

03 소셜미디어를 통한 정보공유와 유통/소매
(미시적/간접적 차원의 영향)

과거 소비자는 제품이나 매장에 대한 정보를 입수하는데 있어 기업제공 정보에 크게 의존하여 왔다. 주변의 몇몇 지인 이외에는 이러한 정보를 입수할 마땅한 수단이 없었으므로 광고와 홍보기사 정보가 주요 정보입수 원천이었고 구매시점에서는 매장에서 면담하는 기업의 판매원의 영향력이 절대적이었다. 특히 전문적인 정보를 필요로 하는 고관여 제품의 경우에는 전문지식으로 무장한 매장 판매원의 추천은 소비자가 무시하지 못할 중요한 정보원천이었다.

그러나 이제 소셜미디어를 통해 보다 전문적인 정보를 쉽게 입수할 수 있게 된 소비자들은 기업이 제공하는 정보의 신뢰성에 의문을 제기하면서 이를 외면하게 되었으며, 매장내 판매원에 대한 의존도도 크게 낮아지게 되었다.

세계적인 조사회사 닐슨(Nielsen)이 2009년 전 세계의 소비자를 대상으로 한 조사에 따르면, 가장 믿을 수 있는 정보원천이 '지인으로부터의 추천'이라는 응답이 가장 많았으며, 그 다음으로는 '인터넷상에 게시되는 소비자의견', '브랜드 웹사이트' 등의 순서로 나타난 바 있다. 즉 이제 소비자들은 더 이상 기업이 제공하는 일방적인 정보에 의해서만 제품/브랜드를 구매하고 소비하지 않으며, 가까운 친지/지인 그리고 인터넷상의 다른 소비자와의 정보공유를 적극 활용하고 있다.

최근 여러 연구사례를 보더라도 소셜미디어가 구매에 큰 영향을 미치는 것으로 나타나고 있다. eMarketer의 조사에 따르면 트위터 사용자의 50%이상이 자신이 구독(follow)하고 있는 브랜드를 구입하는 경향이 있었으며, USA Today에 따르면 코카콜라 페이스북 팬은 팬이 아닌 사용자보다 제품소비량은 2배, 제품구매의향은 10배가 넘는 것으로 나타났다. 또한, Chadwick Martin Bailey사의 보고서에 따르면 브랜드트위터 구독자(follower)의 60%는 친구에게 자신이 구독하고 있는 브랜드를 추천하는 경향이 있으며, 50%는 해당 브랜드를 구입하는 경향이 있다고 한다. 일본 최대의 광고대행사 덴쯔가 2011년 중반에 조사한 소셜미디어 연구결과에서는 소셜미디어상의 입소문에 의해 구매에 영향을 받는 소비자는 전체의 40%에 이르고 있으며, 전문가의 발언보다도 주변의 친구/지인의 이야기에 구매가 더 많이 좌우되고 있음이 밝혀졌다.

이러한 조사결과는 기업이 전통적으로 활용해왔던 광고접점 혹은 매장접점의 비용대비 효과에 의문점을 갖게 만들고 있으며, 기존 유통경로관리 및 매장관리방식의 혁신과 변화를 요구하는 힘으로 작용하고 있다.

04 소셜미디어를 유통/판매의 도구로서 활용
(미시적/직접적 차원의 영향)

소셜미디어의 잠재력과 영향력을 일찍이 간파한 기업들은 이를 다양한 형태로 기존의 유통/판매에 결합시킴으로서 기존 유통/판매 활성화를 위한 강력한 도구로서 활용하기 시작하였다.

1) 유통 및 소매판매의 지원도구로서 활용

소셜미디어내에서 생성되는 소비자의 사용후기, 상품평은 브랜드홍보와 판매촉진을 위한 효과적인 도구로 활용될 수 있다. 캐나다의 소매업체인 Loblaw는 자체 상표인 PresidentChoice를 판매하면서 고객관리차원에서 Loyalist Club이라는 Online Membership Club을 운영하고 있는데, PresidentChoice상품을 구매한 고객들이 여기에 대한 상품평가/사용후기를 올리면, Loblaw는 그 내용중에서 좋은 내용을 골라 오프라인 상품의 POP, 전단, 행사이벤트에 사용하여 큰 효과를 보았다. 일본의 드럭스토어 매장에서는 화장품 바코드를 스캔하면 온라인상에서 소비자들이 해당제품에 대해 어떻게 이야기하는 지를 실시간으로 검색할 수 있도록 하여 제품에 대한 구매의향을 실제구매로 연결시키는 시스템을 운영하고 있기도 하다.

월마트는 보다 높은 수준에서 소셜미디어와 쇼핑의 접목을 시도하고 있다. 회사 차원에서 소셜 네트워킹 사이트를 통해 트렌드 정보를 분석하고 이를 경영과 매장관리에 적용하는 실험을 진행중이다. 예를 들어 위스콘신의 소비자들이 언제 수퍼볼이나 대학축구에 대해 언급하는지를 파악함으로서 위스콘신내의 매장에 관련 상품을 언제부터 배치할지를 결정한다든지, 소비자들이 어떤 시기에 어떤 타입의 장난감에 대해 이야기하는지를 탐색함으로써, 장난간 제조 시점과 배열 시점에 대해 보다 정확한 결정을 내릴 수 있도록 하는 체제를 갖추려고 하고 있다.

일본의 Mujirushi Youhin(無印良品)은 인터넷상에서 자신만의 진열장을 만들고 여기에 자신이 마음에 드는 책, CD/DVD등을 진열하여 즐기는 소셜게임 'MUJI LIFE'를 제공하고 있다. MUJI LIFE는 페이스북이나 트위커, 믹시 중 어느 하나의 계정이 있으면 참여가능한데 자신만의 진열장에 MUJI의 아이템들이나 책, CD등을 진열하여 즐기면서 친구에게 자랑하거나 친구에게 아이템을 선물할 수 있다. MUJI LIFE는 소셜커머스 사이트인 my MUJI와 연동되어 후기/댓글에 따라 사은품이나 포인트를 획득할 수 있기도 하다. MUJI는 이러한 소셜게임서비스를 통해 고객과의 관계를 강화하는 한편 고객의 취향이나 라이프스타일에 대한 심층정보를 획득하여 상품기획이나 마케팅에 활용한다고 한다.

소셜미디어를 상품구색결정, 매장관리나 고객지원에 보다 직접적으로 활용하는 사례도 다양하게 나타나고 있다. 미국 피츠버그에 본사를 둔 Modcloth 여성의류 쇼핑몰에서는 Be the buyer 카테고리를 별도로 운영하고 있는데 여기서는 Modcloth가 판매할 제품들에 대해 고객들에게 의견을 제시하고 투표할 수 있도록 만들어 놓았다. 즉, 기업이 판매할 제품을 기업이 선택하는 것이 아니라, 선택할 권한을 고객들에게 주어서 고객들의 참여와 호응을 통해 팔리는 상품의 선별 뿐만 아니라 홍보까지도 자연스럽게 이루어지도록 하고 있다. 인도의 제과브랜드인 Hippo사는 소비자들로 하여금 거주지 주변의 매장에 자신들의 제품이 결품된 경우 트위터로 알리도록 함으로서 수많은 매장의 결품 여부체크와 신속한 보충을 하는 데 이용하고 있다. 소셜미디어의 소비자 참여를 통해 전국에 산재한 수많은 매장의 재고관리 문제를 단번에 해결한 재미있는 사례라고 할 수 있다.

미국 베스트바이 가전양판점 체인은 2009년 7월부터 Twelpforce라는 트위터 부대를 활용하여 고객의 문의와 요청, A/S에 대응하고 있다. 소비자는 트위터를 이용해서 자신이 겪고 있는 서비스 문제 및 기술과 관련한 질문을 @twelpforce로 보내고, 실시간으로 답변을 얻을 수 있는데, 여기에는 3,000명 가량의 베스트바이 직원들이 참여하여 고객 서비스 및 기술상의 문제들을 처리해주고 있다. 출범한 지 일 년이 채 되지 않은 시점까지(2010년 2월 기준) 트웰프포스는 트위터상에서 2만 8천 건에 이르는 고객 질문을 처리하여 고객 만족도는 물론 브랜드 인지도 제고와 매출 증대에 큰 효과를 보았다고 한다.

〈그림 2〉 Bestbuy Twelpforce 트위터(https://twitter.com/twelpforce)

2) 소셜미디어를 새로운 유통경로 및 판매도구로서 활용

한 발 더 나아가서 아예 소셜미디어를 새로운 유통경로 및 직접적인 판매도구로 활용하는 기업들도 증가하고 있다.

소셜미디어 기반 판매의 원형이라고 할 수 있는 공동구매는 이미 오래전부터 파워블로그나 카페/커뮤니티를 통해 진행되어 왔으며, 이는 특히 인지도가 낮은 중소기업이나 하위브랜드가 제품력이 있는 상품을 효과적으로 홍보하고 판매하는 경로로서 톡톡히 역할을 수행하고 있다.

소셜미디어내의 확산구조를 기반으로 저렴한 제품을 홍보 혹은 판매하는 소셜커머스(Social Commerce)는 소셜미디어 기반의 새로운 유통업태/판매경로의 대표적인 사례이다. 소셜미디어 및 온라인 미디어를 연계하여 소비자의 인맥을 마케팅이나 제품판매에 활용하는 형태의 e-커머스는 과거의 공동구매형태와는 달리 트위터나 페이스북과 같은 소셜네트워킹서비스와 주로 결합함으로써 실시간성과 확산성을 띠는 것이 특징이다. 또한, 공급자와 소비자가 1:1 방식이 아닌, 1:多의 구매방식으로 거래를 하게되고, 소비자의 관심과 참여가 거래의 성사는 물론 가격에까지 영향을 미치며, 소비자간의 활발한 커뮤니케이션과 의견교환이 제품의 품질과 A/S 와 같은 고객서비스 까지 영향력을 행사하게 된다.

소셜커머스는 우리나라에서 가장 보편적인 할인 공동구매 유형 뿐만 아니라 쇼핑 관련 지식을 공유하고 온라인에서 오프라인으로까지 확장하는 유형까지 다양한 형태를 띠고 있으며, 이들 모두 기업의 새로운 유통경로 혹은 판매채널로서의 잠재력과 가능성을 지니고 있다고 할 수 있다.

〈표 3〉 소셜커머스 유형별 특성 비교(김윤화, 2011)

유형	대표적인 업체	'Social' 특성	'Social' 수준
플래쉬 세일 (Flash Sale)	Vente-Privee	Drive member-get-member referrals	●
그룹 바이 (Group-Buy)	Groupon(그루폰), 티켓몬스터, 쿠팡, 위메프 등 국내 업체 대다수	SNS를 통한 구전효과	●
소셜 쇼핑 (Social Shopping)	Polyvore, Kaboodle, Lockerz	쇼핑 정보 포털	●●◐
소셜 쇼핑 앱스 (Social Shopping Apps)	ShopKick, Stickybits	스마트폰 앱을 통해 쇼핑을 온라인에서 오프라인까지 확장	●●●
퍼췌이스 쉐어링 (Purchase Sharing)	Blippy, Swipely	신용카드 결제 정보를 바탕으로 타겟 마케팅 가능	●●●
퍼스널 쇼퍼 (Personal Shopper)	GoTryItOn	쇼핑 관련 커뮤니티	●●◐

위와 같은 새로운 업태나 경로를 활용하는 것에 머무르지 않고 기업들이 직접 소셜미디어를 통해 제품을 판매하거나 새로운 유통경로를 개척하기도 한다. 특히 트위터는 중소기업이나 자영업에게 매우 효과적인 집객 및 판매도구로서 적극 활용되고 있다. 최근 우리나라에서 가장 많은 구독자(Follower)를 보유하고 있는 소설가 이외수씨가 자신의 트위터에 '이외수가 사는 화천 다목리 해발 700고지에서 재배한 배추, 양념과 절임이 대박입니다.'라는 글을 다목리 이장의 전화번호와 함께 올리자 순식간에 이 내용이 트위터에 퍼지면서 주문이 폭주했다고 한다. 열흘 동안 화천 다목리 영농조합법인이 판매한 배추는 무려 15t, 판매수익만 2200여만 원에 달했다. 컴퓨터업체인 델(Dell)은 트위터를 사용한 제품판매의 선구자격인 기업이다. 일찍이 2006년 델은 트위터 @DellOutlet 계정을 통해 재고제품 정보를 알리고 할인 쿠폰을 제공했는데, 특별한 판촉비용

을 들이지 않고도 창고에 쌓여있던 재고제품을 처분하여 300만 달러가 넘는 매출을 올린 바 있다. 일본의 Mujirushi Youhin도 2009년부터 트위터를 운영하기 시작하였으며 2010년 2월에는 구독자를 대상으로 한 웹상의 타임세일을 전개하였다. 트위터상으로만 공지하였는데도 불구하고 4시간 동안의 반짝세일기간 동안 6,400명이상이 방문하고 10%이상의 높은 전환율(방문자대비 구매율)을 보였다고 한다.

최근에는 페이스북의 사용자가 급증하면서 기업들이 페이스북 안에 브랜드 페이지를 구축하고 나아가서 직접 구매 및 예약할 수 있도록 플러그인을 설치하는 경우도 늘고 있다. P&G의 Tide세제는 페이스북 내 브랜드 페이지에 Tide를 구매할 수 있는 쇼핑몰 링크를 바로 연결하여 브랜드 페이지에 놀러온 고객들이 손쉽게 제품을 구매할 수 있도록 하고 있다. 일본 내 대표적인 온라인쇼핑몰인 야후쇼핑은 페이스북 내에서 야후쇼핑 내 판매상품을 소개할 수 있는 페이스북 어플리케이션을 제공하기 시작하였는데 이를 통해 야후쇼핑 입점업체들을 보다 효과적으로 페이스북 내에서 상품평 정보수집이나 프로모션을 진행할 수 있게 되었다.

호텔이나 항공사들도 페이스북 내에서 직접 예약할 수 있도록 환경을 제공하고 있다. Hilton호텔이나 Easy Jet과 같은 선두업체들은 페이스북 브랜드 페이지 내에서 방문고객들이 직접 호텔방이나 항공편을 편리하게 예약할 수 있는 서비스를 제공하여 매출증대를 도모하고 있다.

〈그림 3〉 직접 예약이 가능한 Hilton Hotel의 Facebook 페이지(http://www.facebook.com/hilton)

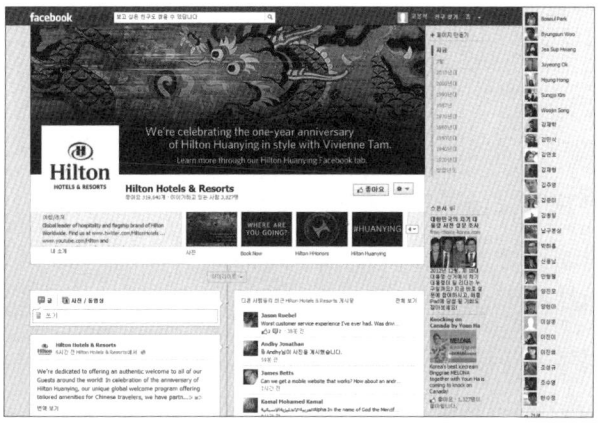

05 산업과 시장구조를 바꾸는 소셜미디어
(거시적 차원의 영향)

나아가서 소셜미디어는 단순히 이러한 도구나 접점형태에만 영향을 미치는 것이 아니라 거시적인 차원에서 산업과 시장구조의 변화까지 초래하고 있다. 정보력을 갖춘 소비자가 적극적으로 프로슈머(Prosumer)로서 활동하게 되면서 이른바 Social Product Design 즉, 사용자 참여에 의한 제품개발, 디자인, 영업/판매가 확산되고 있다. 일본의 Cuusoo.com, 미국의 Quirky.com이 모두 소비자들이 제공하는 아이디어를 토대로 소비자의 평가와 선택과정을 거치면서 이를 상품화하는 과정을 도입하고 있다.

소셜미디어가 산업과 시장구조에 미치는 영향으로 가장 큰 이슈는 바로 공유형 경제(Sharing Economy)의 확산을 들 수 있다.

인터넷/모바일/소셜미디어를 통해 실시간으로 여러 사용자가 그 가치에 접근할 수 있게 됨으로서 "공유"가 가능해졌으며, 이는 Peer-to-Peer 소비형태를 만들어낸다. 소셜미디어를 통한 소비자간 연결을 통해 제품의 소유가 아니라 사용이 보다 원활해지는 시장구조가 만들어지는 것이다. 이미 미국에는 인터넷 사용자 간의 연결 즉, Social Network를 기반으로 한 다양한 공유형 경제 비즈니스가 전개되고 있다.

경작지를 찾는 사람과 토지소유자를 연결시켜주는 Shared Earth, 어린이용 장난감과 의류를 교환하는 thredUp, 카풀 서비스인 Zimride, 무료로 제공하는 제품을 원하는 사람에게 연결해주는 Freecycle, 비어있는 자신의 방/집을 빌려주는 Airbnb, 빈 사무실을 찾아주는 모바일 어플 Liquid Space, 지역내 이웃끼리 물건을 빌려주고 빌리는 서비스 Neighbour-Goods, 다 읽은 책을 주변 사람들과 공유하는 서비스 BookCrossing 등 수많은 공유경제 모델의 사업들이 운영되고 있는 것이다.

공유형 경제의 가장 대표적인 서비스는 Zipcar라고 할 수 있다. 2000년에 14대의 자동차와 400명의 회원으로 창업한 Zipcar는 2011년 현재 미국/캐나다/영국에서 회원 수 50만 명, 차량 수 8천 대를 운영하는 대규모 네트워크로 성장하였다. 연회비 60달러를 내고 ID카드를 발행받은 후 인터넷으로 사용희망일시/장소를 예약하고 해당일시/장소에 가서 차를 사용하면 되는 간편한 무인사용시스템 형태이다. Zipcar를 이용하는 경우 차량보유 시에 비해 월간 지출이 4분의 1수준으로 낮아진다고 한다. Zipcar는 사업자가 차량소유자가 되어 회원에게 시간별 대여를 하는 방식이지만, 이와는 달리 1대의 차를 여러 사람이 공동소유하는 형태의 공유모델도 존재한다. 유럽에서는 이를 Fractional Ownership이라고 하며 일반적으로 구입자금이나 유지비용부담이 큰, 자가용 항공기, 선박/요트, 수퍼카 분야에 많이 보급되어 있다. 영국에 본부를 둔 Classic Car Club에서는 유럽과 미국 8개 도시에서 오래되고 희소가치가 높은 Vintage Car, Classic Car를 자산으로 공동소유하고 이를 유지관리하는 클럽을 운영하고 있다.

〈그림 4〉 공유경제의 대표적인 모델 **Zipcar**(http://www.zipcar.com/)

Fast Company잡지에 따르면 북미지역의 경우 개인간 렌탈시장이 260억 달러 규모이며 공유형 경제의 총규모는 1,100억 달러 규모에 달할 것이라고 예측하고 있으며 Frost&Sullivan은 Car Sharing시장이 북미지역만으로 2016년에 3.3억 달러에 달할 것으로 예측하고 있다.

이러한 공유형 경제의 확산은 소셜미디어의 확산이라는 인프라측면에, 세계적인 불황과 거품경제 붕괴, 그리고 대량소비사회의 부작용에 대한 반성과 현명한 소비, 지속가능한 소비라는 새로운 라이프스타일 트렌드와 맞물려 점차 확산되고 잇는 추세이다.

이러한 공유형경제가 확산된다면 제품 재활용/공유가 증가하여 시장

규모가 축소할 수 있다는 점, 제품유통 구조가 판매뿐만 아니라 임대/서비스제공으로 다중화된다는 점에서 기존의 산업과 시장구조, 유통에 매우 큰 영향을 미친다. 이는 기업으로 하여금 생산-유통/판매-소비라는 기존의 비즈니스 모델을 바꾸도록 할지 모른다. 많은 기업들이 판매/유통중심의 비즈니스 모델을 임대/관리 서비스중심의 비즈니스 모델로 전환하는 것을 검토하거나 시범적으로 운영하기 시작하고 있다. 이미 프랑스의 뿌조사는 Mu라는 승용차 공유서비스사업을 시작하였으며 다임러벤츠사도 자사 브랜드뿐만 아니라 타사 브랜드를 포함한 공유서비스를 시험적으로 운용 중이라고 한다.

06 소셜미디어와 유통/소매 전망

타임지가 2006년 올해의 인물로 "YOU"를 선정하여 우리에게 새로운 시대가 열리고 있음을 시사해주었는데, 2011년에는 다시 올해의 인물로 "Protester(시위자)"를 선정하여 화제가 되고 있다. 이는 20여 년 전 인터넷으로 인해 시작된 사회혁명이 점자 넓게 그리고 사회 곳곳에 깊숙이 확산되고 있음을 의미하고 있다.

그리고 이러한 사회변혁의 중심에는 바로 사용자/소비자가 주체가 되어 서로 연결되어 있는 소셜미디어가 자리잡고 있다. 기업은 이러한 소셜미디어를 단순히 마케팅이나 유통의 새로운 도구로만 바라보아서는 안 될 것이다. 소셜미디어가 우리에게 그동안 익숙하였던 마케팅의 방법, 유통/소매의 관행을 근본부터 어떻게 바꾸고 있는가를 통찰력있게 이해함으로서 여기에 본질적으로 그리고 구조적으로 대응해야 할 것이다. 예를 들어, 이제 더 이상 제품개발, 홍보/광고, 판매/영업, 그리고 고객관계관리를 기능상이나 단계상으로 구분하는 것이 무의미할 지도 모른다.

소셜미디어의 활용에서 있어 잊지 말아야 할 것은 소비자/고객은 소셜미디어를 통해 문제해결/욕구충족을 추구한다는 점이다. 소셜미디어는 문제해결과정에서 소비자가 자신에게 필요한 정보를 찾고 판단하고 행동할 수 있는 場을 의미한다. 따라서 고객에게 선택받고 호응받기 위해서는 소비자의 삶에 관여(Relevance)되고 이들의 문제를 해결해줄 수 있는 정보와 해결책을 제공하는 것이 중요하다. 사용자의 자발적인 선택 없이는 소셜미디어 기반의 마케팅이나 유통은 성립 불가능하다는 점을 명심해야 할 것이다.

참고문헌

1. 小林弘人 외, "The Impact of Social Media", Think, 2011 Summer
2. 김윤화, "소셜커머스 시장현황 및 정책이슈", 정보통신정책연구원, 방송통신정책, 510호, 2011. 06. 16.
3. 김재현, 노희진, "소셜커머스 시장현황 및 이슈" KT경제경영연구소, DigiEco, Issu&Trend, 2011.10.17
4. 이동훈 외, "확산되는 소셜미디어와 기업의 신 소통전략", 삼성경제연구소, CEO Information, 2010. 7.14(제764호)

3

업종별 유통

3-1 농수산물 유통

01 농산물 유통의 의의

1) 농산물 유통의 중요성

농산물 유통이란 농산물 생산자와 소비자를 연결해주는 다리와 같은 것이다. 과거 자급자족 경제에서는 생산과 유통이 한 지역에서 이루어져 유통이 필요 없었으나 경제 발전에 따른 사회적 분업이 발달함에 따라 유통의 기능이 중요해졌다.

농산물 유통은 농업 발전은 물론 국가 전체 경제 발전에 중요한 역할을 하고 있다. 먼저 농산물 유통이 생산과 소비를 효율적으로 연계해주고, 소비자의 요구사항을 생산자에게 신속하게 전달하는 하는 것은 농업발전에 매우 중요하다. 특히 소비자 지향적 농업을 발전시키기 위해서는 농산물 유통이 효율화되어 소비자 요구 사항이 생산에 즉각적으로 반영되도록 해야 한다. 예를 들어 소비자들이 웰빙(well-being) 차원에서 친환경 농산물의 소비를 증가시키면 유통과정에서 그러한 추세를 신속하게 생산자에게 전달해야만 국가적으로 낭비가 없어질 것이다. 만약 이러한 소비 추세에 생산이 부응하지 못하면 친환경 농산물은 수요에 비해 공급이 부족하지만 일반 농산물은 과잉이 되는 문제를 발생시킬 수도 있다. 반대로 어떤 농산물에 대한 소비자 수요가 감소하면 이를 생산에 신속하게 전달함으로써 생산 감축을 유도해야 한다.

아울러 농산물 유통과정을 효율화시키는 것은 우리 농산물의 국제 경쟁력을 높이는데도 매우 중요하다. 소비자들이 느끼는 농산물 가격은 생산 비용만이 아니라 유통 비용을 더한 최종 소비자 가격이다. 따라서 농산물의 가격 경쟁력을 높이기 위해서는 생산비 절감도 중요하지만 유통 비용 절감도 중요한 과제가 된다. 유통과정을 합리화, 효율화시켜 유통비용을 절감하게 되면 우리 농산물의 경쟁력을 높이게 될 것이다.

아울러 농산물 유통과정은 생산적이기 때문에 유통발전은 국가 경제 발전에 기여하게 된다. 우리는 흔히 농산물, 공산품과 같이 눈에 보이는 상품의 생산만이 생산이라고 여기는 경향이 있다. 그러나 사회적 의미의 생산은 어떤 과정을 통해 소비자 효용을 높이는 것을 의미한다. 효용이라 함은 소비자가 느끼는 좋은 것으로 정의된다. 예를 들어 농업인이 소를 기르게 되면 그것이 쇠고기 형태로 소비자 편익을 증가시키기 때문에 생산이 된다. 소비자 편익이라는 관점에서 보면 눈에 보이는 상품만이 아니라 눈에 보이지 않는 서비스도 생산의 중요한 구성 요소가 된다. 예를 들어 경북지역 사과를 유통과정을 통해 서울지역 소비자에게 전달하게 되면 소비자 편익이 증가하게 된다. 이 때문에 농산물 유통도 소비자의 효용을 높이는 과정이기 때문에 생산 과정이라고 할 수 있다.

유통과정은 생산과 소비간의 간격을 메우는 과정이라고 했으며, 그 과정에서 유통은 생산을 하게 된다. 예를 들어 농산물이 필요한 지점으로 이동되었다면 장소적 효용이 증가하고, 농산물을 필요한 시기까지 저장하였다면 시간적 효율이 높아질 것이다. 아울러 다양한 유통가공을 했다면 형태적 효용이 증가하게 될 것이다. 예를 들어 논에서 수확한 벼 상태로 유통하는 것이 아니라 유통과정상 미곡종합처리장 등에서 도정 후 유통시키면 그만큼 소비자의 효용을 증가시키게 된다. 이처럼 유통 과정은 다양한 생산 활동을 수행하고 있어 농산물 유통의 발전과 효율 화는 국가경제 발전에 중요한 역할을 수행하게 된다.

2) 농산물 유통의 특성

농산물 유통의 대상은 주로 농산물 및 식품이다. 일반적으로 농산물은 농업에서 생산된 상품을 의미하고, 식품은 사람에게 영양을 공급하는 음식물을 총칭하는 것으로 영양소를 한 가지 이상 함유하고 유해한 물 질을 함유하는 않은 천연물이나 가공품을 말한다.

농산물의 상품적 특성은 다음과 같다. 첫째, 농산물은 가치에 비해 부 피가 크고 무거워 운반과 보관에 비용이 많이 발생한다. 이 때문에 농산 물의 유통마진율은 공산품에 비해 높은 경향이 있다.

둘째, 생산은 계절적이지만 소비는 연중 발생하여 보관의 중요성이 크다. 수확기에는 홍수 출하가 발생하여 소비보다 생산이 커 가격이 급 락하는 경우가 많다.

셋째, 농산물은 수분이 많아 저장성이 낮고 부패하거나 손상이 쉬운 특성을 가지고 있다. 따라서 농산물 유통과정에서 부패를 어떻게 해결 하느냐가 중요한 과제로 대두된다.

넷째, 농산물은 중량이나 크기, 모양이 균일하지 않기 때문에 표준 화, 등급화가 곤란한 특성을 가지고 있다. 공산품의 경우 생산과정에서 크기와 모양이 일정한 상품을 생산할 수 있기 때문에 상품이 규격화되어 있다. 그러나 농산물은 생산과정에서 그렇게 할 수 없어 유통과정에서 많은 문제점을 보이고 있다. 상품이 규격화되어 있지 않아 소비자들은 상품을 일일이 확인하여 고르게 되고 그에 따라 유통비용이 많이 들게 된다.

다섯째, 농산물은 수요가 비탄력적이다. 농산물은 우리 생활에 필수적이기 때문에 소득이 증가한다고 소비가 크게 늘거나, 가격이 떨어진다고 소비가 크게 늘어나는 것도 아니다. 반면, 품목별 공급은 기후조건에 의해 변동되고 재배면적도 품목별로는 변화가 크기 때문에 변동성이 크다. 따라서 농산물 가격은 연도별로 폭등과 폭락을 반복하는 경우가 많다.

농산물 유통은 상품적 특성뿐 아니라 유통참여자 측면에서도 특수성을 가지고 있다. 농산물 유통은 영세하고 소득이 낮은 농업인이 관여되기 때문에 일반 기업과는 다른 측면이 있고, 농산물 유통에 참여하는 상인들도 영세한 특징이 있다. 이 때문에 농산물 유통은 시장 기능에만 맡기기에는 한계가 있어 정부의 개입이 상대적으로 필요한 분야이기도 하다.

02 농산물 생산과 소비 개황

1) 농업생산구조 변화 추이

품목별 농업 생산을 보면 쌀의 비중은 1970년 37.3%, 1990년 35.3%, 2008년 24.4%로 지속적으로 감소했다. 반면 원예업의 비중은 1970년 17%에서 2008년 28.0%, 축산업의 비중은 같은 기간 14.9%에서 34.3%로 증가하였다. 즉 농업 생산 체계가 과거 쌀 중심에서 과일, 채소, 축산물 위주로 변화되고 있음을 알 수 있다.

농업 생산의 구조적 특성을 보면 첫째, 규모의 영세성을 들 수 있다. 그간 구조조정을 통한 생산의 규모화 정책에도 불구하고 우리 나라의 농업 생산규모는 다른 나라에 비해 영세한 특성을 보이고 있다. 2008년 말 현재 1,212천 호의 농가가 1,759천 ha를 경작하여 호당 경지면적은 1.45ha에 불과하다. 그러나 최근 전업농 중심의 전문화, 규모화가 진전되면서 대농의 비중이 크게 늘고 있다. 쌀의 경우 3.0 ha 이상의 대농 비중은 1995년 2.8%에서 2008년에는 7.2%로 늘었으며, 축산의 경우도 대규모 경영의 비중이 증가하였다.

둘째, 우리나라 농업 생산은 일부 주산지가 뚜렷한 품목을 제외하고는 지역적으로 광범위하게 생산되고 있다. 쌀, 채소, 축산물 대부분이 영세농에 의해 전국적으로 분산되어 생산되고 있다. 이 때문에 농산물 유통시 수집 비용이 많이 드는 문제점을 보이게 된다.

셋째 특성은 농업 생산자들이 고령화되고 있다는 점이다. 그 동안 우리 농업은 근면하고 기술력이 높은 농업인들에 의해 주도되어 왔으나 최근 기존 농업인이 고령화되는 반면 젊은 신규 인력의 확보가 어려워져 농업 인력의 질적 저하가 나타나고 있다. 65세 이상 고령 농가의 비율은 1990년 11.5%에서 2008년 33.3%로 약 3배 증가하였다. 반면 후계자를 확보하고 있는 농가 비중은 갈수록 낮아지고 있다. 농업 총조사 결과에 의하면 후계자가 있는 농가는 1995년 13.1%에서 2005년 3.6%로 급속히 낮아지고 있다. 이처럼 농가 고령화가 진행됨에 따라 우리 농업의 활력이 점차 감소하는 문제점을 보이고 있다.

넷째, 법인 경영체가 증가하고 있다. 그 동안 가족농적 경영체의 한계를 극복하기 위해 1990년 초부터 영농조합법인과 농업회사법인 등 법인 경영체의 농업 생산, 유통, 가공의 비중이 확대되어 왔다. 2008년 현재 영농조합법인 5,075개소, 농업회사법인 928개소가 운영되고 있다. 이렇게 많은 수의 법인경영체가 운영됨에도 불구하고 아직 우리 나라의 농업법인은 운영이 활성화되지 못하고 부실화되는 경우가 많은 문제점을 보이고 있다.

다섯째, 생산의 전문화가 진전되면서 해당 작목의 공급과잉 현상이 나타나고 있다. 특히 농업생산이 자연조건에 의해 영향을 많이 받고 있는 상황에서 전업농의 증가는 가격에 대한 반응을 늦게 한다. 다시 말해 가격이 변해도 생산을 증가시키거나 감소시키는데 시간이 많이 걸리게 된다. 이 때문에 해당 농산물의 공급량이 필요한 수요량보다 조금만 많아져도 가격을 폭락시키게 되고, 반면에 필요한 수량보다 조금만 부족하더라도 가격을 폭등시키게 되는 등 가격의 불안정성을 증대시키게 된다. 아울러 특정 작목의 생산량은 증가하지만, 수입이 증가하여 공급과잉 현상을 보이기도 한다. 따라서 앞으로 농산물의 수급 안정이 중요한 정책과제로 대두되고 있다.

2) 농산물 소비의 특성 및 변화 추이

(1) 소비 품목의 변화

경제 발전과 소득수준에 따라 국민의 식품 소비 형태는 '물량'과 '영양'을 추구하는 양적인 소비에서 '맛', '멋', '예술'의 질적 단계로 발전한다. 실제 과거 수십 년간의 농산물 소비 패턴 변화를 보면 경제 발전과 소득 증가에 따라 곡류·서류의 소비는 줄고 채소·과일·육류 소비는 증가해왔다. 국민의 1인당 식품 소비량 추세를 보면, 주곡인 쌀은 1970년 한 해 1인당 134kg을 소비했으나, 1990년 121kg, 2008년 75.8Kg으로 계속 감소하는 반면, 채소류는 1970년대 60kg에서 2008년 150kg으로, 과실류는 13kg 내외에서 65kg으로, 육류는 10kg 이하 수준에서 35kg으로 크게 증가했다.

〈그림 1〉 주요 농산물 1인당 소비량 추이

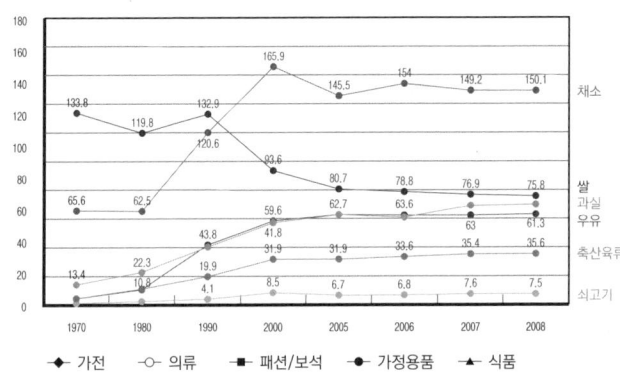

〈자료: 통계청, 농림수산식품부〉

(2) 가공식품 및 외식 소비 확대

경제가 지속적으로 발전함에 따라 가공식품에 대한 수요가 많아지고 식생활의 외부화가 계속 진행되고 있다. 이는 과거 농산물을 가공하지 않은 상태에서 가공 혹은 외식 형태로 유통한 것을 뜻하며, 식품가공, 외식 산업 등을 포괄하는 푸드시스템의 중요성이 커졌다. 도시 가계의 농식품 지출액 중 가공식품의 비중은 1970년의 18%에서 2008년에는 26.6%로 증가했고, 외식비 비중은 같은 기간 2%에서 45.7%로 급증했다(그림).

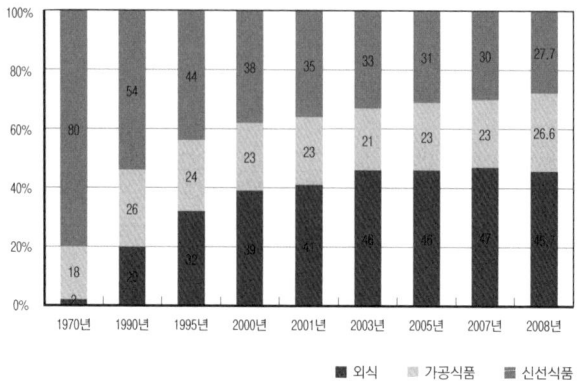

〈자료: 통계청〉

(3) 식생활의 편의성 추구

최근에는 맞벌이 부부의 증가, 여성의 사회활동 증가 등의 요인으로 가
정식과 외식(food away from home)의 구분이 모호해졌으며, 조리 시간을 줄이
기 위해 미리 조리한 식품을 소매점에서 구매해 집에서 먹는 형태의 소
비가 증가했다. 앞으로 이러한 증가 추세가 계속될 것으로 전망되며, 짧
은 조리시간에 간편하게 먹을 수 있는 가정식 대체 식품(Home Meal Replace-
ment, HMR)의 중요성이 점점 커질 전망이다. HMR은 가정식을 대체하는
미리 조리된 식품을 소매점에서 사서 식탁에 그대로 올려놓는 즉석 조
리식품을 뜻한다. 슈퍼마켓의 반찬, 델리, 베이커리, 스낵, 샐러드 바 등
이 대표적이며, 최근에는 즉석밥까지도 개발되었다. 아울러 채소와 과
일은 신선한 상태로 절단된 신선편이 제품의 소비도 증가하고, 세척 고
구마, 세척 무, 세척 당근 등 세척한 소포장 농산물의 소비가 증가하고
있다.

소비자의 이러한 소비 구조 변화는 농산물과 식품의 구매 패턴에도 영향을 주어 구매 장소, 구매 단위, 구매 형태 등에서 편의성을 추구하는 경향이 나타난다. 과거엔 대부분 재래시장에서 식품을 구입했으나 최근 들어서는 쾌적한 쇼핑 환경과 다양한 상품을 일괄 구매할 수 있는 편리성 등으로 대형마트의 비중이 크게 증가하는 추세를 보인다.

식생활의 간편화 경향은 세계적으로 외식비 지출의 확대로 나타나고 있다. 그러나 우리나라는 외식비 비중이 이미 선진국 수준에 도달해 있고, 경제가 저성장 기조에 있어 앞으로 외식이 더욱 확대될 것인지 여부는 불명확하다. 앞으로 외식의 성장 추세는 둔화되겠지만, 여성 취업의 증가, 단신 가구 확대 등으로 식품 소비의 간편화 지향성은 더욱 강화될 것으로 전망된다.

(4) 고품질과 안전 농산물 소비 확대

소득 증대에 따라 소비자 건강에 대한 관심이 많아지고, 최근 유전자 변형 농산물의 유해성 논란, 식중독 발생, 광우병 확산 등으로 소비자의 식품 안전성에 대한 인식은 더욱 높아졌다. 소비자는 안전한 농산물에 대해 일반 농산물보다 1.5~3.5배나 높은 가격을 지불하고라도 구입할 의사가 있는 것으로 조사되었으며, 이에 따라 친환경 농산물 소비량이 급속히 증가하고 있다. 친환경 농산물 시장 규모는 2000년 1,500억 원에서 2008년에는 3조 2천억 원으로 급증했다.

소비자의 식품 안전성에 대한 관심이 높아지면서 이력추적제에 대한 관심이 크게 높아졌다. 이력추적제란 생산, 유통 단계별로 각종 기록을 유지해 농산물의 추적 가능성(traceability)을 높이는 것이다. 그 내용은 생산자, 생산 방법, 농약의 종류 및 살포 시기와 회수, 시비의 시기와 회수,

잔류 농약 검사 등 소비자가 요구하는 식품 안전성에 관한 정보를 제공하는 것이다.

친환경 농산물 수요 확대와 더불어 축산물과 가공식품에서도 유기 혹은 친환경 상품의 수요가 증가할 것으로 전망된다. 현재도 수입 식품을 중심으로 유기 가공품 시장이 형성되어 있으며, 앞으로 유기 가공식품 시장이 더욱 확대될 것으로 전망된다.

(5) 소비의 다양화

우리나라에서는 외환위기 이후 저가격 · 저서비스를 추구하는 집단과 고가격 · 고서비스를 추구하는 집단으로 소비가 양극화되었다. 2000년대에 들어서는 과거의 획일적 소비 추세에서 벗어나 연령대별 · 계층별 · 라이프스타일 별로 소비가 다양화되고 있다. 아울러 인구 구조가 변함에 따라 실버 마켓과 영 마켓의 중요성이 부각되고 있다. 우리나라에서 65세 이상의 노인층 인구는 2008년 현재 전체 인구에서 10.3% 정도를 차지하고 있으며, 급속도로 고령화되고 있다. 인구가 고령화되면서 농산물 소비에서 실버 푸드 같은 노인식의 역할과 비중이 커지고 있다. 실버 푸드는 병원의 환자식 같던 기존 노인식과 달리 편리성, 질감, 맛, 영양, 포장, 분위기까지 노인의 취향에 맞게 개발한 식품이다. 구체적으로 '소화가 잘되는 음식', '항산화에 좋은 음식', '웰빙 간식' 등의 형태로 나타나고 있다.

인구의 노령화와 더불어 10~20대 연령층도 막강한 구매력을 보이고 있으며, 이들은 새로운 트렌드에 매우 민감한 구매 패턴을 보인다. 젊은 층의 입맛에 맞추어 농산물 및 식품을 생산하는 것도 중요하게 부각되고 있다.

(6) 소포장품 소비 확대

핵가족화의 영향과 포장 자재 개선, 대형 유통업체의 소포장 농산물 선호 등의 요인으로 소포장 농산물의 유통이 크게 증가하고 있다. 과일은 물론 채소 품목에서도 소비자용 소포장(consumer package)의 소비가 증가했다. 소포장 농산물은 생산자 입장에서도 부가가치를 높일 수 있어 중요한 트렌드로 이해되고 있다.

그러나 최근 물류용 대포장도 마케팅 측면을 고려해 화려해지는 등 과 포장 문제가 대두되고 있다. 앞으로 환경에 대한 규제 강화와 비용 절감이라는 측면에서 농식품 분야에서도 포장 간소화가 중요한 이슈로 떠오르고 있다.

03 농산물 유통 현황 및 문제점

1) 농산물 유통경로 및 유통기관

농산물은 생산자에서 출발하여 산지유통기관, 도매유통기관, 소매유통기관을 거쳐 소비자에게 전달된다(그림). 농산물 유통에 참여하는 유통기관을 산지, 도매, 소매 단계로 구분하여 정리하면 다음과 같다.

(1) 산지 유통조직

농산물의 생산지에 있는 산지 유통 조직은 주로 농산물의 수집 기능을 담당하고 있다. 산지에서 주로 활동하고 있는 유통 조직들로는 수집상, 수집 대리인, 산지 협동조합 등이 있다.

① 수집상

산지 수집상은 생산지역을 다니면서 농가 단위의 농산물을 수집하여 다음 단계의 유통 조직에 출하하는 기능을 담당하고 있는 상인들이다. 수집상은 산지를 순회하는 특성상 일정한 점포를 가지고 있지 않는 경우가 많다.

〈그림 3〉 농산물 유통경로

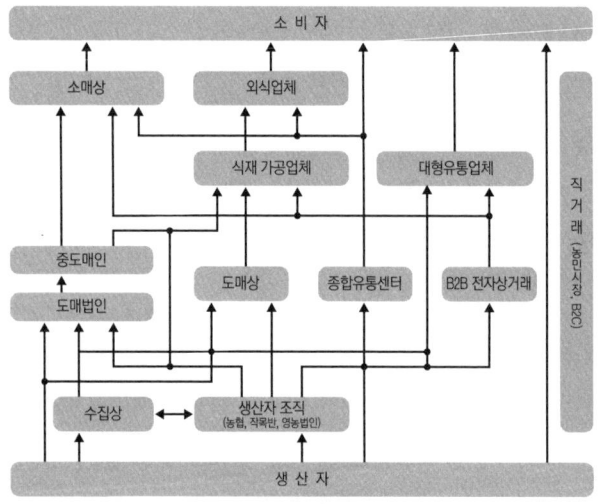

② 수집 대리인

소비지 시장 상인이나 대형 소매점의 구매자를 대신하여 산지 수집 업무를 하는 수집 대리인은 일정 수수료를 받는 경우가 많다. 주로 지방 시장에 주재하거나 출하시기에 산지에 머물면서 유통 업무를 수행한다.

③ 산지 협동조합 및 법인

산지 협동조합은 조합원이 생산한 농산물을 수집한 다음, 이를 공판장이나 도매시장에 출하하거나 대형 소비업체에 직접 농산물을 넘기기도 한다. 최근 산지 협동조합의 수집 및 판매 활동의 중요성이 부각되어 관련 기능이 강화되고 있는데, 산지에 유통 센터 등을 건립하여 보다 다양한 기능을 하고 있는 경우가 많다. 최근에는 농업인 조직의 또 다른 형태인 영농조합법인, 농업회사법인 등 농업법인의 역할이 커지고 있다.

(2) 도매 유통조직

농산물의 도매 유통조직은 농산물의 중개 기능을 주로 담당하고 있는데, 도매시장과 농수산물 종합유통센터 등이 해당된다.

① 도매시장

도매시장은 산지에서 수집된 농산물을 모아서 다시 소매 단계로 중개시키는 기능을 하는 시장으로 우리나라 농산물 유통의 중추적 기능 중의 한 부분을 담당하고 있다. 도매시장은 또한, 경매를 통해 농산물의 가격을 결정하는 기능도 담당하고 있는데, 최근 수의 매매를 통한 거래도 늘어나고 있는 추세이다. 최근 대형 소매점들의 산지 직구매나 생산 농가와 소비자 간의 직거래가 증가함에 따라 도매시장의 거래 비중이 차츰 줄어드는 현상이 발생하고 있어, 우리나라 농산물 유통의 변화를 반영하고 있기도 하다.

우리나라 농산물 도매시장은 크게 세 가지 유형으로 구분된다. 먼저 "농산물 유통 및 가격안정에 관한 법률(농안법)"에 의해 개설된 농수산물 도매시장이 있고, 다음으로 협동 조합법에 의해 개설된 농수산업 협동조합 공판장과 유사 도매시장 등이 있다.

농수산물 도매시장은 다시 공영 도매시장과 일반 법정 도매시장, 민영 도매시장으로 세분되는데, 공영 도매시장이 전국적으로 33곳으로 전체 농수산물 도매시장 수의 66%를 차지하고 있다.

한편 도매시장에서 주로 활동하고 있는 유통조직으로는 도매시장 법인, 중도매인, 매매참가인, 경매사, 협동조합 공판장 등이 있다.

(가) 도매시장 법인

도매시장 안에 있는 도매회사인 도매시장 법인은 산지에서 출하된 농산물들은 모아서 경매 등의 방법을 통해 거래가 진행되도록 한다. 또한, 농산물 구매자가 입금한 판매 대금을 출하자에게 정산해주고, 거래 관련 시장 정보를 생성 · 전파하는 기능도 하고 있다.

(나) 경매사

도매시장 법인에 소속되어 있는 경매사는 도매 시장에 출하된 농산물을 경매하는 역할을 수행하고 있다. 경매사의 자격과 임명은 법으로 규정되어 있으며, 자격시험을 통해 경매사를 선발하고 있다.

(다) 중도매인

중도매인은 도매 시장 내에 자기 점포를 가진 등록 상인으로 도매시장 법인으로 구매한 농산물을 시장 내 다른 상인 또는 대량 수요자에게 중개해주는 역할을 하고 있다. 현재 중도매인은 원칙적으로 경매를 통해 농산물을 구매하고 있으며, 필요에 따라 구매한 농산물을 가공 또는 보관하는 기능도 담당하고 있다.

(라) 매매참가인

매매참가인은 농산물 가공업체나 대형 외식업체, 소매업체, 소비자 단체 등의 대량 소비자들로 중도매인과 같이 농산물을 주기적으로 다량 구매하는 사업자들이다. 매매참가인은 경매에 직접 참여하여 농산물을 구매하기에 일정 자격이 필요하다.

(마) 협동조합 공판장

농수산업 협동조합이 개장한 도매시장인 공판장은 일반 도매 시장과 구조 및 기능이 유사하다. 협동조합 공판장은 협동조합법에 의거하여 생산자 단체인 협동조합에서 도매시장의 기능을 수행할 수 있도록 공판장을 개설한 것으로, 민간 도매시장의 구조와 기능이 비슷하다.

② 농수산물 종합유통센터

최근 급속도로 늘어나고 있는 농수산물 종합유통센터는 물류비용을 절감시키고 유통 효율성을 향상시키며, 농산물의 부가가치를 높이는 등의 목적을 위해 설립되었다. 물류센터는 생산자(조직)이나 다른 산지 유통시설로부터 농산물을 수집하여 대량 소비처 등으로 직접 보내고 있는데, 소포장 또는 가공 기능까지 겸하여 농산물의 부가가치 증대에 기여하기도 한다.

농수산물 종합유통센터는 농협 등 생산자단체가 소유·운영하는 경우도 있고, 지방자치 단체가 설립하여 생산자 단체 등이 위탁 운영하도록 하는 경우도 있으며, 지방자치 단체와 생산자 단체가 공동으로 설립하는 경우도 있다. 농수산물 종합유통센터의 소매 직판장은 대부분 대형마트 수준의 대규모 매장을 확보하고 있으며 상대적으로 다양한 구색의 농산물을 판매하고 있다.

3) 소매 유통조직

주 소비지에 위치한 소매 유통조직은 최종 소비자에게 농산물을 판매하는 기능을 하고 있다. 농산물 소매시장은 크게 재래시장과 소매업체들로 크게 구분이 된다.

① 재래시장

재래시장은 과거부터 존재해왔던 농산물 소매시장으로 정기시장과 상설시장으로 구분이 된다. 정기시장은 주로 농촌의 소도시 등에서 개설되는데, 5일장과 같이 일정 기간에 한 번씩 시장이 선다. 정기시장은 인근 지역의 농가들이 직접 재배한 농산물을 가져와 판매하도록 하는 수집 기능을 수행하는 동시에 주민들에게 생활 일용품 등을 공급해주는 기능을 하고 있다. 상설시장은 농촌과 도시지역 모두에서 볼 수 있는데, 최근 대형소매점의 등장으로 인해 상권이 계속 위축되는 모습을 보이고 있다.

② 소매업체

농산물 소매업체는 특정 농산물들만 전문적으로 판매하는 전문점과 다른 생필품의 하나로 농산물을 판매하는 업체로 나눠질 수 있다. 주로 농산물을 다른 생필품과 함께 판매하는 업체들이 대부분이나, 최근 친환경 농산물 등만을 전문적으로 판매하는 곳이 늘어나고 있다.

농산물 소매업체로는 전문점 외에 대형 할인점, 백화점, 슈퍼마켓, 편의점 등으로 형태가 다양하게 나타나고 있으며, 최근 대형 할인점의 농산물 소매시장 점유율이 지속적으로 높아지고 있는 상황이다.

2) 우리 나라 농산물 유통의 문제점

(1) 낮은 유통 효율성

농산물은 일반적으로 공산품에 비해 다단계 유통구조로 비효율적이고 유통비용이 높은 특성을 보이고 있다. 일반적으로 농산물은 생산자 → 수집상 혹은 생산자단체(농협, 영농조합법인) → 도매시장(도매시장법인, 중도매인) → 소매상 → 소비자의 단계를 거쳐 유통된다.

농산물의 유통비용은 평균적으로 소비자가격의 약 45% 수준(2008)이다. 유통비용률(유통비용/소비자가격)은 엽근채류(무, 배추 등), 서류(고구마, 감자 등), 조미채소류(고추, 양파, 마늘 등) 등에서 높고 축산물, 양곡류에서 낮은 편이다. 농산물 중에서 밭떼기 비율이 높을수록, 저장기간이 긴 품목일수록 유통비용률은 높아지며, 특히 무, 배추와 같은 노지채소류의 유통비용률이 높은 것이 문제이다.

농산물의 규격화, 표준화가 미흡하여 통명거래, 전자상거래 등 효율성 높은 거래 방식의 도입이 지연되고 있으며, 도매시장의 고비용 저효율 구조가 개혁되고 있지 못하고 있다. 농산물 유통전반에서 파렛트화 등이 미흡하고 수송효율이 낮아 농산물 물류비가 공산품에 비해 높은 실정이다.

(2) 주기적인 수급 불안정

농산물은 특성상 일정 기간의 주기를 가지고 가격이 변동되고 있으나 저장성이 약한 채소류의 가격 변동 폭이 매우 큰 문제점을 보이고 있다. 농산물 가격변동은 상품의 특성에 기인한 바도 크지만 생산규모가 영세하고 조직화되어 있지 않아 자율적인 수급 조절이 안 되는 측면도 있다. 정부가 계약재배를 축으로 하는 수급안정사업 등을 통해 주요 농산물의 수급안정을 도모하고 있으나 수입개방시대에 정책적 한계를 보이고 있다.

(3) 효율적인 유통주체의 육성 미흡

산지 유통조직이 영세하여 대형 유통업체와의 거래에 애로가 있고, 대형 유통업체의 시장 지배력에 대응하고 있지 못하고 있다. 현재 지역농협 1,101개, 품목농협은 82개가 있으나 읍면 단위로 조직되어 있어 영세하며, 법인경영체도 영농조합법인 5,075개소, 농업회사법인 928개소가 있으나 이 또한, 영세하여 제 기능을 잘 발휘하고 있지 못하다. 농산물 유통을 상당부분 담당하고 있는 수집상, 중도매인 등이 영세하고 근대화되지 못해 불공정행위가 상존하고 있으며, 효율적인 유통주체로서 성장하고 있지 못하고 있다.

산지유통의 핵심 주체인 농협의 유통사업이 활성화되고 있지 못하고 비효율적이다. 농협은 지역적 한계, 조합장 직선제, 조합원간 이해관계 불일치 등의 문제로 공동계산 등 출하권 위임에 의한 유통기법을 활용하지 못하고 공동수송에 불과한 유통사업에 머무르고 있다.

농산물 브랜드가 7천 개를 상회하고 있으나 소비자 인지도가 높아 세계적인 브랜드로 성장할 파워브랜드가 거의 없다. RPC(미곡종합처리장), APC(청과물 산지유통센터), LPC(축산물종합처리장) 등 선진화된 산지유통시설이 설치되었으나 가동률이 낮고 수익성이 낮아 산지유통의 핵심시설로서의 기능이 제한되고 있다.

(4) 도매시장의 비효율성

현재 농수산물도매시장은 제도권, 비 제도권 합쳐 농산물 유통의 70% 이상을 담당하고 있으나 운영이 비효율적이다. 정부가 투자한 공영도매시장은 경매 위주로 운영되어 출하자, 도매시장, 소매상간 전속적 거래관계에 의한 공급망 관리가 안 되고 있다. 견본 경매, 예약상대거래 등 효율성 높은 거래 방식의 도입이 미진하다. 도매시장에서는 여전히 수작업에 의해 하역이 이루어지고 있어 물류비용이 과다한 문제점을 보이고 있다.

(5) 안전성 및 품질관리 체계 미흡

수확전 관리는 물론 저온 유통체계와 같은 수확후 관리체계 등 농식품 품질 관리체계가 미흡한 문제점을 보이고 있다. 이력정보 추적제(traceability) 등을 확대 도입하고 있으나 소비자들의 우리 농식품에 대한 신뢰도가 높지 않다. 친환경 농산물의 소비, 생산도 증가하고 있으나 신뢰성을 담보하면서 효율을 높일 수 있는 유통체계가 구축되어 있지 않은 한계를 보이고 있다.

04 농산물 유통마진 현황

농산물 유통마진이란 농산물의 최종소비자 가격에서 생산자가 수취하는 가격을 뺀 것으로 유통과정에서 발생한 비용과 유통 참여자들이 취득하는 이윤의 합으로 구성된다. 유통마진은 판매액에서 구입액을 뺀 것이며, 유통마진율은 유통마진을 판매액으로 나누어 구한다. 다시 말해 유통마진은 유통과정에서 발생하는 모든 유통비용, 즉 가공, 포장, 수송, 보관 등 물류비용, 점포임대비용, 중간상인들의 이윤, 감모 등 손실에 따른 비용 등이 모두 포함된 개념이다.

유통마진율은 풍흉에 의한 판매가에 의해 큰 영향을 받기 때문에 연도별 일정한 추세를 발견하기 곤란하다. 우리 나라에서는 농수산물유통공사가 매년 유통마진을 조사, 발표하고 있다. 농수산물유통공사의 조사 품목 수는 쌀, 대두 등 식량작물 6종, 배추, 무 등 엽근채류 8종, 수박, 참외 등 과채류 6종, 고추, 마늘 등 조미채소류 9종, 사과, 배 등 과일류 8종, 쇠고기, 돼지고기 등 축산물 4종 해서 총28품목 41종류이다.

농수산물유통공사의 조사에 의하면 농산물 전체의 유통마진율은 2008년 현재 44.5%인 것으로 나타났다. 유통단계별 유통마진율은 출하 10.3%, 도매 9.6%, 소매 24.6%로 소매단계의 유통마진율이 가장 높다. 비목별로는 노동비, 운송비와 같은 직접비용 14.1%, 임대료와 같은 간접비용 16.7%, 유통참여자들의 이윤 13.7%로 직접비용의 비율이 높은 특성이 있다(표).

〈표 1〉 유통단계별, 비목별 유통마진율(단위 : %)

		'00	'02	'04	'06	'08
유통비용률		40.6	45.0	40.8	44.0	44.5
단계별	출하	9.3	10.3	8.3	11.7	10.3
	도매	9.9	10.2	9.1	9.1	9.6
	소매	21.4	24.5	23.4	23.2	24.6
내용별	직접비용	15.3	14.6	13.7	14.2	14.1
	간접비용	13.0	15.0	14.3	14.1	16.7
	이윤	12.3	15.4	12.8	15.7	13.7

※ 주 : 직접비: 포장비, 하역비, 수송비, 상장수수료, 감모비 등 간접비: 임대료, 인건비, 제세공과금, 감가상각비 등 이윤: 유통비용에서 직접비와 간접비를 공제한 상인 이윤

〈자료: 농수산물유통공사, 주요농산물 유통실태 조사 결과.〉

품목별로 유통마진을 보면 엽근채류, 서류, 조미채소류의 유통마진율이 높고 축산물, 곡류의 마진율이 낮은 편이다. 2008년 식량 작물 전체의 유통마진율은 27.4%이며, 그 중 쌀이 20.9%이다. 엽근채류 전체의 유통마진율은 71.2%이며, 품목별로는 가을배추 76.4%, 가을무 73.5%이다. 과채류 전체는 41.5%이며, 그 중 수박 35.6%, 오이 52.2%, 딸기 39.6 등이다. 조미채소류 전체는 52.5%이며, 그 중 건고추 33.8%, 난지형마늘 62.2%, 대파 48.7% 등이다. 과일류 전체는 53.5%이며, 사과 42.3%, 배 52.7% 등이다. 화훼류 전체는 57.6%, 축산물 전체 는 45.2%이다. 축산물 중 소고기 40.5%, 돼지고기 48.8%, 닭고기 53.1%, 계란 32.2% 등이다.

품목별 유통마진율을 비교하면 밭떼기 비율이 높은 품목일수록 상인들이 위험에 대한 보수를 취하기 때문에 유통마진율이 높고, 저장기간이 길수록 비용 추가에 의해 유통마진율이 높아지는 특성이 있다.

유통마진율을 유통경로별로 비교하면, 대형 유통업체에 직거래로 출하하는 경우가 도매시장을 경유하여 출하하는 경우보다 유통마진율이 낮은 것으로 조사되었다. 모든 품목에서 일률적으로 말하기는 곤란하지만 감자, 고구마, 배추, 무, 수박, 방울토마토 등에서 대형 유통업체 직거래는 도매시장 거래에 비해 유통마진율이 20~30%포인트 정도 낮은 것으로 조사되었다.

일반적으로 유통마진율이 높으면 생산자 수취가격이 높아지고 소비자 판매가격이 낮아질 가능성이 크나 반드시 그렇지 않을 수가 있으므로 수치 해석에 주의를 기울여야 한다. 예를 들어 아무리 유통마진율이 높아도 소비자에게 높은 가격을 받을 수 있으면 생산자 수취가격은 높아질 수 있다. 다시 말해 생산자들이 예냉과 같은 신기술을 도입하면 유통비용이 증가하지만, 부가가치를 높이게 되어 높은 가격을 받을 수 있게 된다. 이러한 경우 비록 유통마진율이 높아졌지만 생산자 수취가격은 이전보다 높아질 수 있다. 물론 소비자에게 높은 가격을 받기 위해서는 유통과정에서 다양한 편익을 제공해야 할 것이다.

유통마진율은 가공도, 유통서비스 수준 등에 의해 결정되기 때문에 유통마진율의 단순한 비교로 유통의 효율성을 비교하기는 곤란하다. 일반적으로 농산물 유통마진율은 선진국일수록 커지는 경향을 보인다. 예를 들어 한국과 일본의 동일 품목에 있어서 유통마진율을 비교하면 한국 54.6%, 일본 60.2%로 우리가 낮은 것으로 조사되었다. 비교 대상 품목은 당근, 오이, 토마토, 양파, 복숭아, 포도, 수박, 풋고추이다. 한국과 미국을 비교해도 한국 53.9%, 미국 74.9%로 한국이 낮았다. 이 경우 비교대상 품목은 상추, 감자, 토마토, 당근, 사과, 포도, 복숭아, 딸기이다(농수산물유통공사, 2007)

결과적으로 유통마진율은 유통의 효율성을 나타내는 중요한 지표이지만 그것의 특성과 한계를 명확히 이해하는 것이 필요하다. 특히 유통마진의 절대적인 절감보다 서비스 대비 유통비용이라는 관점에서 접근하는 것이 필요하다. 유통마진 절감만을 추구하다 보면 서비스 수준이 낮아지는 문제점을 보이기도 하기 때문이다.

05 농산물 유통의 개선과제

농산물 유통개선 과제로는 첫째, 생산지에서 소비지까지 농산물을 유통시키는 과정에서 발생하는 비용을 절감하는 것이다. 농산물 유통은 상품이 규격화, 표준화되어 있지 않고 여러 단계를 거쳐 유통됨으로써 유통비용이 많이 발생하는 문제점이 있다.

농산물은 특성상 대부분 도매시장을 경유하여 유통되고 전자상거래와 같은 효율성 높은 거래 방식의 도입이 활성화되지 않고 있다. 또한, 농산물은 여러 단계의 중간상인을 거쳐 유통됨으로써 유통비용이 증가하게 된다. 아울러 물류측면에서도 팔레트(pallet)화 등이 미흡하여 물류비가 과다하게 발생하는 문제점도 있다. 이러한 상황에서 유통체계 및 물류체계 개선을 통한 유통비용을 절감 방안이 시급하게 요구된다. 여기서 유의할 점은 유통비용 절감이 필요한 유통기능을 없애면서 달성되어서는 안 된다는 점이다.

유통비용 절감은 필요한 유통기능을 효율적으로 수행하면서 이루어져야 한다. 유통비용 절감은 생산자, 소비자 모두에게 이득이 된다. 유통비용이 낮아지면 생산자에게는 수취가격을 높여주고, 소비자에게는 낮은 가격에 판매할 수 있게 한다.

농산물 유통비용의 절감은 유통참여자의 규모확대, 물류체계 합리화에 의한 수송비 및 기타 물류비용 절감, 포장개선 등을 통해 달성될 수 있다. 특히 농산물 포장비 절감과 과포장 억제 대책이 시급히 마련되어야 한다. 골판지, 비닐 등에 의한 포장보다는 재활용이 가능한 플라스틱 컨테이너의 이용이 확대되어 유통비용 절감은 물론 쓰레기 절감 등에 의한 저탄소녹색 물류체계를 구축해야 할 것이다.

둘째, 품질관리 체계를 개선하여 우리 농산물의 경쟁력을 높이는 것이 필요하다. 농산물은 표준화, 규격화가 미흡하고 생산자 및 상인들이 여전히 속박이 등을 하고 있어 소비자 신뢰도가 낮고 품질 경쟁력이 낮은 문제점을 보이고 있다. 이러한 상황에서 효과적인 품질관리 체계를 구축하여 품질 수준을 획기적으로 높일 필요가 있다.

셋째, 농산물 가격의 안정화가 필요하다. 농업은 생산규모가 영세하고 조직화되어 있지 않아 농산물의 수급 불안정이 지속되고 가격불안정성이 큰 문제점을 보이고 있다. 정부가 수급안정사업 등을 통해 주요 농산물의 가격안정을 도모하고 있으나 가격안정 효과가 크지 않은 한계를 보이고 있다. 농산물 가격이 불안정하게 되면 농업인의 소득이 불안정하게 되고, 소비자들에게도 가격 불안정은 도움이 되지 않는다. 따라서 농산물 가격 안정화가 중요한 과제가 된다.

넷째, 농산물 유통을 주도하는 생산자조직의 육성이 필요하다. 현재 농산물 유통은 상인이나 유통업체에 의해 주도되어 유통과정에서 생산자의 이익이 제대로 실현되지 못하고 소비자는 비싼 가격을 지불하는 경우가 많다. 산지 유통조직이 영세하여 대형 유통업체와의 거래 시 대형 유통업체의 시장지배력에 제대로 대응하지 못하는 실정이다. 아울러 수집상, 도매시장 중도매인들도 영세하고 근대화되지 못해 불공정행위가 상존하고 있다. 산지유통의 핵심 주체인 생산자단체의 유통 사업이 활성화되고 있지 못하고 비효율적인 문제점을 보이고 있다. 아울러 농산물 브랜드가 7천여 개 정도로 난립되어 제살 깎아 먹기 식 경쟁을 하고 있으며, 소비자들의 인지도가 낮아 파워브랜드로의 성장이 제약되고 있다. 산지유통시설도 가동률이 낮고 수익성이 낮아 산지유통의 핵심시설로서의 기능이 제한되고 있다. 산지유통의 이러한 문제점은 생산자조직의 유통활동이 활성화되어야만 해결될 수 있다.

다섯째, 비효율적으로 운영되고 있는 도매시장 운영의 혁신이 필요하다. 현재 도매시장은 도매시장법인→중도매인→하매인의 중층적 구조로 되어 있어 유통비용의 발생이 큰 문제점을 보이고 있다. 도매시장법인, 중도매인이 통합된 시장도매인(도매상) 제도가 전면적으로 도입되어 유통효율성을 높일 필요가 있다.

여섯째, 도매시장, 대형 유통업체 등을 통한 대량 신속 유통시스템과 더불어 지역단위의 로컬 푸드시스템(local food system)의 구축이 필요하다. 로컬 푸드시스템이란 지역에서 생산된 농산물을 원거리 시장에 판매하지 않고 근거리 지역내 시장에서 판매하여 농산물의 이동에 따른 푸드 마일리지를 감축시키는 효과가 기대된다. 구체적으로 지역내에서 생산된 농산물의 지역내 소비를 촉진하는 파머스 마켓, 학교급식 등의 확대가 필요하다.

참고문헌

1. 김동환, 김병률, 김재식, 「농산물 유통론」, 농민신문사, 2008
2. 김동환, 「농식품 이제 마케팅으로 승부하라」, HNCOM, 2009
3. 김성훈, 김완배, 김정주, 「농산물 유통 진단과 처방」, 농민신문사, 1998
4. 농림수산식품부: http://www.mifaff.go.kr/
5. 농림수산식품부, 「농림수산식품 주요통계」, 2011.
6. 농수산물유통공사, 「주요 농산물 유통실태」, 2011.
7. 통계청: http://www.kosis.go.kr/

3-2 의약품 유통

의약품 산업은 국민의 건강과 생명에 연관된 의약품의 생산과 판매를 담당하는 산업으로, 의약품 제조와 판매 과정에서 안전성, 유효성에 관해 약사법과 국민건강보험법을 근거로 하는 특수한 산업이다. 통상적인 기업활동에서는 제조업자가 생산원가와 마진을 고려하여 판매가격을 결정하지만, 의약품 산업의 경우, 판매가격은 정부가 결정을 하고, 의약품과 서비스에 관한 대가 지불은 국민개보험으로 전 국민이 지불한 보험료에 의해 지불되기 때문에 정부 규제가 많은 산업이다.

제약산업은 기초과학연구가 중요하며 연구개발의 비중이 높은 산업적 특징으로 시장 집중도와 시장 독점력에서 기술력과 자금력을 갖고 있는 선진 다국적 제약기업이 절대적 우위를 차지하고 있다.

또한, 신약개발은 첨단기술의 집약으로 성공시 막대한 수익이 창출되지만, 많은 투자비(3~10억달러)와 10~15년에 걸친 오랜 연구기간에 비해 성공률이 낮은(1/5,000~1/10,000)하이리턴 하이리스크 사업의 특징을 가져 특허보호의 장벽이 높다(한국보건산업진흥원, 「2009 보건산업백서」).

우리나라의 총인구는 2010년 현재 약4,941만 명이고, 평균 수명은

80.79세(남성 77.20세, 여성 84.07세)이다(통계청, e나라지표). 1989년부터 국민개보험제도의 실시로 전 국민이 건강보험대상이 되어 의료급부에 의한 의료보장을 받는다. 의료비는 의료보험 가입자의 보험료, 사용자의 부담, 국고, 건강증진기금 등으로 충당하고 있으나, 매년 급증하는 의료비는 보험 재정적자로 이어지고 있다.

01 역사적 배경

우리나라 의약품 산업은 일제 식민지와 해방후 혼란기를 통해 근대화가 늦어지면서 비교적 서양 의약학의 도입역사가 짧아, 국내 기반을 갖추기도 전에, 1980년대 이후 급속한 글로벌화와 규제완화의 흐름속에서, 무방비 상태로 글로벌경쟁하에 놓여지게 되었다.

우리나라의 의약품 유통에 대한 역사는 1900년 이후 서양의약학의 도입을 기점으로, 양약이 들어오기 전 한약시대와 양약 도입 이후의 양약과의 혼용시대로 크게 나누어 볼 수 있다. 양약이 들어온 후에도 오랫동안 한방이 주 약재였으나 해방후 의료제도가 바뀌면서 양약이 급속도로 퍼지기 시작했으나 최근 한약과 양약이 혼용되고 있는 특이한 양상은 보이고 있다.

정치경제의 굴곡의 역사만큼이나 의약품 산업의 리딩업태도 여러 번 변화를 거치게 된다. 즉, 초기 한약방에서 양약시대로 넘어오면서, 의약품 제조업자보다 자금, 시설, 규모면에서 월등했던 도매상시대에서 1960년대 이후 정부산업지원정책으로 제약업자가 급성장하게되고, 1980년대 이후에는 의약분업이나 국민개보험제도 실시로 대형 종합병원과 대형 체인약국 등으로 바잉파워 축이 변화해 왔다고 볼 수 있다. 의약품 유통의 역사에 관한 연구가 많지 않은 관계로 이하에서는 한국의약품 도매협회의 「도협 30년사」를 중심으로 서술하기로 한다.

양약이 도입되기 전, 한약 시절의 의약품 유통 중심지는 17세기 후반부터 형성된 경상북도 대구약령시로 볼 수 있다. 봄 가을 일 년에 두 번 장이 열릴 때는 전국에서 약초 재배자와 채취자, 상인과 약재 수요자가 모여 성시를 이루었다. 이후 원주, 전주, 진주, 공주, 청주, 대전, 개성, 제천 등으로 전국에서 장이 열리게 되었다.

1894년 갑오개혁 이후 신정부 수립으로 행정부 내에 위생국을 두었으나, 당시 실제로 의학, 약학 교육을 받은 사람이 없어, 실제로는 1907년 대한의원의 관제가 공표되면서 서양 의학제도가 도입되기 시작했다.

한일합방 이후 일본인 약업자들이 의약품 판매를 했으나, 8.15 광복 이후, 의약품도매상은 일본인이 남기고 간 의약품, 군용품, 원조물자 등을 중심으로 취급했다. 625전쟁 중에는 이들 의약품 도매상들이 피난지인 부산의 국제시장 중심으로 몰렸고, 생산업자는 육군본부가 있는 대구 중심으로 몰렸다. 일부 수입업자는 페니실린을 수입판매하여 폭발적 인기를 얻었다. 전국 주요 도시의 대형 도매상은 판매망을 구축하여, 제조업자에게 금융지원을 하는 등 당시에는 의약품 도매상이 주도권을 쥐고 있었다.

1955년 이후 미국잉여농산물에 의한 무원조달러(국제협력국, ICA)와 정부융자에 의해 제약시설에 자금원조가 실시되었다. ICA의 제약업자에 대한 달러 원조는 환차익뿐 아니라 수입할당제, 신제품허가, 제휴처 수입품허가 등의 각종 정부지원정책 등은 이후 제약산업이 급성장하는 중요한 계기를 만들었다. 이러한 정부의 국내 제약산업 보호책이나 메이커의 대량생산체제 구축과는 반대로 도매상의 규모는 급속히 축소되었다. 이러한 배경 속에 제조업자는 도매를 경유하지 않고 약국이나 병의원과 직거래를 하게 되었다. 또한, 교통망의 발달, 국산자동차 등장 등으로 메이커의 직거래는 한층 가속화되어 생산, 판매, 수금관리 기능을 담당하던 도매상 중에 부도나 파산업자가 속출하였다. 도매상 중에는 제조업자로 전환하는 경우도 많이 생겨 영세 제조업자가 난립하여 난매 등의 판매경쟁이 심각하게 되었다.

1953년 휴전협정 이후 의약품 취급업자가 급속히 늘어나면서, 의약품 판매질서가 문란해지자 이 문제를 해결키 위해 의약품을 판매하는 약국, 도매상, 약방을 중심으로, 1955년 전국 규모의 대한의약품 판매협회가 탄생되었다. 기존의 대한약품 공업협회, 대한약사회 등에 이은 약업계 단체였다. 이후 약국은 약사회, 제약업체는 약품공업협회, 도매업체는 의약품 판매협회로 다시 나누어졌다.

1953년에는 약사법이 제정됨으로서 약전의 제정, 제약허가 시설기준, 품목허가, 약사국가시험, 의약품 판매업자 규제 등의 체계를 갖추게 되었다. 1960년대 종로5가를 중심으로 개설된 대형약국이 겸업으로 도매가격으로 의약품을 소매판매도 하고, 지방도시의 대형약국이 난매를 하는 등 병매나 난매에 의한 가격혼란 상태가 계속되어 의약품 판매에 관한 규제가 필요했다. 이에 1963년 약사법이 개정되어, 약국 개설자의 의약품 도매행위가 금지되었다. 그럼에도 1980년 대에 들어와 의약품 유통환경이 바뀌면서 유통구조, 의약품 기획, 가격, 약제사 자격 등과 관련한 여러 문제가 동시에 발생하였다. 제약회사의 양산체제에 의해 난매가 발생하고, 제조업자의 직거래가 유행해서, 이후 도매상의 도산이 줄을 잇는 등 제약산업의 유통체계는 복잡한 양상으로 전개된다.

한편, 의료제도 측면에서는 1977년 직장의료보험을 시작으로, 1989년부터 전면적인 국민개보험시대가 열렸다. 2000년 의약분업이 실시된 후 의약품 유통의 약 70%를 차지하던 의료기관의 매출은 반 이상 떨어진 반면, 종전 병의원에서 조제하던 약을 전부 약국에서 조제하게 되어 약국 시장 규모는 크게 늘어났다. 이에 이제까지 병의원에만 의약품을 납품하던 도매업체들은 약국을 거래처로 전환하게 되었다.

한편, 그간 제약업체와 직거래를 하던 약국과 의료기관에서는, 의료보험 실시에 의해 직거래 가격교섭으로 인한 마진이 없어지고 도매업체로 거래선을 바꿈에 따라 도매 매출이 큰 폭으로 증가하였다. 또한, 약국의 임의조제가 원칙적으로 없어지게 되어, 약국의 일반의약품 매출도 급감하게 되었고 이에 일반의약품 시장이 감소하였다.

현재 등록면허 약사수는 61,116명(2010년 현재)으로, 면허사용자는 65%인 36,397명이다. 의약품 등 판매업소(2009년 현재)는 약국 20,697, 약업사 562, 도매상 2,424, 한약도매상 907, 한약업사 1,457, 매약상 122로 구성되어있다(보건복지부,「보건의료분야 주요업무 참고자료」 2010).

한약재를 보면, 동양최대 한약시장이라고 알려져 있는 서울 약령시의 경우, 1960년대 중반 이후 서울 동부도심권의 교통요충지인 청량리역을 중심으로 전국의 한약상인들이 모이면서 자연스럽게 구성되었다. 1970년대에는 근방 10만 ㎡에 이르는 현대의 규모를 갖추게 되었고, 1995년 정식으로 서울 약령시로 지정되어 현재는 전국 한약재의 3분의 2가 이곳을 통해 유통되고 있다.

02 우리나라 의약품 유통의 특성

1) 영세다수성

우리나라의 의약품 유통도매상 수는 현재 1,700개 사부터 2,400개 사까지 발표기관에 따라 다르게 나타나고 있으나, 영세 다수에 의한 과당경쟁이 심각한 수준이고, 다른 나라에 비해 지나치게 많은 편이다.

우리나라의 의약품 도매업체수는 미국 20개, 영국 11개, 프랑스 7개, 호주 8개에 비해 대조적이다. 일본의 144개, 이태리 133개에 비해서도 10배이상 차이가 난다(타국가 통계는 2005년말 기준이고, 한국은 2009년 기준). 이들 국가의 의약품 시장규모가 한국에 비해 3~30배 정도임을 감안하면 국내 의약품 도매업체의 영세 과다성을 짐작할 수 있다.

이는 2000년 의약분업 실시로 약국이 기하급수적으로 증가하면서 의약품 유통시장 규모가 확대된 면과 규제완화(2001년 도매상 시설규모 규제철폐 등)에 의한 정부정책과도 관련이 있다.

이는 선진국에서 업계의 구조조정이나 매수 합병으로 그 수가 현격히 줄어들고 있는 것과는 대조적이다. 특히 일본 의약품 도매업체의 경우, 최근 10년간 400여 개 회사가 100여 개의 초대형 도매업자로 재편성되어, 시장 규모면에서 의약품 도매가 일본 전업종을 통틀어 가장 상위에 랭크되고 있다.

일본은 계속되는 의약품 도매상의 재편성으로 현재 크게 4그룹이 시장을 주도하고 있다. 각 회사의 2011년 3분기 매출액을 보면, 메디팔HD(매출액 2조 6,628억 엔, 이하 상동), 알프레사HD(2조 1,833억 엔), 스즈켄(1조 7,529억 엔), 동방약품HD(1조 596억 엔)에 달하고 있다. (한국의약품도매협회, 제3회 한일의약품 유통포럼, 2011.9.23), 반면 우리나라는 쇼트(short line)업체인데 반해, 일본은 종합 도매인 풀라인(full line)업체수의 통계이므로 이를 구분해야 한다는 주장도 있다.

이와 비교하여, 우리나라 도매업체의 92.6%(3절, 표1)가 연매출액 100억 원 미만의 영세업자이다. 이러한 영세 다수의 의약품 도매상 구조는 필연적으로 의약품 영업의 과당경쟁으로 이어져 의료기관이나 약국과 대등한 입장에서 거래를 못하고, 전근대적이고 불투명한 거래 등에 따른 불법 리베이트로 연결되어 사회적 문제가 되고 있다.

2) 전문의약품/제네릭의약품 중심

의약품은 구매시 처방전 유무에 따라, 전문의약품과 일반의약품으로 나눌 수 있는데, 우리나라의 의약품시장은 일반의약품보다 전문의약품 위주로 유통되고 있다. 의약분업 이전인 1995년에는 일반의약품 대비 전문의약품 비율이 56:44로 일반의약품 비중이 높았으나, 1998년부터 역전되어 2008년에는 20:80으로 일반의약품보다 전문의약품 비중이 압도적으로 높다(한국보건산업진흥원, 「2009 보건산업진흥 포럼집」).

또한, 의약품은 신약특허 기간 만료 여부에 따라 오리지널 의약품과 제네릭 의약품으로 나뉘어지는데, 국내 제약회사가 제네릭 의약품 중심 생산체제로 우리나라는 오리지널보다 제네릭 의약품 중심의 유통구조를 갖고 있다.

2011년7월 현재 우리나라 보험적용 의약품수는 총14,376개로 전문의약품 12,639개(오리지널 426, 제네릭 12,213)와 일반의약품 1,727개(오리지널 15, 제네릭 1,722)로 구성되어있다. 2010년 보험적용 의약품 성분수와 제품수를 보면, 성분으로는 3,855개로 14,806개 제품수 중, 1성분당 평균 4제품이 출시되고 있고, 그 중에는 동일 성분으로 61개 이상인 의약품도 14개나 된다(보건복지부, 2011년 11월 국회제출 자료중).

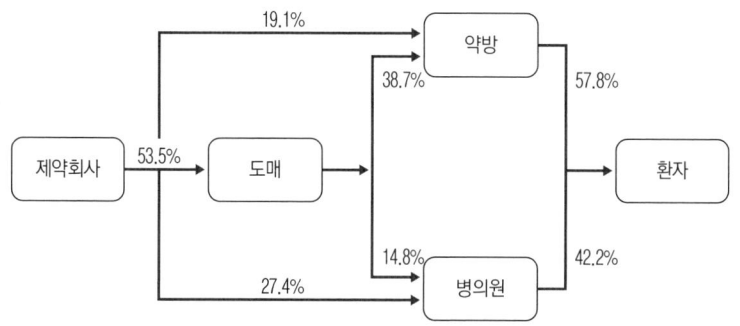

〈자료 : 한국보건산업진흥원, 「2009보건산업진흥포럼집」, p.612, 원자료2008년 기준2009년 상반기매출거래별
내용현황(의약품성실신고회원조합)내용을 중심으로 작성.〉

3) 높은 직거래율

우리나라 의약품의 상당 수는 도매상을 경유하지 않고 제약업체에서 직
접 수요자에게로 공급되고 있다. 선진국인 미국, 유럽, 일본 등의 경우
의약품 유통경로는 대부분의 도매상 경유가 90% 이상인 것에 비해, 우
리나라는 도매상 경유가51.6%로 나머지는 메이커로부터의 직거래 형태
를 띠고 있다(2008년 기준).

1994년부터 의약품 유통일원화제도에 의해 100병상 이상의 종합병원
에서는 도매상을 반드시 경유하도록 규제했었으나, 2010년 12월 이 규제
가 일몰제도로 끝남에 따라 금후 의료기관에 대한 직거래 비율은 더욱
높아질 것으로 예상된다.

4) 서울수도권 집중

2010년 우리나라 전국 의약품 도매상의 시장 규모는 약 12조 5천억 원으

로 추정된다. 이를 시도별로 살펴보면, 서울은 5조 7천억 원으로 전체의 46.04%를 차지하고, 서울과 경기도/인천광역시를 합친 서울수도권에서 우리나라 전체 의약품시장의 약 60%를 차지하여 서울수도권 집중의 지역간 불균형을 나타내고 있다.이는 서울 및 수도권 인구가 전국 인구의 49.3%를 차지하는 수도권 집중의 우리나라 인구 분포와 유사하다.

2008년 식약청 통계연보에 따르면, 의약품 제조업체수에 있어서도, 서울/인천/경기 수도권의 업체수는 전국 830업체 중 426사로 51.3%가 몰려있다(한국보건산업진흥원,「2009 보건산업백서」). 또한, 병원, 의원 및 약국의 요양기관 수를 보아도, 2009년 전국 요양기관 65,471개소 중, 서울 및 수도권의 요양기관은 61.3%인 40,120개로 나타내고 있다(국민건강보험공단,「2009 건강보험 주요통계」).

5) 다국적사 매출 약진

최근 우리나라의 제약시장은 두 자리 성장에서 한 자리로 떨어지고 있으나, 외자계는 계속 성장 확대되고 있어 2010년부터 다국적사의 성장률이 국내제약사의 성장률을 윗돌고 있다. 2011년 랭킹 20위 안에서 두 자리 성장률을 나타낸 다국적사는 노바티스 13.0%, MSD 11.9%, 아스트라제네카 10.7%, 로슈 14.8% 등이다(한국의약품 도매협회, 제3회 한일의약품 유통포럼). 매출 상위 20위 안에는 랭킹 2위인 화이자를 비롯하여 10개의 다국적사가 이미 포진해있는데, 금후 다국적사의 지위는 더욱 높아질 것으로 예상된다.

외자계 제약사는 사노피-아벤다스의 국내 생산공장을 인수한 한독약품이 2005년 이후 생산 1위(5,093억 원)이고, 그 뒤를 이어 한국얀센, 베르나바이오텍 코리아, 한국오츠카제약 순이다(한국보건산업진흥원,「2009보건산업백서). 국내 처방약 상위 5위 품목 중 4개(80%)품목이 외자계 제약회사들의 오리지널 품목이다. 2008년 매출 1000억 원 이상의 대형 제약회사 36개사 중 외자계가 16개 사(44%)에 달하고 있다(류충렬편저, 「의약품 유통의 이론과 실제」).

전 세계 매출 상위 의약품은, 미국 화이자의 Lipitor로 2001년 이후 부동의 1위를 지키고 있으며, 2008년 매출액은 136억 달러에 달한다(한국보건산업진흥원, 「2009 보건산업백서」).

1989년 의약품 유통시장을 개방한 이래, 다국적 제약사 뿐아니라 외국 의약품 유통업자도 국내 진출을 꾀했다. 세계적으로 의약품 유통과 물류에 경쟁력을 가진 스위스의 Zuellig사가 독점으로 전체 외자계 의약품의 국내 유통을 담당하면서, 국내 도매상들은 다국적사의 의약품 구매를 위해 다국적사와 직거래가 안되고 쥴릭을 거쳐, 또 한국 도매상을 거친 루트를 통하게 되었다.

6) 전근대적인 유통상 관행

다수의 영세 제약사, 영세 다수의 도매상 간의 과다 경쟁으로 의약품 유통시장은 덤핑, 변칙거래 등 유통질서가 문란하고, 과다한 판매촉진비 지출로 제약 및 유통산업의 경쟁력이 약화되었다는 것이 정부의 입장이다. 이와 관련하여 공정거래위원회의 제약사 불공정거래 조사결과 발표 등 의약품 납품비리는 지속적인 사회문제로 대두되고 있다. 리베이트에 관해서는 후술키로 한다. 2005년 제약기업들의 매출액 대비 판매관리비 비중은 제조업 평균인 12.2%보다 훨씬 높은 36.8%로, 이는 제약업체가 연구개발 활동보다 영업활동에 치중하고 있음을 나타낸다.

03 의약품 유통 현황

의약품 도매상은 물류기능, 금융기능, 판촉기능, 정보기능을 가지는데, 일본의 경우, 물류 외에는 전부 도매상의 MS(Marketing Specialist: 도매상의 판매 담당)가 이 역할을 담당한다. 특히 미국이나 유럽에서 없는 일본 MS기능 중 약국대상 판매촉진이나 처방처 대상 판촉활동이 들어있다.

1)의약품 도매시장 규모

한국의 의약품시장(업자별 매출액 기준)은 2000년의 2조 9,800억 원에서 매년 평균 17.8%씩 늘어나, 2008년도 도매상 규모는 11조 원이 넘었다.

의약품시장 조사회사인 IMS Health에 의하면, 2008년 세계 의약품시장은 7,730억 달러로 전년대비 4.8% 성장률을 나타내며, 2001년 이후 점차 감소 추세를 보이고 있다. 지역별 시장 규모를 보면, 북미 40.3%, 유럽 32.0%, 아시아/아프리카/호주 11.7%, 일본 9.9%, 남미 6.0%를 차지하고 있다(한국보건산업진흥원, 「2009 보건산업백서」).

한국의 제약시장은 2011년 세계 의약시장 중 12위를 차지하고 있으며, 아시아 시장에서는 일본시장에 이어 두 번째로 큰 시장이다. 한국 제약시장은 지난 10년간 두자릿수 성장을 기록하였으나 최근 한자릿수로 성장률이 둔화되고 있는 데 비해, 중국을 비롯한 신흥국들은 두자릿수 성장률을 나타내고 있다. 즉, 2011년부터 2015년 사이의 제약시장의 예상 성장률을 보면, 선진국의 경우, 미국 0~3%, 일본 2~5%, 독일 1~4%, 프랑스 0~3%로 성장이 둔화되고 비해, 신흥국은 중국 19~22%, 브라질 10~13%, 러시아 11~14%, 인도 14~17%로 두 자리 이상의 높은 성장률이 예상되고, 앞으로 중국과 인도시장이 시장성장의 80%를 견인할 것으로 보인다(한국의약품도매협회, 제3회 한일의약품 유통 포럼집, 2011.9.23).

국내 산업대비 제약산업을 보면, 2009년 현재 GDP대비 1.5%이고, 제조업 GDP대비 6.1%를 차지하고 있다. 〈그림2〉에서 우리나라 의약품도매시장 규모를 보면, 2000년에 2.98조 원에서 매년 성장하여 2008년에는 11조 원을 초과하는 시장이 되었다.

〈그림 2〉 **의약품 도매시장 규모와 성장률 추이**(단위: 조 원, %)

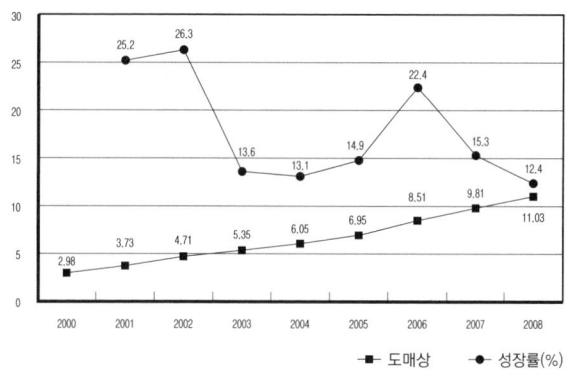

〈출처 : 한국보건산업진흥원, 2009 보건산업진흥 포럼집, p.613, 원자료: 금융감독원 감사보고서 공시자료 내지 도매협회 자료를 근거로 작성.〉

2) 도매업체수

2000년 518사였던 도매업체수는 의약분업 이후 계속 증가하여, 2009년에는 1,251사로 2.5배 이상 늘어났다(한국의약품도매협회 내부자료). 이와같이 연평균 16%씩 도매상 수가 늘어난 이유는 다음과 같다. 의약 분업과 국민개보험, 고령화 사회 등으로 의약품시장 자체가 확대된 면도 있으나 규제완화의 흐름 속에 2000년 6월에 도매시설 개설조건(실평수 영업소 10평, 창고80평 이상을 의무로 하는 제도)이 폐지되어 진입장벽이 낮아지면서 급속히 도매업자가 늘어나게 되었다. 또한, IMF 경제위기 이후 일부 제약기업의 퇴직사원에 의한 특정 품목 도매상 개업도 업자 수의 증가에 크게 영향을 미쳐서 이후 유통비용의 상승과 거래질서의 혼란을 초래했다.

〈그림 3〉 도매업체수의 변천(단위: 개 소)

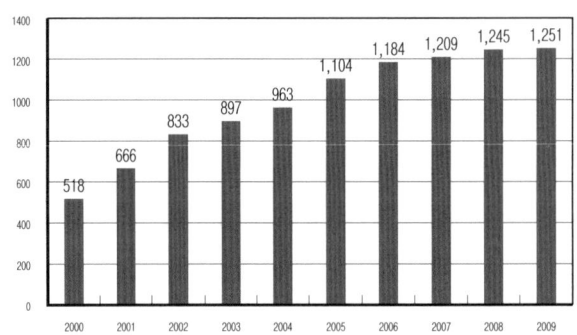

〈자료: 한국의약품도매협회, 2010〉

3) 시장집중도(시장점유율)

영세과다의 특징을 지닌 우리나라 의약품 도매업자는 2008년 기준 매출액 100억 원 미만 도매업체는 총1,128사로 전체 업체수의 90.6%에 해당하지만 이들의 매출 점유율은 18.7%에 불과하다. 반면에 매출액 1,000억 원 이상 도매업체는 총29개 사로 전체 업체수의 2.3%에 불과하지만 매출 점유율은 46.1%에 달해 도매업체 간의 양극화 현상이 두드러진다. 이 같은 현상은 매년 더욱 심해지고 있다.

년도별	매출규모	2,000억 이상	1,000억~ 2,000억	500억~ 1,000억	300억~ 500억	100억~ 300억	100억 미만	계
2009	업소수	12	26	27	24	50	1,738	1,877
	업소수 점유율	0.6	1.4	1.4	1.3	2.7	92.6	100
	매출점유율	18.2	17.3	9.3	4.6	4.6	46	100
2010	업소수	16	25	30	18	49	1,806	1,944
	업소수 점유율	0.8	1.3	1.6	0.9	2.5	92.9	100
	매출점유율	23.5	15	9.1	3.1	4.1	45.2	100

〈출처: 금융감독원 외부감사 공시자료, 건강보험심사평가원 공급내역 통계자료〉

　　2010년 연매출 500억 원이 넘는 중대형 도매업체는 71개 사로 전체 1,944개 사 중 비록 3.7%에 불과하지만, 시장 점유율은 47.6%로 절반 가까이를 차지하고 있다. 반면 연매출 100억 원 미만의 소형 도매업체수는 무려 1,806개 사로 전체 업체수의 92.9%나 되지만, 시장 점유율은 45.2% 밖에 되지 않고 있다. 업체당 평균 매출액도 56억 여 원에 불과하다. 그러나 우리나라의 소수의 상위 시장집중도에도 불구하고, 이러한 영세성은 일본의 4대 의약품 도매상의 매출액이 년간 15조 원(2011년 11월 환율 15대 1 적용)을 넘는 것과 비교했을 때 상기의 영세다수의 심각성이 여실히 드러난다.

04 주요 의약품 유통업체 동향

1) 지오영

우리나라의 대표적인 의약품 도매상으로 비상장사인 지오영은 2002년 설립되어, 국내에서 유일하게 자동화 물류시스템을 갖춘 기업이다. 2009년 현재 자본금 183억 원, 총자산 2,200억 원(계열사 제외), 매출액은 5,200억 원에 이르며, 성창약품, 가야약품, 동부팜넷, 선우팜, 연합약품, 켈컴, 지오MD코리아 등의 계열사를 갖고 있다.

국내 5천 개 이상의 약국과 병원에 의약품을 공급하고 있고, 다국적 제약회사의 의약품을 위탁, 보관, 배송하는 물류대행 서비스(TPL, Third Party Logistics)도 제공하고 있다. 2007년 업계 처음으로 인천에 최첨단 자동 물류센터를 건립한 후, 2009년에는 서울 중부권역의 약국 배송과 서울 수도권 병원 TPL서비스를 위해 중부물류센터를 개설했고, 이 외에도 강북물류센터와 강남물류센터를 갖고 있다.

지오영웹에서는 인터넷을 이용하여 24시간 365일 주문이 가능하고, 다양한 제품, 주문정보와 주문한 물품에 대한 배송정보를 제공하고 있다. 지오영몰은 의약품 전문쇼핑몰로 전문의약품 8,000품목과 일반의약품 3,000품목의 주문이 가능하다. 관련기업으로 병원유통은 동부팜, 가야팜, 선우팜, 성창팜, 지오영네트워크가 있고, 의약품 유통은 호남지오영, 제조지오영, 강원지오영, 동부팜넷, 대동팜, 지오영네트워크가 있다. 익수약품을 인수하여 의약품 생산을 하고 있으며, 캘컴팜을 통해 건강 상품도 판매하고 있다. 금후 체인약국 사업 진출과 일반의약품 자체 개발도 검토 중이다.

2) 백제약품

1946년 설립된 백제약품은 총자산 2,157억 원(계열회사 제외), 자본금 22억 원, 매출액 5,880억 원(2009년 기준)을 나타내고 있다. 단일 법인으로 도매상 매출 1위이며, 1946년 설립 이후 1969년 초당산업주식회사, 1982년 초당 약품공업주식회사를 설립하여 현재 60여 종의 의약품도 생산하고 있다. 국내 7,000 약국과 병의원에 의약품을 납품하고 있다.

1989년 의약분업을 계기로 병의원영업을 담당하던 부분을 분리시켜 백제에치컬을 설립했다. 당시 도매상은 약국을 대상으로 하는 일반도매 상과 병원입찰을 주로 하는 입찰도매상의 두 종류가 있었으나, 1990년대 수입자유화 이후 다양한 형태로 세분화되었다.

의약분업에 의한 의약품 수요 증가와 신속한 배송을 위해, 전국 규모로 유통망을 확대하게 된다. 2000년 원주지점을 시작으로 2001년 대구, 일산, 전주지점을, 2002년에는 인천, 분당 지점을 개설하여 업계 최초로 전국유통망을 구축한다. 1인 대주주로 전국 대도시에 있는 12지점은 각각 개별 운영체제를 갖추고 있다.

3) 동원약품(아이팜코리아)

1968년 약업을 시작한 동원약품은 2011년 현재 매출액 약 6,000억 원으로 전국 리딩 의약품 유통업체중 하나이다. 관련 기업으로 서울/경기(석원약품, 서울동원팜), 대구/경북(동원약품, 동보약품), 경남(진주동원약품), 대전/충청(대전동원약품), 강원(동원약품 원주지점), 제주(제주동원약품)와 경일데이터시스템(전산회사)을 포함한 9개 사업체와 고객 온라인 지원서비스인 아이팜코리아(www.ipharmkorea.co.kr), 내부관리 전산시스템(DAMIS)을 갖고 있다. 2012년 김포에 2,400평의 물류센터 설립을 계획하고 있으며, 2009년 다국적 도매회사인 쥴릭과의 거래를 중단하고 다국적 제약사와의 직거래를 선언해 언론의 주목을 받기도 했다.

4) 쥴릭(Zuellig Pharma Korea)

우리나라에서는 국산의약품의 유통을 담당하는 도매상과 외자계 의약품의 유통을 담당하는 도매상으로 나누어진다. 외자계 의약품은 스위스 Zuellig사 1사 독점체제이다.

국내에 진출한 다국적 제약회사의 총괄 종합도매상인 쥴릭은 1997년 물류서비스 제공회사인 한국로지스틱스서비스(Korea Logistics Services: KLS)로 한국에 진출했다. 2000년 이후 처방전 의약품과 OTC의약품 유통으로 서비스분야를 확장하면서 회사명을 쥴릭파마코리아로 변경하였다. 이후 다국적 제약사의 한국 독점 유통채널로 활동하면서 최근에는 국내제약사의 판매채널로까지 영역확장을 꾀하고 있다.

60년 전부터 아시아 전역에서 다국적사의 종합도매로 활약하고 있는 쥴릭은 아시아 본부를 홍콩에 두고 아시아 15개국에 지점을 두고있다. 한국 오산에 첨단물류센터를 두고, 전국에 위치한 쥴릭의 위성물류센터를 통해 당일 배송을 원칙으로, 약 7,000여 약국에 의약품을 납품하고 있다. 최근 5년간 물류 물동량은 최대 10억 달러(약 1조)에 달하는데, 그 중 60%가 쥴릭파마코리아의 유통채널을 통해 판매되고, 나머지 40%는 쥴릭의 물류서비스를 이용하는 제품들이다.

영세 다수의 국내 의약품 도매업자와는 달리 쥴릭사는 막대한 자본과 외자계 기업의 차별화된 제품을 중심으로, 최첨단의 통신장비와 대규모 물류시설을 갖추어, 진출 시부터 우리나라 국내 도매상들과의 갈등관계가 계속되고 있다. 쥴릭파마는 2011년 11월 국내 중견제약회사인 한화제약의 일반의약품 유통서비스를 실시하기로 하는 등 다국적사의 전문의약품뿐만 아니라 국내제약사의 약국 유통채널 확대에도 힘쓰고 있다.

05 우리나라 의약품 유통의 주요 이슈

1) 한미FTA에 따른 업계 구조조정

한미 FTA협정안이 2012년 발효를 목표로 2011년 11월 22일 국회에서 비준됨에 따라 금후 제약업계와 의약품 도매업계의 구조조정은 불가피해 보인다. 제약업계의 경쟁력강화와 의료보험 재정건전화를 위해 추진되고 있던 17% 정도의 일괄 약가인하제와 더불어 한미 FTA에 따른 의약품허가-특허 연계 조항 발효는 다른 산업에 비해 국제 경쟁력이 취약한 우리나라 의약품 업계를 더욱 위축시킬 것이다.

아시아시장에서 두 번째로 큰 규모의 구매력을 가지고 매년 10% 이상의 의료비 성장률을 보이는 우리나라 의약품 시장은, 의약분업과 국민개보험의 실시로 의료제도상 선진국과 유사한 형태를 갖고 있으며, 저출산 고령화와 건강수요의 증가로 앞으로도 의료비 지출은 지속적으로 상승하리라고 보여진다.

우리나라 의약품 시장은 일본처럼 보험자가 기업별/지역별로 나누어져 있지 않고, 전 국민에 대해 단일 보험자인 국민건강보험공단이 의료급부를 지급할뿐만 아니라 신약개발 기술력이 현저히 낮아 다국적 제약사의 공급자입장에서는 매우 매력적인 시장이다.

한편, 매년 10%이상 성장하고 있는 다국적 제약사에 비해, 신약개발이 힘들고, 제네릭 의약품생산에 의존하는 현 우리나라 제약업계의 실태에서, 관세 철폐 이후 미국과 대등한 관계에서 의약품 시장이 개방되기는 어렵다.

최근 매년 시판되는 전 세계 신약 100개 중 약 50개가 미국에서 개발되고 있다(10개 정도가 일본에서, 한국은 1개 이하로 개발). 화이자를 위시하여 세계 신약시장의 절대적인 강자인 미국의 제약업체와 거의 신약개발이 힘든 우리나라가 같은 환경 속에서 경쟁을 했을 때, 과연 무역균형이 이루어질 수 있을지 의문이다.

이제까지 다국적 제약사들이 요구해온 오리지널 의약품의 약가인상(기타 제국에 비해 약가가 낮다고 주장)뿐만 아니라 미국업계 측에서는 약가결정, 승인 절차, 의약품 유통 등의 국내 규제제도 및 상관행에서도 투명성과 국제표준을 요구한다. 이러한 거래나 절차상의 투명성과 국제적 표준을 요구할 때, 상술한 우리나라 의약품 시장의 열악한 구조들이 총체적으로 드러나 두 국가 간에 대립이 생길 가능성도 배제할 수 없다.

2) 의약품 리베이트

한국의 제약업자는 외자계 제약업자에 비해 연구개발 투자비율이 낮고, 제품의 경쟁력이 적기 때문에 판매영업에 주력하는 경향이 있음은 상술한 바와 같다. 이는 신약개발보다 제네릭약을 중심으로 한 1,000사가 넘는 영세다수의 도매상들이 존재하는 의약산업 구조상 격심한 판매경쟁이 벌어진 결과라고 볼 수 있다.

한국정부는 의약품거래의 투명화와 약제비 절감을 위해, 의약품과 의료기기의 거래에서 리베이트 거래가 발각될 경우, 거래 양쌍방을 처벌하는 리베이트 쌍벌제를 2010년 11월부터 실시하고 있다. 리베이트의 금액이나 위반 횟수에 따라 자격정지기간도 지금의 2개월에서 1년까지로

290

3장–업종별 유통

길어진다. 또, 제약회사가 리베이트를 제공하여 2회 이상 적발된 경우, 대상품목을 건강보험 급부품목에서 제외시킨다.

리베이트의 유형은 다양한데, 약국과의 거래에서는 백마진, 할인/할증 요구가 있고, 병원과의 거래에서는 기부금요구, 랜딩비(초기거래사례금), 운영비 지원 등이 있고, 의원과의 거래에서는 처방사례비 명목 등이 있다.

제약회사는 병의원에 통상 자사제품 처방실적의 10~20%, 약국에는 구매실적의 5%를 리베이트로 제공하는 것으로 알려지고 있다. 종합도매상은 약국에 거래유지 목적으로 구매액의 5%의 리베이트를 제공한다. 일부 영세도매업자는 구매실적의 10~30%의 리베이트를 제공하기도 한다.

최근 리베이트를 비롯하여 의약품 유통 투명화에 대한 여론이 거세다. 이에 앞으로 업계 자체내 공정경쟁규약 내지 이에 대한 처벌 수위가 점차 높아질 전망이다. 리베이트를 준 당사자에 대한 처벌뿐 아니라 리베이트를 수수한 의사도 처벌하겠다는 쌍벌제의 실시로 정부의 리베이트 근절을 위한 강력한 의지를 볼 수 있다. 이는 리베이트 자체가 국제기준에 위배되므로 한미 FTA 실시로 더욱 가속화될 여지가 있다.

3) 의료보험재정: 의료비중 약제비 비중증가

우리나라가 2009년 건강보험에서 지출한 약품비 규모는 약 11조 6천억 원으로 건강보험 총진료비의 29.5%로 의료비의 3분의 1을 차지하고 있다. 약제비 또한, 2001년부터 2008년까지 평균 13.8%로 매년 증가하고 있는데, 이는 동 기간의 진료비 증가율인 연평균 10.2%를 훨씬 웃돌고 있다. 이러한 약제비 비중은 OECD 회원국의 평균 의약품 지출 수준인 14.5%(OECD Health Data 2009)의 거의 두 배에 달하고 있다.

한편, GDP 대비 보건 의료비 비중을 보면, 미국 16%, 독일 10.5%, 일본 8.1%에 비해 우리나라는 6.5%로 OECD 평균인 9.0%보다 낮은 편이다(2008년 기준, 일본은 2007년임. 출처: 보건복지부, 「2009 보건복지백서」, 2010). 현재 비록 GDP 대비 의료비 비율은 낮으나, 매년 16% 이상 계속 증가하고 있다. 의약품 사용량 또한, OECD 국가 중 최고 수준으로 알려져 있는데, 과다한 의약품 사용은 국민들의 약값 부담으로 이어지고 있다. 이러한 약제비의 높은 비중은 매년 계속되는 총의료비 증가와 더불어 한국 의료보험 재정을 압박하고 있어, 이 의료비 문제는 현재 의료제도에서 풀어야 할 가장 큰 과제로 남아있다.

〈그림 4〉 **진료비와 약제비의 변화**(단위: 천억 원, %)

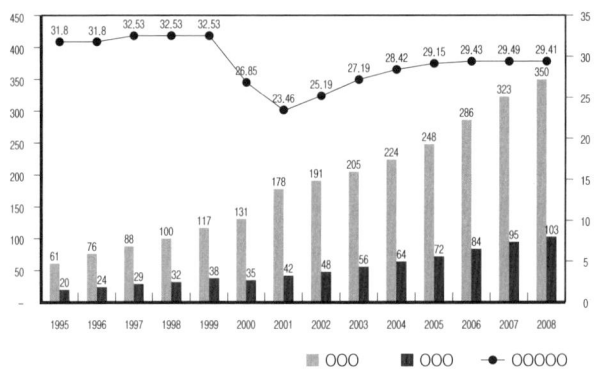

〈자료: 건강보험심사평가원, 「보험약가상환방식연구」, 2010, p.37.〉

4) 슈퍼 등 약국 이외 일반의약품 판매

최근 한국에서는 일부 일반의약품의 슈퍼 등 약국외 판매를 둘러싸고 이해 관계자들의 논의가 한창 진행중이다. 현재, 한국의 의약품 분류는 전문의약품과 일반의약품의 두 종류로 나누어져 있는데, 2000년 5월 이 분류는 의약분업을 전제로 한 약업계와 의료계의 위원회에서 협의한 분류체계로 이후 10년간 변동이 없었다.

일반의약품의 자유판매를 둘러싼 논의는 찬반 양론으로 크게 나누어진다. 약사회를 비롯한 약업계에서는 의약품의 자유구매나 복용에 대한 안전성이나 오남용의 문제를 제기하여 반대 입장을 취하고 있다. 기존 약국으로도 심야판매 등 자유판매를 원하는 요구조건을 충족시킬 수 있으며, 자유판매를 하게 될 경우, 기존 약국의 판매나 수입이 현저히 감소될 것을 우려하고 있다. 이에 시민단체를 비롯한 기존 판매체제에 불편을 느끼는 찬성측 입장에서는 제외국의 약국외 판매 사정, 도시지역의 야간 심야 휴일 의약품 구매불편과 농어촌지역의 의약품 접근성의 불편을 들어 자유판매를 주장하고 있다.

이와 관련해서는 일본의 경험을 참고로 할 필요가 있다. 이와 유사한 논의가 일본에서도 최근 10년 이상 장기간에 걸쳐 진행되었지만, 결국 정부의 강한 의지로 2009년 6월부터 전면 일반의약품의 약국외 판매가 실시되었다.

일본의 경우도 한국과 마찬가지로 약업계에서 장기간에 걸쳐 끝까지 반대한 논리가 의약품 안전성과 오남용의 문제였다. 그러나, 이 안전성의 문제는 전문가들이 안전장치를 시스템화함으로써 극복되었다. 먼저, 기존 의약품을 부작용의 사례와 발생가능성의 여부에 따라, 1류, 2류, 3류로 재구분하였다. 그 위에 안전장치로 판매진열대와 포장방법과 분류 표시에 대해 검토가 이루어졌고, 안전성 위험이 있는 1류는 자유구매가 안되고, 카운터 안쪽의 자격을 갖춘 등록 판매사에 의해 다시 한번 체크할 수 있도록 하였다. 그러나, 기존의 일반의약품중 5%만 이와같은 1류에 해당하는 것으로 나머지 95%는 전부 2류와 3류로 분류되어 자유롭게 판매할 수 있게 되었다. 이러한 안전장치 하에 실시된 일반의약품의 약국외판매는 1년이 지난 지금까지 우려했던 안전성에 관한 문제는 발생하지 않고 있다.

이러한 일본의 일반의약품의 약국외 판매는 앞으로 가전양판점, 전국편의점, 전국 슈퍼마켓 등 일반소매점까지도 의약품취급이라는 새로운 장르의 판매확대로 이어질 것으로 예상되어 유통시장 전체 판도를 바꿀 것으로 전망된다.

06 의약품 유통 전망 및 대응방안

유통 일원화제도 폐지, 리베이트 금지를 위한 쌍벌제 실시, 의료보험재정 건전화를 위한 지속적인 약가인하정책, 한미 FTA 등으로 의약품 유통을 둘러싼 의약품 산업은 금후로도 크게 구조조정과 재편성이 될 것으로 보인다. 이러한 의약품 산업 전반에 걸친 대내외적인 환경요인의 변화는 앞으로 기존 의약품업계에서도 여러 가지 변화가 일어남을 예고한다. 먼저 업태간의 변동으로, 이제까지의 메이커, 도매상, 소매상의 역할에서 영역의 확대 내지 수직통합이 일어나 각 영역의 장벽이 없어질 것으로 보인다. 메이커는 도매겸업, 도매는 소매겸업(예를 들어 체인약국 진출)과 제조진출, 병원은 도매사업 영역 진출 등 새로운 지각변동이 생길 것으로 예상된다.

한미 FTA실시는 제약산업 측면에서도 큰 지각변동을 예고한다고 볼 수 있다. 국내 의약품업계의 위축경영 내지 구조조정과는 반대로 국내 진출 신약의 특허권을 가진 구미나 일본 다국적 기업에게는 새로운 시장의 확대를 의미하기 때문에, 기존 국내 제약관련 산업의 종사자들의 다국적 기업으로의 이동도 늘어날 것으로 보인다. 기존 제네릭 중심 생산업자의 경우, 제네릭 의약품생산이 어려워지면 자체 생산보다 수익이 높은 다국적 제약사의 판매업자로 전락할 가능성마저 배제할 수 없다.

이는 1절에서 서술한 바와 같이 의약품 도매상이 해방후 일본 제약회사의 철수와 미군정치하 새로운 환경 하에서 도매상들이 제약회사로 전환했던 상황과 정반대로, 금후 10년간은 다국적사의 공격적인 경영으로 일부 제약업계의 통폐합 내지 수직통합으로 제약회사는 생산보다 유통활동에 더 힘을 쏟게되는 역사적인 전환점에 와 있음을 의미하기도 한다. 즉, 이와같이 대형 제네릭 제약사가 유통채널 기능의 비중을 높이게 되면, 자연히 기존의 시장에서 중소 유통업자들의 입지는 좁아지게 되어 새로운 사업영역의 돌파구를 찾지 못하면, 불가피하게 구조조정이 될 수밖에 없는 상황에 처하게 될 것이다.

취급품목에서도 전문의약품에서 일반의약품, 건강기능식품으로 확대될 소지가 있으며, 이와같은 다국적사의 국내제약사 유통채널 이용은 일본의 경우와는 아주 대조적으로 우리나라 유통 기능의 본질에 대해 다시 한번 검토해 보아야 할 것이다. 즉, 다국적사의 일본시장 진출에서 가장 걸림돌이 되는 것이 일명 비관세 장벽으로 일컬어지는 일본 내 국내 유통망인데, 우리나라는 반대로 수 십년에 걸쳐 구축한 국내기업의 자체 유통망을 적극적으로 다국적 기업을 위해 내주는 꼴이 될 수 있기 때문이다.

일본의 의약품 도매상업계는 예상을 뛰어넘는 3.11 동일본 대지진에서 그 위력을 유감없이 보여 주었다. 즉, 모세혈관형 도매상의 특징과 초대형 합병에 의한 4그룹 체제로 인해 (전국적 네트워크를 보유)지진발생 후 하릇 만에 피해지에 의약품을 공급함으로써 위기에 대처하였다. 이와 반대로 우리나라와 같이 1,000사 이상의 영세한 다수 도매상 구조로는 급한 위기상황에 전국적인 일사분란한 대처가 힘들 것으로 보여 경쟁력을 가진 대규모업체로의 재편성은 불가피해 보인다.

일반약 슈퍼판매는 일반약 판매의 증가를 가져오고, 슈퍼 이외 일반유통업의 매출에도 많은 영향을 미칠 것이다. 의약품의 판매 영역이 넓어지면 그만큼 생산자입장에서도 관련 산업이 진입할 가능성이 높아지고, 이에 따라 법의 적용여부도 복잡하게 될 수 있다. 의약품 관련법을 둘러싼 국내 부처간이나 국제 표준화에도 적극 참여하여 산업의 활성화와 국민의 건강 안전에 만전을 기하도록 해야할 것이다.

규제완화의 흐름과 확대일로에 있는 의료비지출 억제방안, 한미 FTA에 의한 영향 등을 고려할 때 일반의약품 약국외 판매 문제는 의약품재분류와 더불어 하루 빨리 풀어야할 과제이다. 동시에, 의약품의 적정한 사용방법과 관련해서는 공급자나 판매측의 대응뿐 아니라 소비자측에서도 전 국민을 대상으로 제도권 교과과정에서 학습 시스템을 구축하는 것이 바람직 해보인다.

또한, 신종플루나 조류독감 바이러스 등 전염성이 강한 새로운 질병이 최근 빈번히 발생하고 있으나, 우리나라는 이에 대응할 백신생산이나 희귀의약품 개발에 대한 투자가 매우 미약한 편이다. 국내에서 예방접종 시행 중인 22개 백신 중 15개는 국내 자급이 불가능하며, 허가된 총 152개 품목의 백신 중 31개만 국내 생산이 가능하여 향후 이러한 새로운 질병 발생 시 국가적인 위협이 될 수도 있다.

이러한 대내외적인 환경변수 외에 우리나라의 고령화속도는 전 세계에서 유례를 찾아볼 수 없을 정도로 빠르기 때문에 앞으로도 의약품소비량은 늘어날 것으로 보이는데, 백신을 비롯하여 자국민이 많이 사용하는 의약품은 최소한 빠른 시일내에 자급자족할 수 있도록 국내 생산 기술과 판매체제를 갖추어야 할 것이다.

참고문헌

1. 국민건강보험공단, 「2009건강보험주요통계」, 2010
2. 류충렬편저, 「의약품 유통의 이론과 실제」, 을지대학교, 2010
3. 박혜경 · 최상은 · 이선미 · 김대진, 「의약품 유통선진화방안연구」, 의약품정책연구소, 2010.
4. 보건복지부, 「2009보건복지백서」, 2010
5. 보건복지부, 의약거래및 약가제도투명화시책, 청렴위원회조사결과 2005, 2010.
6. 보건복지부, 「보건의료분야 주요업무 참고자료」, 2010
7. 보건복지부, 2011년11월 보건복지부 국회제출자료
8. 孫一善, 「韓国の医療制度と医薬品流通」, ライフサイエンス出版, 2011.
9. 손일선, "일본의약품 유통근대화정책에 관한 연구", 한일경상논집, 44집, 2009
10. 통계청, 「장래인구추계」, 2010
11. 한국보건산업진흥원, 「2009보건산업진흥포럼집」, 2009.
12. 한국보건산업진흥원, 「2009보건산업백서」, 2010
13. 한국보건산업진흥원, 「의약품도매유통산업의 선진화방안연구」, 2010.
14. 한국의약품도매협회, 「의약품 유통선진화5개년프로젝트」, 2009.
15. 한국의약품도매협회, 「제3회한일의약품 유통포럼」, 2011.9.23.
16. 한국의약품도매협회, 「도협30년사」, 1991
17. http://www.kyungdongmart.com/menu-a/a1.php,(2011.12.1)
18. http://www.index.go.kr/egams/stts/jsp/potal/stts/PO_STTS_IdxMain.jsp?idx_cd=2758,(2011.12.5)
19. http://www.geo-young.com/(2010.7.20)
20. http://www.baekje.net(2011.5.12)
21. http://www.ipharmkorea.co.kr(2011.12.8)
22. http://www.zuelligpharma.co.kr/index.html(2011.12.05)
23. http://www.zuelligpharma.co.kr/offices_korea_pro&ser_ko.html(2011.12.5)
24. http://100.naver.com/100.nhn?docid=108884,(2011.12.3)
25. http://www.medipana.com/news/news_viewer.asp?NewsNum=75194&MainKind=A&NewsKind=5&vCount=12&vKind=1,(2011.12.2)

3-3 의류 · 명품 유통

01 국내 패션 의류 유통의 흐름

국내 패션 의류 시장은 NB로 지칭되는 내셔널 브랜드로 전국판매망을 갖추고 직접 생산 유통하는 대형 어패럴회사는 자금력, 조직력, 마케팅 력을 바탕으로 대형화와 급속한 점포확장 등 시장 지배적 위치가 더욱 공고화 되는 한편 전통적 맥을 이어온 다수의 의류 도소매 시장은 낮은 인지도와 단품 의존형 상품으로 공존해 왔다. 최근 우리나라 의류 패션 유통은 좀더 세분화된 마켓으로 소비자의 선택 폭이 점차 넓어지고 있 으며 80년대 중반 이전까지 어패럴 회사들을 중심으로 한 공급자 마켓에 서 백화점 등 대형 유통업체의 다점포화와 핵심 상권 장악, 주 상권 선점 과 충성도 높은 소비자 집적에 의한 판매자 마켓으로 유통시장의 주도 권이 이전되어 왔다. 다만 럭셔리 브랜드와 최근의 SPA 샵과 소수 국내 패션 전문 회사들은 유통회사들의 상품 다양화 요구에 선별적으로 부응하면서 공급자 시장 주도권을 행사하고 있어서 향후 쇼핑몰, 쇼핑센타 등의 확산과 활성화에 따라 점점 시장 재편 현상이 가속화될 것으로 예상된다. 구체적으로 고급 마켓과 중하위 마켓을 가리지 않고 수입의류 마켓 점유율이 빠르게 늘어나고 있고, 일부는 브랜드 충성도를 바탕으로 시장 지배적 위치를 점하고 있으며 단순한 의류 아이템의 공급뿐만 아니라 단독 샵이나 스토어 형태로 유통시장에 직접 진입하는 사례까지 그 변화의 속도는 전반적 소비자 라이프 스타일 변화에 맞춰 유통시장의 패러다임을 바꾸고 있지만 국내 업체의 글로벌 시장 진출은 그에 미치지 못하고 있다. 끊임없이 진화하는 소비자 니즈에 대한 탐색과 패션의 흐름을 폭 넓게 분석하고 패션 영역을 확장, 연관 아이템들과 연합하는 브랜드 종합화 현상들이 멀티 브랜드의 집약과 더불어 소비자의 신뢰를 기반으로 한 마케팅에 이용되고 있다. 이런 움직임은 다시 새로운 흐름을 만들어 내겠지만 국내 의류 패션 유통은 자본력을 바탕으로 한 거대 해외 의류 패션 생산 유통회사들의 럭셔리 마켓의 독과점과 중저가 시장의 가격 품질 경쟁력으로 국내시장 잠식이 가속화되고 있어서 양분된 국내 소비자의 구매 성향에 대한 새로운 모색이 요구된다.

시대별 국내 의류 패션 유통시장의 주요 흐름을 살펴보면, 50년대는 미군의 구호품을 중심으로, 60년대는 5.16 쿠데타 이후 재건 국민복으로 불리는 획일적 의상이 억압된 시대상과 경제적으로 궁핍을 벗어나고자 하는 사회적 욕구와 어울려 오래 지속되었으며, 70년대는 베트남 전쟁 특수와 함께 수출 중심 압축적 경제 성장의 과실이 일반 소비자에게도 많은 영향을 미치게 되어 소위 구제품이나 보세라는 이름의 수출 잔량이나 잉여 생산된 의류가 시중에 대대적으로 나돌게 되었고 자의든 타

의든 국제 패션 흐름을 접하게 되는 계기가 되었다.

이 시기 극히 제한된 상류층 소비자들은 당시의 수입의류들을 매우 한정적인 해외 방문을 통해 구입하거나 미군부대 등에서 흘러나온 의류 제품을 고가로 판매하는 수입전문 잡화상에서 차별화 된 패션을 표현해 왔고 이는 양장점, 양복점으로 대별되는 맞춤복 시장을 자극해서 좀 더 개성화된 디자이너 부티크로 발전하는 계기를 가져왔으며 소비자 욕구의 다양화 속에 다수의 디자이너를 배출하게 되었다. 예컨대 일제 강점기 패션에 대한 지식을 습득하고 이후 50년대 미국에서 글로벌 패션의 흐름을 파악할 기회를 갖고 독자적으로 초기 한국의 패션을 이끌어온 디자이너 노라노처럼 특별한 경우도 있지만 외교가나 일부 계층에 국한한 가십적 스토리에 다름 아니며 전체 의류산업의 비중으로 보면 패션의 흐름으로는 의미 있지만 산업과 유통의 측면에서는 이후 전개되는 디자이너 패션의 존재감을 부각시키고 나아가 기성복 시장으로 확장까지 유도하는 기초를 제공한 것으로 볼 수 있다.

80년대는 교복 자율화가 도입되고 칼라 TV시대가 도래했으며 정치적 배경 속에 프로야구가 본격적으로 출범하여 스포츠 룩에 대한 본격 이해는 없었지만 널리 다양한 패션의 욕구를 자극하는 계기로 작용하고 후반기 86아시안게임과 88올림픽에 이르러 대외 개방과 국제교류의 파고가 일반인에게까지 확대되고 외환 보유고의 상승과 함께 해외여행 자율화가 이뤄지게 되어 국내 의류 시장에 큰 수요 변화를 가져왔다.

의류 산업과 유통에서는 이 시기가 다양한 패션의 경향과 생산 물량의 폭증, 때와 장소와 상황(T.P.O)에 맞는 의류 선택에 익숙해지는 전환점에 이른 것이며, 소수 수입의류 판매상이 음성적인 휴대 반입에 의존하거나 불법적 방법을 동원한 국내 유입을 통해 럭셔리 제품들을 판매하면서 과도한 이익을 창출해 왔다면 이 당시 판매상의 상당수가 이후 수입 브랜드의 국내 공식 독점 판매권을 확보해서 90년대 후반까지 국내 하이엔드 마켓을 리드해왔고 단순 판매상에 머물거나 혹은 기업화로 나아가서 본격 수입패션, 럭셔리 유통회사로 현재까지 마켓의 한 축을 담당해 오고 있다.

당시는 개별적 자체 샵을 중심으로 전개해왔다면 90년대 중반 갤러리아 명품관이 개관되면서 주요 럭셔리 브랜드 유통이 체계화된 유통채널로 진입하게 되었고, 소비자에게 정찰제 판매와 사후 A/S는 물론 마케팅 서비스를 통해 많은 정보의 전달과 예측 구매를 가능하게 하였으며 이는 본격적인 럭셔리 마켓의 백화점 진입을 촉발하고 경쟁을 가속화 하는 계기가 되었다.

한편 사회적으로는 과소비와 외화 낭비의 논란을 키웠으며 소위 짝퉁, 복제 시장을 양산 음성적 판매가 시장 흐름을 왜곡하였으나 역설적으로 럭셔리 브랜드의 인지도 확장과 정상품의 매출 증대를 가져왔다. 이와 함께 미국을 중심으로 지적재산권 시비에 휘둘리게 되었으며 유럽 럭셔리 브랜드 군들의 공통된 이해가 국가간의 공조를 만들어 지속적 단속을 요구하게 되었으며 숙련된 손재주와 기술력을 바탕으로 한때 세계 불법 복제 시장의 중요한 축 구실을 하던 국내 생산 판매 시장은 더욱 음성화하고 중국이 복제상품의 본격 생산기지 역할을 하게 되었으며 국내는 동제품의 고급화로 차별화에 나서면서 현재까지도 상급 품질의 경우 국내산의 음성적 판매가 일정하게 형성되어 특정 지역을 중심으로 외국인과 내국인을 대상으로 은밀히 지속적으로 이뤄지고 있다.

1997년 IMF 구제 금융의 경제적 위기를 맞아 잠시 주춤한 럭셔리 마켓은 2년 정도의 침체기를 제외하고 현재까지 국내 의류패션 산업의 성장세를 뛰어넘는 고성장을 계속해오고 있으며 당시 국내 어패럴 회사들은 규모 축소와 내실화에 힘을 쏟았고 이 시기 동대문을 중심으로 한 도소매 시장의 현대화와 함께 장시간 혹은 24시간 영업 체제를 도입하고 백화점식 소비자 보호나 서비스를 도입하는 대대적 변화를 만들어 동대문에 국내 의류 산업의 미래를 본다는 세평을 듣는 수준으로 발전하게 되었다. 90년대 초반부터 태동되었던 이 흐름은 IMF 이후 98년 밀레오레, 99년 두산타워 오픈을 정점으로 확산되고 원스톱 생산시스템과 빠르고 정확한 숙련된 노동자 기반과 안정적 배송의 잇점으로 국내에 국한된 시장을 국외로 확산시켜 일본을 시작으로 대만, 중국 등 바이이 들의 집중 마켓이 되었으며 외국인들 대상으로 한 판매 서비스가 더욱 원활하게 되도록 정부와 시 차원의 투자지원과 정책적 개발이 뒤따르고 있다. 2000년대 중후반 국내 대형 재벌 그룹 소속 패션 회사들의 규모 확장이 치열한 경쟁 속에 수입패션, 국내 의류 구별 없이 신속히 이뤄지고 있는 가운데 중대형 업체의 연쇄 부도와 이에 따른 인수 합병은 현재까지 가속화하고 있다.

NB를 생산 유통하는 거대 자본 회사들의 움직임을 살펴보면, LG패션은 LG그룹과 그룹 분리이후 패션 전문그룹으로 빠르게 진화하고 있으며 독자적 유통채널 구축을 위해 종합 계열화된 건물 매입을 늘리고 있으며 점진적으로 백화점 의존적 행태를 벗어나 공급자 중심의 마켓을 형성코자 하는 시도를 하고 있고 이를 위해 다수의 수입브랜드를 인수 합병하고 직접 도입하는 노력을 하고 있다.이와 함께 라이선스 브랜드인 닥스의 경우 셔츠 등 라이선스권을 회수, 직접 운영하며 종합화에 힘을 쏟고 있고 스포츠 종합 브랜드샵을 만들어 유통과정에도 깊숙이 개입하며 새로운 시도를 통한 변형된 유통을 모색하고 있다.

코오롱의 경우도 캠브릿지를 인수하고 L.V.M.H 그룹 브랜드를 중심으로 럭셔리 브랜드 수입유통을 확장하고 고급시장을 겨냥하고 있으며 그룹내 수입차 등과 시너지를 기대하고 있으나 실적은 다소 미흡하다.

제일모직의 경우 오너 경영자의 신속한 의사결정과 경험을 통해 빈폴 등 자사 브랜드의 해외진출이 중국을 중심으로 활발히 이뤄지고 있으며 단기간에 럭셔리 브랜드, 해외 패션디자이너 브랜드의 수입이 급격히 늘어났고 코로소코모 샵의 전개는 제일모직의 향후 수직 계열화 의도를 나타내는 것으로 보이며 청담거리를 중심으로 신세계와 경쟁적 건물 매입에 나서는 것은 국내 브랜드의 글로벌화와 해외브랜드의 연합을 도모하는 징후로 볼 수 있다. 예컨대 해외 인지도가 쉽게 늘어나지 않음에도 지속적 확장 노력을 기울이는 구호가 대표적이라 하겠으나, SK 그룹의 경우 오즈세컨을 최초 미주시장 개척에서 중국 등 아시아권으로 초점을 맞춰 단기에 성과를 만들어내는 점은 시장 개척의 우선순위와 방법론의 차이로 볼 수 있으며 우리나라 디자이너의 국제 경쟁력과 상관관계에 있으므로 정책 판단 사항으로 볼 수 있다. SK그룹은 중가, 중고가 브랜드 군을 중심으로 수입 전개한 브랜드의 성과를 바탕으로 규모의 경쟁을 하고 있다고 볼 수 있으며 최근의 한섬 인수시도의 불발은(중국 독접 전개권은 확보) 전체적 밑그림을 갖는 체계적 계획 보다 투자여력을 바탕으로 연관한 물(物) 건에 대한 무차별적 시도라 볼 수 있다.

업태별 의류 패션 유통은 소비자의 가치체계에 따른 계층화로 특정 업태로의 쏠림이 가속화되고 있고 한편으로 이에 대한 반작용으로 쇼핑몰과 아울렛의 확장 현상이 나타나고 있다.

백화점은 고급화 경쟁과 타사와 차별화를 위해 독자적 상품군 형성을 위한 다양한 시도를 해오고 있으며 이에 따라 국내 의류 패션의 전개 공간이 점점 줄어들고 있으며 특히 국내 디자이너 군의 경우 수년 내 백화점에서 찾아보기 힘든 상황이 도래할 가능성이 높다.

대형마트의 경우 아울렛 중심 전개이거나 독자 PB를 중심으로 중저가 상품을 전개하고 있으나 다양한 구색이나 종합 구색은 떨어지고 있으며 이를 극복할 것인지 업태의 특성상 가격 소구가 가능한 제품만으로 국한해 직접 조달이 될 때와 수급이 불안정할 때의 MD차이를 자연스럽게 둘 것인지에 관한 판단이 필요하다. 이를 위해 홈플러스는 영국 테스코의 PB의류 브랜드를 직도입 전국 점포에 동시에 전개중인데 서구취향의 상품중 국내형으로 가져갈 아이템의 선정에 애로가 있으며 지방의 경우나 올드 계층이 중심 소비자인 경우 절대 매출을 기대하기 어렵다. 젊은층에게는 체형의 서구화로 사이즈 영합률이 높은 편이지만 주요 아이템의 스타일 부합에는 간극이 있다.

지하 상가 및 소규모 의류집합 가두점은 지역을 연고로 인적 판매를 중심으로 하기 때문에 대형 유통 업태 상권 범위에 들어가는 때 곧, 대형 업태의 진출이 가속화될 때 점포 수익적 존립 보다 종사자 인건비 충당 수준의 비즈니스로 이행될 가능성이 매우 높다. 현재 백화점을 비롯한 대형 유통업태에 종사하는 소위 중간관리 영업자의(어패럴 유통회사와 계약하여 제공받은 매장에서 위수탁 판매후 일정 수수료를 사업 수익으로 하는 사업자) 경우와 대동소이할 것이다. 지하 상가는 대형 유통업체의 확산과 상업시설 건설이 촉진되면서 주요 의류패션의 중심에서 다소 멀어져 화장품과 일부 가격 소구형 아이템과 편의품 등으로 중심 축이 이동되었다고 볼 수 있다. 지방 자치단체별로 지하상가의 현대화 등 내부 환경의 개선 작업 등을 통해 개선의 여지는 있을 수 있으나 장기적으로 유니폼, 교복, 스포츠 등 특정 카테고리 상품군 정형화된 상품군을 위한 매장으로 한정될 수밖에 없을 것이다.

아울렛은 비즈니스 채널로서 경기에 민감하며 2008년 금융위기이후 최근까지 이어지는 국제적 경제상황에 따라 지속적인 볼륨 증가가 예상되며 이와 별도로 최종 처분 아울렛을 표방하는 오렌지 아울렛의 경우 그 증가세는 모든 업태의 성장세를 뛰어넘는 결과를 보일 것이다. 결국 어패럴 쪽의 어려움은 위 유형의 업태에는 호기로 작용하므로 현재의 점포수는 단기간에 더블로 확장될 것이며 이와 유사한 경쟁업체의 출현도 가속화 될 것이다.

대형 쇼핑몰은 국내 600여 개에 이르는 다양한 복합상업시설이 개발업자의 분양수익사업의 굴레에서 갈 길을 찾지 못하고 제대로 오픈도 못한 채 사장되고 빈 공간으로 남거나 임시 세일이나 프로모션 매장으로 활용되는 수준에 머물고 있어서 상권 형성이 정상적으로 이뤄지지 못하고 사회적 문제를 야기하고 있다.

이에 비해 수년 내 오픈한 타임스퀘어나 2011년의 디큐브시티의 경우는 분양방식이 아닌 임대 방식을 택해서 성공적인 비즈니스 모델을 보여줌으로서 기존 상업 시설 개발 방식이 금융을 중심으로 한 서구적 테넌트 운영방식으로 전환될 수밖에 없으며 건설사 중심이 아니라 유통 관련 비즈니스로 인식이 바뀌게 될 것이고 자기관리 리츠 방식 등 새로운 전형이 대두될 것이다. 아이파크몰의 경우 분양 실패를 기화로 전환한 건이나 가든파이브의 경우도 대형 업체를 통한 동일한 방식이 이뤄지고 있다.

프리미엄 아울렛은 신세계 첼시를 시작으로 롯데가 전개하고 있으며 우후죽순으로 생겨서 서비스 시설의 제약이 많았던 기존 국내형 아울렛과 차별화한 고급 몰 형태에 수입 브랜드의 구색을 확장한 프리미엄 아울렛은 수입 브랜드 구색에 따라 명칭을 사용할 자격이 생기는 것으로 업체 스스로 규정한 탓에 적정 숫자를 넘기기 어려울 것이며 양사를 중심으로 한 경쟁이 무분별한 수입 브랜드 재고 확대로 이어질 가능성이 높다.

국내형 아울렛은 전국적으로 도심과 외곽을 구분하지 않고 널리 분포되어 있다. 기존 도심형은 대구 동아백화점, 세이브존 등과 같이 기존 백화점 업태의 변형방식으로 만들어졌는데 교외형은 개발 비용의 절감을 위해 인위적 소비자 유치에 나선 형태이며 도심의 공장을 변형시켜 일본의 쯔까신이나 에비수 모델처럼 공장의 판매장화로 성공을 거둔 마리오 등이 존재한다. 아울렛의 주력 아이템은 의류 등 패션 상품이 중심이며 최초 고마진 정책을 유지하는 어패럴 산업의 특성상 생활용품 관련 비즈니스의 확장 까지는 중심을 이룰 수밖에 없다.

TV홈쇼핑은 90년대 초중반부터 도입되어 최단기간 국내 유통의 공룡으로 등장하게 되는데 점포개설 비용이 존재하지 않는 특수성에 따라 과다한 수수료를 케이블 방송사에 제공하는 구조로 벤더의 실질적 수익률은 높지 않다. 출범 초기 3개 채널이었던 것이 기존 대형 유통업체의 참여 등 경쟁이 심화되면서 다양한 전략을 실행하고 있는 상황에서 CJ 홈쇼핑은 고급화에 치중한 이미지업 전략을 가동하여 신사동 씨네시티 건물 전체를 임차 레노베이션해서 극장, 식음료, 이벤트 공간으로 하면서 한 개층을 1st Look 패션 안테나 샵으로 만들어 최신 트렌드의 소개는 물론 홈쇼핑내 셀레브리티 채널과 상호 보완 타사와의 차별화를 꾀하고 있다. 현재 럭셔리 쪽 상품 소개에 적극적인 곳은 현대 홈쇼핑, 롯데 홈쇼핑 등 기존 오프라인 유통이 활발한 회사가 가진 채널이 더욱 중점을 두고 있으며 일정한 이미지 차별화에 성공한 것으로 판단할 수 있다, 다만 오프라인 상의 업체를 그대로 벤더 영입하기는 쉽지 않아 상품의 수급에는 기존 홈쇼핑사와 별다른 차이가 없으나 일반 소비자에게 기존 오프라인 유통의 이미지 후광효과를 보고 있다.

인터넷 쇼핑은 통계청 자료에 의하면 2011년 기준 전체 매출액 29조 4천 7백억 중 의류패션은 4조 9천억으로 16.6%를 차지하고 있으며 2006년 이후 구성비는 16~17%를 꾸준히 유지하고 있다. 식품류 기타군의 성장세가 가파른데도 일정한 추세를 보이고 있다.

기존 백화점과 대형마트 등 유통망 확대에 한계가 있는 기존 대형 유통회사들이 자체 사이트를 개편하고 판매 마케팅에 주력하며 성장 속도를 높이고 있고 기존 오프라인 유통업체의 온라인 몰 비중도 기존 업체의 신뢰도를 바탕으로 확대되고 있으며 포털과 전문 옥션채널, 수입 대행 구매채널 등으로 전문화 경향을 보이고 있다. 국내 최대 종합 판매 사이트인 G마켓은 이베이가 인수하였으며 SK그룹의 11번가 외에 WIZ-WID는 수입브랜드 구매대행 분야에서 독보적 실적을 보이고 있으나 일부 럭셔리 쪽의 병행 수입이나 할인 구매사이트는 결제 등 운용과정에 많은 피해사례가 나타나 전자결제 안심서비스 등의 프로그램으로 보완하고 있으나 저가에 구매하고자하는 소비자 심리를 악용한 마케팅 문제는 계속 발생되고 있고, 또한, 정상 상품에 대한 진위 논란과 악용 사례가 많아 개인과 소규모 패션 사이트의 성장에 장해가 되고 있으며 종합몰에 예속된 개별 옥션과 판매로 인한 독과점 현상이 온라인상에도 가속화 되고 있다.

캐털록 판매는 제이씨 페니 같은 외국계 전문회사가 등장하기도 했으나 오프라인 진출 시도에 따른 소홀한 마켓 관리로 정착이 되지 못했으며 두산의 OTTO는 꾸준히 영역을 개척하고 있으나 성장세는 둔화되고 있다.

오히려 홈쇼핑 채널 운용사가 기존 방송채널을 이용하고 복합적 기능으로 등록된 소비자에게 동시에 캐털록 발송을 행하면서 양 트랙을 동시에 활용 방송채널외 부수적 소비자 정보 지면을 통한 매출 보충 수단으로 활용하고 있으나 방송 매출의 5% 미만으로 점차 비중이 줄어들고 있으며 2012년 현재 CJ 오쇼핑의 경우 사업부에서 팀으로 부서를 축소하고, 익숙하고 정형화된 상품의 재구매 등에 활용하는 정도에 그치고 있어서 캐털록 판매시장은 점진적으로 모바일시장과 인터넷 온라인시장 등 새로운 유통채널의 점유율 증가에 따라 입지가 줄어들 것이며 인쇄물에 의한 구매가 쌍방향 커뮤니케이션 부재와 평면적 구매 아이템 소구에 한계를 벗어나기 어려울 것이다.

재래 소매시장은 기존 올드 소비자의 행동 반경에 기대고 가격 흥정 등 정적 판매에 따른 일상적 판매 채널을 유지하고 있으나 그 비중은 점차 감소하고 있고 주요 생식품이 마트와 가격 경쟁에서 점차 격차가 벌어져 장기적으로 아직 브랜드화가 더디게 진행중인 한복시장, 유아복 일부 장노년 층은 작업복(몸빼 등), 일상복 등 기초 아이템에 제한적 마켓 형성이 되고 있으며 현대화 정책과 더불어 새로운 모색이 필요하다.

동대문 남대문 등 대형 도소매 시장은 국내외 의류 유통의 생산과 유통을 신속히 진행한 주요 거점이며 일본, 홍콩, 대만, 중국, 러시아의 주요 상품 공급 채널로 부상한지 오래다. 급속한 성장으로 우후죽순 들어선 대형 쇼핑건물이 서로 대동소이한 상품 구색과 운영방식으로 만들어져 소비자나 해외 이용자들에게도 점포별 특성을 나타내지 못하고 상호 출혈 경쟁이나 카피상품 양산 같은 상황을 연출하고 있으며 오랫동안 전체 혹은 일부가 공실 상태인 케레스타, 패션 TV, 굿모닝시티 등 대형

건물이 자생력을 상실, 일부는 기존 롯데백화점 등 쇼핑몰 진출을 노리는 업체와 깊숙한 논의가 진행 중이며 별도의 전문성을 만들 여력이 없는 혜양 같은 곳은 오히려 업무기능 빌딩으로 전환을 모색할 처지에 놓여 있다. 또한, 인근의 미분양 상태의 황학동 롯데캐슬 상가는 영국 데븐함스 국내 전개권자 등과 협의했으나 가능치 않은 상황이다. 구 동대문 운동장이 디자인센타로 변경 신축 오픈 예정인 이곳은 정책적으로 외국인이나 외국 의류업체를 위한 소량 다품종 수출 전진기지로 활용하면서 독자적 디자인 개발이 선행되어야 한다. 이곳 종사자들은 유럽 등 패션 선도 지역으로 트렌드 조사나 디자인 아이디어 제품 소재 개발에 나서고 있으며 일부는 기존 백화점 등에 직접 진출하여 고급화에 나서고 있다. 채널별 제품의 완성도와 품질을 결정하던 과거의 마켓 구분은 더 이상 의미가 없으며 단지 간접 방식으로 잘 꾸며진 매장에서 서비스를 받으며 구매할 것인지 구석구석 찾아나서 단품별 코디를 할 것인가를 선택하는 취향의 문제로 볼 수 있다.

해외 SPA 샵의 직 진출은 국내 소비자들의 구매 취향에 큰 반향을 불러 일으켰다. UNIQLO, ZARA, H/M, Forever 21, 등으로 대별되는 다수 스토아가 핵심 상권을 중심으로 빠르게 상권을 확장하고 있다. 최초 롯데백화점과 손잡고 합작으로 진출 명동에 스토아를 연 UNIQLO를 필두로 앞다퉈 ZARA, H/M, Forever21 이 명동, 강남 순으로 매장을 확대해 나가고 있고 그 실적은 매우 가파른 성장세를 보이고 있다.

최근 오픈한 대형 쇼핑센타 타임 스퀘어, 디큐브 시티는 물론 인천, 천안 신세계 백화점에는 1층에 주요 브랜드 소위 명품 브랜드와 나란히 오픈해서 소비자에게 패스트 패션의 값싼 이미지에 서구적인 패션 트렌드의 빠른 소개와 막연히 세련되고 고급한 브랜드 부티크의 이미지를 심어주고 있어서 한두 해 경험을 통해 실체 파악과 소비자별 이용 방법이 숙지되기까지 좋은 실적을 낼 것으로 보인다.

02 국내 의류 유통의 주요 이슈

국내 의류 패션부문 매출은 2011년 12월 기준(삼성패션 연구소 CFI조사) 2011년 추정치는 326,799억 원이며 2012년 예상치가 334,969억 원으로 2011년의 전년비 8.3% 성장에 비해 2012년에 2.5% 성장으로 현재 경제 상황과 소비심리와 가용지출 수준의 하락 등으로 어려운 전망을 하고 있다. 전체 매출 중에 국내 여성 남성 패션 부문의 감소(백화점의 경우 2011년은 전년비 15% 정도 감소)가 눈에 띄며 해외 럭셔리 상품군과 해외 SPA 부문의 가파른 성장 현상을 분석해 보면 현재 국내 의류 패션산업이 글로벌 마켓의 강력한 도전과 내수 부진의 이중고에 시달리면서 꾸준히 가격 현실화와 독자 디자인을 통한 제품개발과 품질 고급화를 꾀해야하는 생존을 향한 긴박한 도전에 직면해 있음을 보여주는 것이며 이미 여러 유통채널 속에 고가와 저가시장을 잠식하고 있는 해외상품은 국내업체들의 입지를 위협하고 있다.

1) SPA의 도전

국내 이랜드그룹에서 SPAO라는 샵을 만들어 대응하고 있고 제일모직도 독자적 브랜드의 스토아를 육성하고 다 점포화 하기위해 출발한 상태이다. 이는 SPA시장의 가능성에 주목하고 파이를 키우는데 동의한 것으로 볼 수 있으며 빨리 빨리라는 우리나라 국민성의 장점을 잘 활용해서 경쟁우위에 설 수 있을 것이라는 의지의 표명이며 패션 관련 국내외 인력 활용의 효율화로 가능한 과제로 볼 수 있다. 다만 자체 소싱 능력으로 보면 점차 숙련된 생산인력이 감소하는 추세와 힘든 기능 일을 회피하는 경향을 볼 때 일정 해외소싱에 기댄다면 우리만의 장점을 만들기는 용이하지 않다.

그러나 우리나라 소비자의 신 트렌드 수용 능력은 휴대폰 등 IT, 전자 업종에서 그 결과를 쉽게 볼 수 있듯이 빠른 도입과 교체는 새로운 창조를 자극해 왔다. 따라서 벌써 패스트 패션에 대한 피로도 현상과 품질에 대한 불만 현상이 나타나고 있으며, 널리 다중을 대상으로 전개되는 동일 아이템의 전파는 식상함과 함께 특별한 취향을 보이는데 실패하고 단지 가격 소구형으로 주니어용이나 올드 층을 위한 매장으로 전이할 가능성이 없지 않다. 따라서 온전한 의미의 디스카운트 업태인 월마트나 까르푸가 국내에서 자신들의 방식을 고집하다가 실패하고 돌아간 사례를 통해 독자적 노력으로 국내 소비자에 친화적인 상품의 개발과 판매 방식의 구현을 통해 새로운 스토아와 업종의 결성이 가능할 것이다.

2) 국내 디자이너 위축

SFAA 콜렉션이나 서울 콜렉션을 중심으로 한 국내 고유 디자이너들의 하이패션 마켓은 점차 위축되고 있다. 럭셔리 마켓과 하위 내셔널 브랜드 등의 도전속에 독자적 모색이 전문적으로 이뤄지지 못했으며 시정부의 정책적 지원이나 개성적인 디자인에 함몰되어 단체적 모색이나 인력 양성 등에 적극적인 노력이 부족하였다. 럭셔리 브랜드와 해외 디자이너 브랜드의 국내 도입이 빠르게 진행되고 백화점 간의 경쟁마저 치열해서 국내 디자이너군은 입지가 점차 약화되고 공간의 제약 및 축출이 가속화되고 있다.

따라서 백화점과 자체 부티크만으로 유통망을 유지하고 있는 디자이너 부티크는 백화점 외의 모색이 필요하지만 점진적으로 수입브랜드 군에 밀려나고 있는 것이 현실이다. 디자이너 부티크만의 아울렛 전개를 도모하고 적극적으로 백화점 관계망을 재구축하지 않으면 존립의 위기를 맞게 될 수도 있다. 또한, 주요 유통망인 백화점도 국내 패션 의류 산업에 대한 지원과 협력을 고려해야하고 이는 소비자의 장기적 선택에 영향을 주게 된다.

3) 국내 의류 산업의 글로벌화

동대문 마켓을 중심으로 동아시아, 서아시아를 겨냥한 글로벌 패션 의류 산업의 전진기지가 되고 있으나 하이엔드 디자이너는 정책지원에 의한 바이어, 저널리스트의 초청 수준을 벗어나지 못하고 있으며 서울컬렉션이 도꾜, 홍콩 컬렉션에 비해 국제적 위상이 확보되지 못하고 있어서 자체 상품의 해외 유통에 대한 노력이 뒤따라야 한다. 동아시아의 경우 한류 현상에 따른 기회요인이 높아 우리나라 고유의 문화와 개성이 묻어나는 서울컬렉션을 체계화해야하며 부산 국제영화제의 성공적 모델을 원용하면 생산과 소비 현장이 주제관이 될 수 있다.

오뜨꾸뛰르 컬렉션을 진행할 디자이너와 그 경험이 오래 지속되어 온 우리의 패션 현장은 산업규모와 국가의 경제력에 힘입어 아시아의 상하이, 홍콩, 도꾜와 다른 모델이 가능할 것이다.

볼륨 존의 경우 대형 패션회사를 중심으로 중국과 인근 국가로 진출이 활발히 이뤄지고 있으나 각각 회사별로 정한 브랜드에 국한해서 개별 브랜드의 진출에 머물고 있고 고른 연령층과 다양한 상황에 맞춘 종합적 진출이 아니라 국내 의류 산업 전체에 미치는 영향은 기대에 미치지 못하고 시간이 흐를수록 진입 기회를 상실할 것이며 가격 요인으로 재고 상품의 처분 시장화가 심화되는 현상은 장기적으로 품질과 이미지 하락을 초래할 것이며 브랜드의 가치 저하를 가져와서 부정적 결과를 갖게 될 것이다.

현재 E-land의 중국을 중심으로 한 마켓 개척은 이미 도입기를 넘어서서 연매출 2조를 향해 고급 시장으로 성장하는 단계에 진입했다고 볼 수 있다. 예컨대 E-land의 여러 브랜드들은 국내와 동일한 브랜드지만 현지에서는 고급 브랜드 이미지를 구축하고 있으며 그 영역은 아동복에서 여성 남성, 잡화류에 이르기까지 자리매김을 하고 있고 매년 급격한 성장세를 유지하고 있다.

4) 대형 유통업체 시장 주도현상

백화점은 직매입 판매율이 5% 미만에 불과해 수수료 매장으로 운영하는 부동산 임대 사업형태를 띠고 있고 2011년 평균 유통마진이 의류패션의 경우 33%를 상회하고 있으며 이 때문에 의류 업체가 이익확보를 위해 가격 결정 방식에 과도한 마진을 책정하고 판매가격 거품현상을 만들어 소비자의 불신을 받고 있다. 이는 의류업체의 문제라기보다 강한 마케팅력과 유리한 입지를 바탕으로 우월적 지위를 누리는 유통업체의 원시적 운영형태에 있다고 할 수 있다. 자주적 MD를 이행하지 못하고 업체별 차별화를 내세우지만 실적이나 소비자 호응이 좋은 브랜드의 유치로 상호 유사한 매장 구성을 보이게 되고 소비자는 매장의 인테리어 이미지 등으로 구별할 뿐 상품에 따른 차이를 인지하기 어렵다.

이런 현상은 향후 백화점의 지역 연고화, 곧 물리적 거리를 중심으로 하는 1차, 2차 상권 중심으로 고착화시키고 2011년 이후 금융위기로 비롯된 국제 경기의 하강과 전반적 내수 침체로 인해 실용적 합리적 소비 경향을 보이는 알뜰 소비층이 늘어나고, 마트·아울렛을 위시한 타 업태의 비중 증가로 백화점의 장기 불황이 예상되므로 유통채널 다변화에 대응하는 전략이 필요하다. 일본의 경우 80년대 후반부터 백화점의 부정적 미래를 예견해오다 90년대 유통업체 전체 매출 순위에서 백화점 업태는 10위권을 벗어나게 되었고 이 흐름은 지속적으로 유지되고 있으며 최근 5년 사이 미쓰꼬시 긴자 등 백화점이 M&A되고 폐점하는 경우도 나타나 일본과 유사한 형태를 보이는 우리나라의 경우도 개별소비자 소비 지출 수준이나 행태의 변화 전조 현상이 프리미엄, 국내형 아울렛 시장의 활성화로 나타나고 있다. 다만 이런 흐름이 서울 양재동, 경기 판교, 청주, 인천 송도 등 3~4년 사이 신규 출점 예정인 곳을 제외하고 신규 출점을 진행할 입지나 상권이 이미 포화 상태에 이르러 유통채널간의 중심 이동은 출점 속도에 맞춰 서서히 진행될 것이다. 그럼에도 백화점 업계는 독자적 상품개발에 투자하는 비율이 즉 P.B(Private Brand), S.B(Store Brand)의 확대에 대한 구체적 숫자를 제시하지 못하고 있으며 손쉽게 국외 수입에 의존하고 있고 이는 국내 의류 산업의 침체, 특히 디자이너를 중심으로 한 국내 고급 시장의 위축과 국내 의류산업 전반에 자발적 유통이나 타 업태와의 제휴 등을 재촉하는 공통의 과제를 만들었고 수입 패션이 아시아권의 시장규모가 커지며 반영하고는 있지만 사이즈나 경향성에서 다소 괴리가 나타나기도 하는 점, 문화적 차이 등의 섬세한 흐름에서 놓치는 것들이 국내업체가 보완하는 기능을 상실하게 되어 철저한 소비자 구분과 장기적 외면 현상을 가져올 것이다.

5) 온라인 마켓의 고성장

전체 전자상거래 매출 중 의류 패션 부문이 차지하는 비중이 2011년 기준 16.6%를 차지하고 있으며 그 비중은 2006년 이후 식품, 전자 등 타 산업 부문의 빠른 증가 추세에도 일정한 비중을 유지하고 있다. 총매출의 증가세도 16%대를 유지하고 있는데 이의 주요인은 상품의 가격 경쟁력에 있고 빠른 국내 배송 체계와 저렴한 배송비에 의해 단기간에 급성장한 측면이 있다. 다만 소비자 보호를 위한 온라인 안전 결재와 주요 판매 채널을 경유한 개인간의 직거래에서 사기성 판매가 급증하고 있는 점과 소비자 신뢰를 대형업체가 독점하여 개성 있는 상품의 판매, 개별적 판매상의 성장에 제약 요인이 되고 있는 점은 타 채널과 동일하게 독과점으로 인한 고마진, 소비자 선택권 제한 등의 폐해로 나타나 지속적인 성장의 바탕이 되는 디자인 개발과 시장 진입 비용의 상승을 가져올 수 있다. 2000년대 중반 G마켓의 경우 자체 브랜드 개발과 고급화를 추구하는 방안으로 오프라인상 시즌 패션 컬렉션 발표를 시도하는 등 온·오프라인의 경계를 넘어선 이미지 확산과 시장확장에 노력한 일도 있으나 벤더형태의 협업업체를 통해 빠른 트렌드를 소개하고 마케팅 서비스의 개발과 오프라인 상에서 주로 이용되는 수단을 차용하면서 국내 온 라인 시장의 주도적 위치를 차지하고 있으나 미국의 초대형 온라인 쇼핑 회사인 이베이에 인수 합병 시키면서 이익실현에 치중하고 있다. 이는 영업 부진이 아니라 주주 이익 실현을 위한 훈련되고 잘 조직된 마켓의 양도로 볼 수 있다.

6) SNS 이용 마켓

쿠팡, 티켓몬스터와 같은 국내 소셜 커머스 회사의 빠른 마케팅 기법은 국내 의류 패션시장의 판매 방식과 특정 물량의 조기 소진으로 인한 재고의 처분 등에 결정적인 도움을 주게 되었다. 기존의 정상 판매 할인 판매, 인하 판매, 특가 기획 판매(균일가 등)로 이어지다가 최종적으로 재고 전문판매 혹은 처리업체로 일괄 덤핑 처분하는 의류 패션의 제품 판매 과정에 적절한 순간 직접 개입하여 한시적으로 결실을 만들어 주는 방식이 식음료 다음가는 소셜 커머스 시장의 주력 아이템으로 부상하였다.

이 채널에도 그루폰 같은 미국의 대형 업체가 직접 진출하여 수입 럭셔리 브랜드까지 영역을 확장하고 있으며 20011년 12월 루비통 핸드백 일부 아이템을 30% 할인하여 판매하는 등, 국내에서 사업을 시작한지 1년여 회사지만 입지를 급속히 넓혀가고 있어 1~2년내 국내 수위 업체가 될 가능성이 높다. SNS 이용 마켓의 경우도 새로 도입된 판매채널이라 소비자 보호기능 등에 부가적 노력이 더 요구되며 상품 수량 제한, 시간과 시일의 한정에 따른 소비자 불만과 게시 상품의 품질 등의 개선이 요구된다.

7) 수입 셀렉트 샵의 증가

패션 MD 경험자나 개인적 취향으로 셀렉트 샵을 시작한 디테일의 경우 90년대 중반은 소비자 패션 트렌드를 리드하는 시도로 출발하였으나 2000년 초반 비즈니스를 종료하였고 그 시기 홍콩의 조이스 부티크 서울점이 2000년 초반에 매장을 개설하였으나 아시아 금융위기 등이 극복되지 않고 조이스 부티크의 사유로 조기 폐점하게 된다. 이후 신세계는 자사 수입 브랜드를 바탕으로 한 분더 샵을 오픈 잡화와 일부 생활문화 관련 용품까지 확장한 MD로 본격 운영을 시작하고 현재는 남성, 여성관으로 분리한 독자 샵을 각각 운영중이다. 이 외에도 한섬의 무이와 제일모직의 코로소코모가 오픈 운영중이며 개인이지만 셀레브리티를 위한 특화된 셀렉트 샵 쿤이 앞선 이미지로 소비자들에게 각인되고 있고 2000년대 중후반 압구정 신사동지역 로데오 드라이브에 중고가 수입 상품을 중심으로 다양한 전문적 아이템이 상권을 형성하고 가로수 길에는 뉴 트렌드의 젊은층 소비자를 위한 국내외 상품의 셀렉트 샵이 대형 어패럴회사들-제일모직, 코오롱, LG패션 등-의 셀렉트 샵이 독자적으로 오픈되었으며 이외에도 신발, 핸드백 악세사리 등 전문 아이템의 토탈 컬렉션이 꾸준히 생성되고 있다.

8) 전문 샵의 증가

90년대 후반부터 일본 라이센스 골프의류 전문 매장이 골프 인구의 증가와 고급 스포츠이미지에 편승하여 2000년대 중후반까지 고성장기를 맞고 2010년을 기준으로 아웃도어 의류의 다양한 상품 구색과 디자인 경향으로 급속히 쇠퇴하게 된다. 골프 의류는 스포츠 의류의 기능성을 담고 있지만 고품위 라이프 스타일의 표현으로 인식되어 점점 패션 경향을 띠게 되었고 본연의 기능유지가 주목적이 아닌 상황에서 아웃도어는 등산, 하이킹 인구의 급증으로 차별화하려는 소비자 니즈가 나타나 컬럼버스, K2, 블랙야크, 팀버랜드 등으로 대별되던 시장에 라이센스 라퓨마, 노스페이스가 종합 스포츠 레저용을 표방하고 시중에 등장하였으며 중장년층에서 청소년층으로 외연이 확장되기 시작했다. 이와 함께 전문 신발 샵이 등장하고 의류의 레드스페이스 등과 함께 ABC마트, 레스모아 등 신발전문 아울렛이 전국적인 점포망을 향성하게 되었다. 아울러 스포츠 룩이라는 장르의 보편화로 EXR, 빈폴 스포츠 등의 스포츠 캐주얼 시장 규모가 전체 의류 시장의 주요 2010년 30.3&에서 2011년 32%로 꾸준히 증가세를 보이고 있으며 여가 시간의 증가와 대기업군의 근무 복장 자율화 현상도 영향을 주고 있다.

9) 대리점

전국적 점포망을 표방하는 내셔널 브랜드는 지역별 대리점 체제를 구축하고 전체 사업에서부터 전체 위수탁 판매, 또는 절충식으로 대리점 체제를 구축하고 계획 생산, 판매를 진행하는 직간접 영업구조로 본사 지침에 의한 동일한 매장 구성과 이미지 유지를 기본으로 한다.

　대형 유통회사들이 체계적이고 전략적인 마케팅 서비스를 무기로 시장 잠식과 소비자 유인인 현상이 발달된 상권지역을 중심으로 심화되고 있지만, 전통적 상권과 가두점의 느슨한 연합을 바탕으로 한 대리점 체계는 의류 산업의 근간을 이루는 유통채널이라 하겠다. 다만 점진적으로 이 형태는 가두점 매장 구성의 한계와 이해관계인이 다수인 구조로 대형 유통업체와 경쟁에서 생존을 목표로 해야 할 정도로 영업환경이 악화되고 있고 경쟁력 유지를 위한 노력이 수익성 저하로 나타나고 있으며 재래시장과 골목상권의 소멸이 지역 경제에 미치는 문제점을 인식하기 시작하면서 보호막 마련 현상이 나타나고 있으나 전반적으로 조합형태의 공동 노력이 필요한 실정이다. 특히 대형 유통업체의 고정 소비자를 대상으로 한 추가 서비스나 카드 시스템 등, 다양한 마케팅 방법으로 충성도 높은 소비자를 유지 관리하는 치밀한 전략은 공동체 의식이 희박한 느슨한 가두 상가연합은 진행하기 어려운 전략이며 이미 공간이 주는 이미지까지 소비문화를 이루는 요소로 작용하기 시작한 현재에는 점차 가두 대리점의 황폐화가 빠르게 진행될 것이며 이는 역설적으로 의류산업의 주요 시장을 잃는 결과를 낳아 생산 계획에 차질을 가져오고 내수 침체의 한 동인이 되기도 한다.

대규모 시장으로 구분되는 마트 등 대형 유통업태는 상권의 개념을 3차 상권으로 확장시켜 지역연고 판매나 인적 커뮤니케이션을 이용한 판매 경향이 사라지고 있다. 생필품처럼 구매 빈도가 높은 경우 인적 소구가 구매 결정에 영향을 미치는 것이 상식이라면 의류 등 선매품의 경우 점차 개념이 희석되고 있다.

03 의류 유통의 전망과 대응 방안

국내 의류 패션 상업에 종사하는 직간접 인력을 보면 과거 생산지향이었다면 현재는 유통지향으로 볼 수 있다. 재래시장과 몇몇 내셔널 브랜드 샵과 일부 대리점, 백화점내 매장이라는 단조롭고 한정적인 마켓과 채널을 가지고 있었던 데 비해 현재는 업태 종류도 다양화 되었고 종합건설 개발, 예컨대 신도시 건설, 도심 재개발, 아울렛 등 교외형 상업건물 개발, 공장 지대 등의 팩토리 아울렛, 물류 창고를 이용한 아울렛 해외 업태의 유입, 수입 시장의 확대, 글로벌화 한 패션 경향의 공유, 패스트 패션의 도입, 해외 수입상의 구매 증가, 외국인 관광객의 구매 비중 증가, 대량 판매가 가능한 방송, 인터넷 판매 비중의 급격한 증가 등 대내외적인 유통환경의 변화 요소가 많아 기회 요인이면서 위협이 될 여지가 있다.

따라서 국내 의류 패션이 볼륨 위주로 나아가는 경향을 벗어나 고급시장의 창조적 트렌드 발신이 선행되도록 디자인 인재 육성과 마케팅 및 유통 관련 인력 양성에 힘을 쏟아야하고 글로벌 인재를 통해 국내 패선의 동아시아 편중을 벗고 유럽과 미주로 나아가는 발판을 마련하는 노력이 수반되어야 한다. 대내적으로 국내 유통망이 낙후된 요인은 소프트웨어 산업 범주에서 투자자금의 조성과 금융권 협조를 통한 투자우선 순위에 오르도록 노력해야 한다. 부가가치 있는 산업으로 도약하는 것은 그간 노동집약 산업으로 수출 대열에 있던 시각의 개선과 국내 관광객의 증가와 전반적 국가 신인도나 인지도의 향상의 결실을 문화적이고 라이프 스타일에 선도적 지위에 있는 의류 패션 산업이 미래형 지식문화 산업이라는 공감대와 그 결실의 확장이 요구된다.

이와 함께 이익 단체를 통해 연합된 힘으로 인위적 유통채널 확보와 유통 마진 구조 개선에 적극적으로 대처해야하며 논리적으로 자국 의류 패션이 존중받지 못하고 입지에서 수입 패션에 밀려나는 현상은 소비자의 시선에서 멀어져 상대적 이미지 저하 현상을 고착시킬 수 있다. 한국적 개성의 표현이 디자인 모티프가 될 수 있다면 독창적 경향을 유지할 수 있을 것이며 이를 통해 해외까지 유통채널 경쟁에서 적절한 위치를 점할 수 있다. 아울러 의류 패션 산업은 노동집약적이고 인적 사업일 수밖에 없다. 대량 소비시대를 벗어난 현대는 소비자의 니즈가 다양하고 선호가 분명하므로 소비자의 감성을 수용하는 노력과 채널별 종사자들과의 커뮤니케이션이 원활해야 할 것이다. 기존 국내 600여 개 대형 쇼핑 시설이 방치된 채로 개발 후유증에 시달리고 있으므로 전국을 아우르는 의류 패션 컨텐츠 사업에 정책적 지원과 공존을 위한 공동의 약속과 노력으로 전문적 집단 유통 단지나 점포로 회생해야하며 지역의 요구와 구가 권역별 개발계획에 근거해 그 특성에 맞는 상품으로 각기 다른 성격의 판매 시설을 육성해야 한다.

3-4 화장품 유통

01 국내 화장품 유통의 역사적 배경

국내 화장품 시장규모는 8조 4천억 원 대(2011년 기준) 수준으로 최근 연평균 9%대의 높은 성장추이를 보이고 있다. 특히, 외국 관광객의 증가, 소비 양극화 현상 심화 등으로 원브랜드숍과 백화점 중심의 성장세가 지속되고 있다. 유럽이나 미국 같은 선진국 시장이 1% 내의 미미한 성장세를 보이고 있는데 반해, 우리나라는 아직 고성장 시장으로 볼 수 있다.

국내 화장품 시장은 현재 1인당 화장품 소비가 선진국 대비 50~70% 수준으로 향후에도 지속적인 성장이 예상된다. 또한, 고객의 다양한 욕구 변화에 따라 보다 더 시장이 세분화되면서 연령별, 직업별 틈새를 겨냥한 신상품들이 지속적으로 출시될 것으로 예상되고, 이로인해 시장볼륨은 계속적으로 확대될 것으로 예상된다.

화장품 유통경로는 과거 80년대초까지는 태평양, 한국화장품이 주도하는 방문판매가 중심채널이었다. 그러다가 80년대 중반부터 LG생활건강이 새롭게 화장품시장에 뛰어들면서 처음 전문점 경로가 형성되기 시작해서 90년대 중반까지 전체 화장품 시장의 60% 정도를 점유할 정도로 전문점 경로가 화장품 유통의 중심이 되었다.

1990년대 중반 이후에는 온라인과 홈쇼핑 유통 등이 등장하면서 구매 장소가 전문점에서 방문판매, 인터넷, 대형마트, 백화점 등으로 옮겨가고, 화장품 전문점들이 점차 쇠퇴하기 시작했다.

그 결과 새로운 대안으로 등장한 것이 바로 브랜드숍이다. 최근에는 다양한 판매채널 중에서도 멀티브랜드숍과 원브랜드숍 이용자가 급격하게 증가하면서 이러한 브랜드숍 성장세가 가장 뚜렷하게 나타나고 있다. 원브랜드숍은 단일 브랜드 상품으로만 구성된 숍이고, 멀티브랜드숍은 여러 개의 브랜드 상품으로 구성된 숍을 의미한다. 브랜드숍은 2002년 온라인에서부터 시작한 에이블씨앤씨가 '3,300원 초저가'를 내세우며 국내 최초의 브랜드숍 '미샤'를 명동에 오픈하면서 탄생하게 되었다.

그 뒤에 2003년 더페이스샵을 시작으로 스킨푸드, 에뛰드하우스, 이니스프리 등 다양한 브랜드숍들이 생겨나게 되었고, 아리따움과 뷰티플렉스 등의 멀티형 브랜드숍들도 탄생하게 되었다.

브랜드숍은 제조사, 대리점, 전문점, 소비자 단계로 이어지는 시판유통의 패러다임을 깨고, 제조사가 직접 판매망과 가격결정력을 갖는다. 현재 미샤, 더페이스샵, 스킨푸드, 홀리카홀리카, 뷰티크레딧, 에뛰드하우스, 이니스프리, 잇츠스킨, 뷰티블렉스, 아리따움, 바닐라코, 네이쳐리퍼블릭, 토니모리, 더샘 등이 있다. 이들 브랜드숍은 상대적으로 나쁘지 않은 품질이면서 가격은 저렴해 소비자들로 부터 많은 호응을 받으며, 10년 만에 화장품 유통의 양대 산맥인 백화점, 방문판매와 비슷한 규모의 시장으로 성장했다.

이러한 브랜드숍은 중심상권 뿐만 아니라 마트, 면세점, 지하상가, 대형쇼핑몰, 백화점, 지하철 등 유동인구가 많은 곳이면 어디든지 매장을 오픈한다. 한편, 2012년 현재 인터넷과 홈쇼핑 경로도 비교적 큰 폭의 성장률을 보이고 있는데, 이러한 추세는 당분간 이어질 것으로 예상된다.

02 화장품 유통의 특성

화장품 유통경로는 전문점, 방문판매, 다단계, 백화점, 할인점, 브랜드숍, 인터넷, 홈쇼핑, 드럭스토아, 약국, 면세점 등으로 다른 산업에 비해 유통경로가 다양하고 복잡하다.

국내 화장품 유통경로는 과거 방문판매와 전문점이 전체 화장품 시장을 양분해 왔으나, 최근에는 유통경로가 점차 다양해지고 있다. 전문점 경로는 2000년대 초반을 기점으로 지속적으로 축소되고 있고, 대신에 미샤를 시작으로 새롭게 등장한 브랜드샵이 급격하게 성장하면서 전문점의 수요를 잠식해 가고 있다.

국내 화장품 유통경로의 특징 중의 하나는 백화점, 대형마트, 프랜차이즈 형태의 로드숍 같은 기업형 유통채널이 높은 성장세를 보이고 있다는 점이다. 로드숍 경로의 경우, 소형 전문점의 프랜차이즈로의 전환과 함께 직영으로 운영되었던 로드숍들도 급속히 가맹점 형태로 전환되었다. 또한, 새롭게 로드숍 경로로 진출하는 메이커들도 적극적인 가맹점 확대 전략을 펼치고 있기 때문에 브랜드간 경쟁은 갈수록 심화될 것으로 보인다.

이와는 대조적으로 전문점은 갈수록 큰 폭의 하락세를 보이고 있으며, 매장 수에 있어서도 가맹점 형태의 브랜드샵으로 전환이 빠르게 진행되면서 지속적으로 감소세를 보이며, 2011년에는 4천여 개 이하로 파악되고 있다.

방문판매는 80년대 태평양이 주도하였던 구방판과 90년대 코리아나로 대표되는 신방판으로 구분된다. 구방판 유통은 판매사원이 직접 소비자 집을 방문하여 판매활동을 수행한다. 반면에 신방판은 유동인구가 많은 지역을 중심으로 직영판매점을 열고, 그곳에서 판매활동을 하는 방식이다. 즉 구방판 판매사원이 직접 소비자 집을 찾아간다면, 직판은 소비자가 판매점을 찾아오는 방식이다.

백화점 경로는 여성의 경제적 지위 향상으로 신규 수요층의 진입이 지속적으로 이루어지고 있고, 할인마트 경로는 할인점 점포수 증가와 함께 중저가 브랜드들이 꾸준히 성장세를 보이고 있다. 또한, 브랜드숍이 로드숍에서 대형마트내에 숍인숍 형태로 입점되면서 할인마트의 중저가 브랜드들간의 경쟁도 갈수록 치열해지고 있다.

최근에는 인터넷 사용이 일상 생활화되면서 인터넷 경로의 판매가 젊은층을 중심으로 비교적 큰 폭의 성장세를 보이고 있고, 홈쇼핑 경로도 아티스트 브랜드나 제품 제형을 차별화한 기능성 품목 중심으로 지속적인 성장추이를 보이고 있다.

특히, 홈쇼핑 경로의 경우 홈쇼핑을 이용하는 고객수 증가와 더불어 취급 품목에 있어서도 기존 아티스트 메이크업 제품 중심에서 탈피하여 화장기기를 결합한 콘셉트의 다양한 품목들이 런칭되면서 향후에도 화장품 시장내에서의 홈쇼핑 판매 점유율이 지속적으로 증가될 것으로 보인다.

진동화운데이션과 같은 화장기기를 결합한 화장품은 한경희 생활과학에서 '오엔'이라는 브랜드로 2009년 처음 방송을 시작한 이후 지속적으로 수요가 확대되고 있고, 최근에는 엔프라니를 비롯한 많은 업체들이 이 시장에 참여하면서 홈쇼핑 경로의 주력제품으로 인기를 끌고 있다.

또한, 올리브영 같은 드럭스토어 개념의 샵이나 약국 경로도 두자릿수 성장세를 보이며 화장품 유통채널로 확실하게 자리잡아 가고 있다,

한편, 소비자 가치소비 트렌드에 따라 유통경로별 소비자 구매 특성도 다르게 나타나는 현상을 보이고 있다. 즉, 한 개인에 있어서도 고가 상품과 저가 상품의 교차 소비가 두드러지게 일어나면서 기초 화장품은 고가를 선호하고, 색조 화장품은 중저가 제품을 선호하는 멀티브랜드의 구매 행태를 보이기도 한다. 이로인해 고가 브랜드와 상대적으로 저렴한 가격의 상품을 판매하는 브랜드숍이 동시에 성장하고 있기도 하다.

또한, 10대, 20대 소비자의 구매력 증가에 따라 10~20대 전용 저자극 화장품들이 에뛰드하우스, 홀리카 같은 10대~20대 전용 브랜드숍을 중심으로 인기를 끌고 있고 판매도 큰 폭으로 성장하고 있다.

향후에는 스마트폰의 대중화와 SNS을 통한 소셜커머스 등의 트렌드로 디지털 소비가 증대될 것으로 예상되고, 소비자의 다양한 욕구를 충족하는 친환경, 유기농을 비롯한 상대적 프리미엄 기능성 상품들에 대한 수요가 지속적으로 증가할 것으로 예상된다.

03 화장품 유통 경로별 현황과 문제점

1) 대형마트

대형마트는 20대부터 40대까지 다양한 여성 유동인구가 이용하는 화장품 경로이다. 할인마트는 진열만으로도 브랜드 인지도를 높이기에 유리한 판매채널이지만, 국내 대형마트 점포수가 300여 개를 넘어서면서 포화상태에 이르러 성장세가 점차 둔화되고 있다. 또한, 정부의 마트 출점제한, 높은 입점 수수료, 인터넷 쇼핑몰 등 타 업종과의 경쟁심화 등도 할인점의 성장세에 부정적인 영향을 주고 있다. 연령별로 보면 20, 30대의 여성이 대형마트를 통한 화장품의 구매를 덜하고 있고, 이들은 주로 인터넷과 백화점 채널로 구매를 많이 전환하고 있다.

대형마트는 백화점과 같이 판매 수수료를 임대료로 대신하여 지불하는 유통형태와 중간에 벤더 유통업체를 끼고 거래하는 방식이 있는데, 후자의 경우는 제조업 측에서 볼 때, 단독 브랜드로 들어가기에는 시장점유율이 낮게 나타나는 경우 취하는 방식이다.

이럴 경우 벤더는 어떤 특정회사의 브랜드뿐만 아니라 종합적으로 여러 회사 브랜드를 취급하고 각각의 화장품 제조업체로부터 판매 여사원을 지원받게 된다.

2) 드럭스토아

최근에 약국과 화장품, 생활용품을 결합한 헬스와 뷰티개념의 한국형 드럭스토어가 새로운 화장품 유통채널로 자리잡아 가고 있다.

CJ올리브영, GS왓슨스, 그리고 전통 드럭스토어인 더블유스토어가 매장 확대와 마케팅 강화를 통해 계속적으로 점유율을 넓혀가고 있다.

이들 3곳의 매장 수는 300여 매장으로 확대됐고, 올리브영은 가맹점화를 추진하고 있다. 여기에 온누리 약국체인이 2007년부터 약국이 중심이 되는 온누리 드럭스토어 가맹사업을 전개하고 있고, 농심 메가마트는 약국이 결합된 드럭스토어 '판도라' 1호점을 부산에 오픈했다.

또한, 2012년에 들어와 이마트가 '분스'라는 브랜드로 의정부와 강남에 잇따라 오픈했고, 롯데와 까페베네에서도 H&B(헬스&뷰티)개념의 샵을 검토하고 있는 것으로 알려지고 있다.

국내 출범 초기만 해도 약국에 가까운 개념을 도입했던 드럭스토어들은 이제는 화장품을 포함한 뷰티 상품의 비중 확대에 주력해 드럭스토어라는 명칭보다는 H&B(헬스&뷰티) 스토어에 가까운 형태로 변화하고 있다.

CJ올리브영과 GS왓슨스는 화장품을 포함한 뷰티상품의 비중을 70% 이상으로 높였고, 더블유스토어 역시 코스메슈티컬을 중심으로 화장품의 비중을 높이고 있다. 특히, 화장품 비중이 지속적으로 늘어나면서 드럭스토어는 화장품 시장의 새로운 유통채널로 부상했다.

일본의 드럭스토어가 약사를 채용하여 병원의 처방전까지 취급하는 유통구조를 가지고 있고, 건강식품과 화장품, 헤어 제품, 애완용 제품은 물론 슈퍼마켓에서 취급하고 있는 가공식품까지 취급하고 있는 데 비해서 우리나라 드럭스토어는 의약품 규제나 약국 입점 조건 등이 까다로워 약보다는 화장품, 미용용품, 건강식품 중심의 H&B 스토어 형태로 발전하고 있고, 방문 고객층 역시도 20~30대의 젊은층이나 직장인 위주로 구성되어 있다.

3) 방문판매

2조 5천억 원 정도의 시장규모인 방문판매는 구방판과 신방판으로 구분해서 볼 수 있다.

구방판은 1960년대 초 쥬리아 화장품이 국내에서 처음으로 도입했고, 뒤를 이어 한국화장품과 태평양(現 아모레퍼시픽)이 구방판 시장에 뛰어들게 되면서 급격하게 성장하는 계기가 되었다. 80년대부터 90년대 초반까지는 구방판을 이용하는 소비자가 많았는데, 그 이유는 판매사원과 미용사원이 가가호호 방문하여 피부 마사지 서비스를 제공하고 할부로 제품을 구입할 수 있는 혜택을 부여했기 때문이었다.

하지만, 여성들의 사회진출이 활발해지고 화장품 전문점의 할인판매와 덤핑판매가 빈번해지면서 매출이 저조해지자 구방판을 새롭게 정비한 신방판이 등장하기 시작했다. 코리아나 화장품이 이러한 신방판을 처음 시작했다. 구방판이 대리점이라는 중간 도매상을 도입한 유통구조와는 다르게, 신방판은 판매사원들과 위탁거래 판매약정 체결을 하고, 판매사원의 교육, 승진, 비젼을 제시하는 형태로 발전되었다. 태평양을 비롯, 한불 화장품, 한국화장품, 엘지생활건강 등이 이러한 신방판에 진입하게 되었다. 하지만, 신방판도 위탁관리자를 인정하지 않고 다단계로 분류하는 방문판매 등에 관한 법 변경으로 조직 단계가 축소됨에 따라 판매원들의 수입이 감소되고, 판매원 스카우트 과다경쟁으로 회사 비용이 크게 증가하게 되었다. 그뿐만 아니라 사무실 임대료의 부담도 만만치않아 신방판도 결국 점점 하락하는 추세를 보이게 되었다.

이에 따라, 아모레퍼시픽과 엘지생활건강 등은 구방판과 신방판을 접목시킨 새로운 형태의 방판을 도입하고 있다. 유통구조는 구방판의 회사, 대리점, 판매사원, 소비자로 이어지는 단계를 적용하고, 서비스 방식은 고객이 피부 마사지 서비스를 받기 위해 영업점을 직접 방문하는 형태의 신방판 방식을 도입하고 있다.

현재 방판에서 판매하고 있는 브랜드들은 백화점과 비슷하나 소비 양극화에 따른 고가 브랜드 선호 소비자들에게 오히려 피부 마사지 서비스를 동시에 받을 수 있다는 장점 때문에 방판을 통한 구매를 더 선호하고 있다.

4) 백화점

백화점 화장품 시장은 방문판매와 더불어 매출규모가 2조 원이 넘은 큰 시장이다. 소비 양극화 현상으로 인해 백화점의 프리미엄 화장품을 찾는 소비자가 지속적으로 증가하고 있고, 롯데, 신세계, 현대 백화점 등과 같은 상위 백화점들이 점포를 계속 신규로 열고 있어 성장세가 이어지고 있다.

백화점은 입점하는 회사측의 월 매출에 따라 정해진 수수료에 의해 임대료가 결정된다고 할 수 있다. 또한, 전에는 수입 브랜드에 비해 국내 브랜드의 매출이 현저하게 떨어져 백화점 측의 이익이 줄어들자 국내 브랜드를 퇴출시키고 수입브랜드를 적극적으로 입점시켰고, 수입화장품들은 다양한 판촉과 상품기획으로 백화점 매출을 주도해 왔다. 하지만, 최근 설화수, 오휘, 후 같은 한방 화장품의 선호와 성장에 따라 국내 화장품 회사인 아모레퍼시픽과 엘지생활건강이 선두를 유지하고 있다. 이러한 추세에 따라 유명 아티스트들이 개발한 국내 메이크업 브랜드를 중심으로 국내 다른 회사들도 백화점 입점을 적극 추진하고 있는 상황이다.

또한, 인터넷으로 이탈하는 고객들을 잡기 위해 신세계닷컴, 롯데닷컴 등과 같은 백화점 계열의 인터넷 쇼핑몰들이 많이 등장하게 되었다.

현재 백화점에서는 설화수, 헤라, 오휘, 후와 같은 국내 브랜드와 SK-

II, 에스티로더, 크리니크, 랑콤, 샤넬, 시슬리, 크리스찬디올 같은 외국계 유명브랜드가 경쟁하며 전체시장을 이끌어 가고 있다.

5) 브랜드숍

화장품 브랜드숍 시장은 2조 원 규모로 성장했고, 전체 화장품 시장에서는 20% 정도의 비중을 차지하고 있다.

전체적으로 보면 브랜드숍은 멀티브랜드숍과 단독브랜드숍으로 각각 일정한 영역을 확보하면서 비슷한 규모로 성장해가고 있다. 단독브랜드숍은 더페이스샵과 미샤, 스킨푸드, 에뛰드하우스, 이니스프리, 홀리카, 토니모리, 네이처리퍼블릭 등이 대표적이고, 멀티브랜드숍은 아리따움과 뷰티플렉스, 뷰티크레딧 등이 시장을 이끌고 있다.

2002년 저가 화장품을 콘셉트로 앞세운 '미샤'가 단독브랜드 매장을 오픈함과 동시에 회사, 대리점, 소매점으로 이어지는 유통단계를 회사에서 곧바로 소매점으로 이어지는 유통구조로 변환하기 시작했고, 같은 콘셉트를 추구하는 더페이스샵. 스킨푸드, 에뛰드, 이니스프리, 토니모리 등이 이에 가세하면서 시판 화장품은 전문브랜드샵 중심으로 확장되어 가는 추세를 보이고 있다.

또한, 대표적인 국내 화장품회사인 아모레퍼시픽의 아리따움, 엘지생활건강의 뷰티플렉스, 엔프라니의 애비뉴와 같은 멀티브랜드샵들이 오픈되면서 회사와 소매점 간의 직거래 유통구조가 생겨나게 되었다.

이 멀티브랜드샵은 한 회사의 브랜드만을 취급하는 전문브랜드샵과는 달리, 타사의 브랜드를 일정비율만큼 함께 취급하고 있다. 다만, 아모레퍼시픽은 자사 제품만을 100% 취급하는 '아리따움'을 만들어 아모레퍼시픽 자체 브랜드만으로 구성된 멀티브랜드숍을 확산시켜 나가고 있다.

이러한 멀티브랜드숍은 맞춤형 고객서비스 강화로 차별화를 꾀하고 있고, 단독브랜드숍은 자연주의, 신비주의 같은 명확한 스토아 콘셉트를 강화하면서 한류 스타를 자사 모델로 적극 활용해 국내 소비자는 물론 중국, 일본 같은 외국인 관광객을 끌어들이고 있다.

6) 인터넷

온라인 화장품 시장은 1조3천억 정도로 가파르게 성장하고 있다. 이는 인터넷 환경의 발달에 따라 온라인으로 화장품에 대한 정보를 검색하고 구매하는 쇼핑이 일반화됐기 때문이다. 또한, 온라인 경로의 높은 성장세는 갈수록 시판 전문점 채널이 위축됨에 따라 신규로 화장품 시장에 진출하는 회사나 또는 외국 수입 브랜드가 유통장벽이 낮고 진입이 상대적으로 용이한 인터넷 시장을 먼저 공략하기 때문이다. 인터넷 유통채널은 회사, 벤더, 쇼핑몰, 소비자의 단계로 되어 있거나 또는 회사, 쇼핑몰, 소비자로 이어지는 유통단계로 형성되어 있다.

온라인 유통채널은 소비자 입장에서는 가격을 비교하며 편하게 온라인을 통해 제품을 구입할 수 있다는 장점이 있지만, 제품을 직접 체험해 보지 않고 구입해야 한다는 단점이 있다. 또한, 제조업체에서는 고객을 쇼핑몰에 유인하기 위한 인터넷 광고와 다양한 이벤트를 하게 되고, 경쟁사와의 프로모션 경쟁이나 가격할인 경쟁도 하게 되어 이로 인한 비용지출이 많아지게 된다. 하지만 오프라인의 다른 유통채널과 비교해서 보면 온라인 채널이 그래도 상대적으로 판관비가 적게 들어가는 편으로 이익률도 타 채널에 비해서 높게 나타난다.

7) 전문점

화장품 유통경로 중에서 가장 판매 하락세가 높은 채널이 바로 전문점이다. 화장품 유통 중에서도 90년대 중반까지 가장 큰 판매채널 중의 하나였던 전문점이 이처럼 하락하는 주된 이유는 업체간 경쟁으로 영업이익이 감소됨에 따라 영세 전문점들의 도산이 증가하고, 저가 브랜드숍이 등장하여 기존의 전문점에서 구매하던 고객을 이탈시키면서 매출상의 영향을 크게 주기 때문이다. 또한, 젊은층의 온라인 구매 증가와 백화점 브랜드의 성장으로 인한 전문점 고객의 이탈 현상이 심화되고 있는 것도 전문점 하락세의 주된 원인이다.

뿐만아니라 국민 소득과 생활 수준이 높아지면서 백화점을 이용하는 고객이 늘고 있고, 피부 관리서비스를 해주는 방판으로 고객의 발길이 돌려지면서 전문점의 하향세는 더욱 뚜렷해지고 있다. 또한, 저가격의 전문 브랜드숍이나 할인마트 이용 고객이 늘어나고, 고객이 직접 가격을 비교 검색해 구입할 수 있는 온라인 유통산업이 발달되면서 오로지 가격할인과 과도한 프로모션 경쟁으로 고객을 유치했던 종합 할인 전문점은 줄어들고 있다. 그나마 엔프라니, 코리아나, 소망화장품 등 일부 몇몇 중견기업들이 대기업 브랜드가 빠진 틈새를 집중 공략해 전문점 유통의 명맥을 이어가고 있다.

이러한 전문점 유통구조는 회사와 중간 도매상이라고 할 수 있는 대리점과의 거래약정을 맺고 회사를 대신하여 대리점이 소매점과 거래를 하는 형태의 유통구조가 대부분이었다. 하지만, 최근에는 중간 유통 단계인 대리점을 거치지 않고 소매점과 직접 거래함으로써 대리점에 지급했던 수수료를 절감하고 소매점의 마진율을 높이는 동시에 회사 이익률을 높이는 회사와 소매점이 직거래하는 형태의 유통이 많아지고 있다.

8) 홈쇼핑

홈쇼핑은 주 고객이 주부들로서 이들의 소비 심리에 따라 매출이 좌우된다. 홈쇼핑은 주로 회사, 벤더, 홈쇼핑, 소비자로 이어지는 유통구조이거나 벤더를 빼고 회사, 홈쇼핑, 소비자의 유통 단계를 이루고 있다. 간혹 상품에 따라 홈쇼핑 측이 직접 매입하여 판매를 하는 경우도 있으나 이는 홈쇼핑사가 재고 부담을 갖게되는 문제가 있어 별로 선호되지는 않는다.

홈쇼핑 수수료 방식은 정액제와 정률제가 있으나 지급률이 높아 회사측 에서는 반품과 loss 부분을 감안할 때 그다지 많은 이익이 발생하는 채널이라고 볼 수는 없다. 또한, 처음 방송 효율이 다음 횟수의 방송 여부를 결정하는데 영향을 많이 주기 때문에 방송 효율을 높이기 위한 방송내용이나 프로모션에도 신경을 많이 써야하고, 특히, 시간대. 게스트, 날씨 등도 매출에 많은 영향을 주기 때문에 상품의 특성이나 목표타켓 등을 고려해서 이러한 요소들을 잘 조화시켜야만 한다.

그리고 홈쇼핑은 단기적으로 높은 매출을 올릴 수 있을 뿐만 아니라 1시간 정도의 방송시간 동안 광고를 하는 효과도 무시할 수 없기 때문에 중소업체 같은 경우는 방송시간을 확보하기 위해 치열한 경쟁을 벌이기도 한다.

04 국내 화장품 유통의 주요이슈

먼저 백화점 유통은 SKⅡ, 에스티로더, 랑콤, 샤넬 등과 같은 수입브랜드가 대부분을 차지했으나, 지금은 경기침체와 소비둔화의 영향으로 수입브랜드의 성장률이 낮아지고 있고, 오히려 한방을 콘셉트로 한 국내 브랜드가 소비자의 욕구에 잘 부응하면서 지속적인 성장세를 보이고 있다. 그러나 소비자의 욕구는 지속적으로 변화하고 달라질 수 있다는 점을 감안할 때, 향후에는 백화점 시장을 주도할 만한 한방 이후의 새로운 콘셉트의 브랜드 개발이 요구되고 있다.

대형마트는 중저가 브랜드를 중심으로 소폭 성장세를 보이고 있으나 장기 경기침체 영향으로 시장이 활성화되지 못하고 있다. 최근에는 젊은 여성층을 중심으로 인터넷 쇼핑몰 이용자가 증가하면서 젊은 고객층을 온라인 채널에 뺏기는 현상이 가속화되고 있다. 따라서 매장에서의 진열관리와 판매사원에 대한 지속적인 교육강화 등이 필요하다.

드러그스토아는 국내 화장품 유통시장에서 아직은 초기단계 시장으로 향후 성장 가능성이 높은 채널로써 좀 더 확실한 기반을 다지기위해 선진국의 유통시스템을 도입하고 취급 아이템을 다양화하며, 할인마트와 같이 한정된 고객의 확보 보다는 다양한 고객층을 확보할 수 있는 대책 마련이 시급하다.

현재 화장품 유통에서 가장 변화가 심하고, 갈수록 어려움이 예상되는 채널은 전문점이다. 전문점은 백화점의 고급화 전략과 온라인 쇼핑몰의 저가 공세에 밀려 오랜기간 고전을 하고 있다. 따라서 전문점은 고객서비스를 차별화하고, 상대적으로 저렴한 가격대의 매스티지 브랜드를 적극적으로 도입하는 것도 검토되어야 할 것이다. 또한, 신규고객의 등록관리를 철저히 하고, 고정 고객화를 위한 피부 맛사지 서비스나 문자발송 서비스 등을 차별화해서 기존고객의 이탈을 방지하고, 장기간 반복구매를 하도록 유도해 나가야 할 것이다.

마지막으로 방문판매는 오랜 역사를 가지고 있으나, 방문판매의 지속적인 존속과 발전을 위해서는 업체와 정부가 머리를 맞대고 합리적인 기준를 만들고, 제대로된 판매제도와 시스템을 도입해야 할 것이다.

특히, 방문판매는 외국 기업들이 진입하기가 쉽지 않은 채널이면서 같은 프리미엄 채널인 백화점과도 상호 시너지가 있기 때문에 국내 화장품 브랜드의 육성을 위해서는 방문판매가 합리적인 제도와 기준 속에서 지속적으로 성장할 수 있도록 하는 구조를 만들어가야 할 것이다.

05 화장품 유통의 전망 및 대응방안

한미 FTA, 한 EU FTA의 체결에 따라서 국내 화장품 시장은 이제 외국 브랜드들과의 경쟁이 갈수록 치열해질 것으로 판단되고, 이에 따라 국내 화장품 제조업체뿐만 아니라 유통업체들이 글로벌 경쟁 속에서 국제 경쟁력 제고와 생존을 위한 대응책 마련이 시급하게 되었다.

또한 방문판매, 전문점, 브랜드숍으로 이어져 온 우리나라 화장품 유통구조는 외부환경의 변화와 함께 또다른 변화가 예상된다. 우리나라 화장품 유통의 초기 기반이 되었던 방문판매는 외국 브랜드가 쉽게 진입하기가 어려워 앞으로도 상당기간 국내 프리미엄 브랜드들의 점유율이 절대적으로 높은 중심 채널이 될 것으로 예상된다. 반면에 80년대 중반부터 우리나라 화장품 유통에서 절대적 비중을 차지했던 전문점은 원브랜드숍, 멀티브랜드숍에 그 지위를 내주게 되었고, 그나마 남아있는 종합 할인 전문점도 앞으로 계속 줄어드는 추세를 보일 것으로 예상된다.

따라서 전문점이 살아남기 위해서는 바디, 헤어케어류 같은 상품 진열을 확대하고, 중저가 상품 구색을 확보하여 가격경쟁력을 높여야 하며, 일반 브랜드숍과는 다른 차별적인 고객 서비스가 강화되어야 할 것이다. 즉, 주택가나 아파트 단지 등을 중심으로 단골고객을 많이 확보하고, 이런 고객에게 다른 유통채널에서 가져가기 어려운 찾아가는 서비스 같은 것을 적극 검토할 필요가 있다.

백화점의 수입 화장품 브랜드들도 이미 성숙기에 접어들었으며 산업 전반에 걸친 소비심리 위축 여파를 맞고 있어, 경기가 호전되지 않는 한 당분간 고전을 면치 못할 것으로 예상된다. 뿐만 아니라 소비자 구매행태가 인터넷 쇼핑몰로 점차 전환되는 추세에 따라 인터넷 쇼핑몰로 이탈하는 고객들을 잡기 위해 롯데닷컴, Hmall, 신세계닷컴 등 백화점 계열 인터넷 쇼핑몰들이 앞다퉈 백화점 매장을 오픈하면서 이들간의 경쟁도 갈수록 치열하게 전개될 것으로 예상된다.

이러한 백화점 채널은 현재 한방 브랜드를 중심으로한 국내브랜드가 선두를 차지하고 있고, 아시아 시장에서도 국내 브랜드가 계속적으로 시장점유율을 높여나갈 것으로 예상되지만, 향후 선진 브랜드들과 경쟁하기 위해서는 제품의 효능효과를 더 높이기 위한 R&D투자가 지속로 이루어져야 하고, 마케팅 기법도 보다 과학화되고 정교화되어야 할 것이다.

현재의 화장품 유통 중에서 가장 경쟁이 치열한 브랜드숍은 업체간의 출혈경쟁으로 인해 소비자 신뢰도가 갈수록 떨어지면서 성장폭도 둔화될 것으로 예상된다. 또한, 일부 업체가 이탈되면서 시장 재편현상도 예상된다. 따라서 브랜드숍에서는 외형적인 경쟁보다는 안정적인 매장 관리와 제품 고급화를 통한 질적인 성장을 추구해야 될 것으로 보인다.

또한 국내시장에서의 성장 한계를 극복하기 위해 기능성 화장품에 대한 R&D투자 확대와 차별적 글로벌 브랜드 육성으로 중국, 일본, 동남아 시장에 대한 진출도 좀 더 공격적으로 전개해야 할 것으로 판단된다.

참고문헌

1. 이정미,「한국 화장품 유통 구조의 특징과 문제점」, 명지대학교, 2010.
2. 신세계유통산업연구소, 「2012년 유통업 전망」, 2011
3. CMN, 「2010년 화장품 유통 변화는」, 2010
4. 아모레퍼시픽, 2010년 화장품시장 리뷰 및 2011년 전망 발표자료, 2011

3-5 건강식품 유통

01 국내 건강기능식품 시장 현황

국내 건강식품의 시장규모는 고령화, 건강에 대한 관심 증가, 소득 수준의 증대와 더불어 최근 3년간 연평균 성장률 20%로 고성장하고 있다. 시장규모도 3조 2천억 수준으로 성장하였다. 이는 일반 식품의 최근 3년간 연평균 성장률 6.4%, 음료의 8.1%, 유제품의 4.6%와 비교해도 매우 높은 성장세를 나타내고 있다. 이런 고성장 추세는 향후 고령화 사회의 도래와 더불어 지속될 것으로 보인다. 점차 증대되는 건강기능식품 시장의 규모와 함께 제조사, 수입업체, 판매업체 등의 숫자도 늘어나서 건강기능식품에 관한 법률'이 공포된 2004년 이후 2010년까지 신고 및 허가된 판매업, 전문제조업, 수입업체 건수는 73,177건에 이른다. 최근에는 식품 대기업, 제약사, 유통업체들도 건강기능식품 시장에 자체 브랜드 혹은 수입브랜드를 가지고 속속 시장에 참여하고 있는 실정이다.

　건강식품 시장의 성장은 일반 비타민을 비롯한 영양 보충제의 성장과 더불어 홍삼시장의 고성장도 한몫하고 있다. 홍삼시장은 최근 가맹점 확대, 할인점, 백화점에서의 판매 등 유통채널이 다양화 되면서 더욱 높은 성장세를 유지하고 있으며, 또한, 우리나라 국민들이 오랫동안 친근하게 접할 수 있는 전통의 건강식품으로 대중적 인식이 자리잡고 있어 당분간 홍삼이 건강기능식품 시장에서의 차지하는 비중은 높을 것으로 보인다.

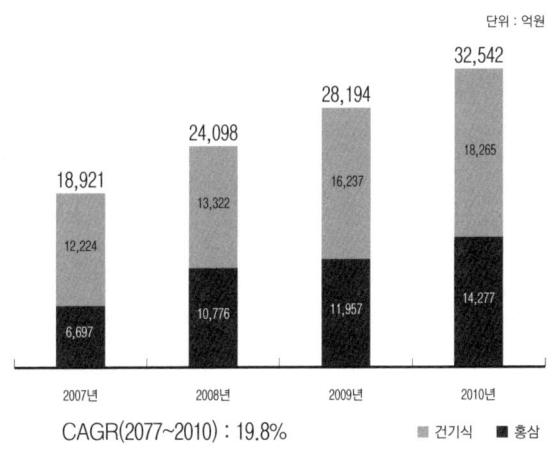

〈표1〉 연도별 시장규모

〈자료원: 동원 F&B 건강식품사업본부〉

국내 제조액 기준으로 2010년 국내 생산실적은 10,671억 원으로 2009년 9,598억 원에 비해 11.2% 증가하였다. 건강기능식품의 품목별 생산실적 기준으로 홍삼이 5,817억 원으로 54.5%로 1위를 차지하였으며, 그 다음으로는 개별 인정형 제품이 1,129억 원으로 4.8%, 비타민 및 무기질 제품이 991억 원으로 9.3%를 차지하고 있다. 최근 급속한 시장의 규모의 성장과 더불어 건강기능식품의 수입실적도 증가하고 있는데 2009년의 2,430억에 비해 2010년에는 6.6% 증가한 2,590억 원의 수입실적을 기록하고 있다.

〈표 2〉 건강기능식품 품목별 생산실적

구분	총판매액(억 원)					증가율 ('10/'09, %)
	2006년	2007년	2008년	2009년	2010년	
총액	7,008	7,235	8,031	9,598	10,671	△20
홍삼	2,469	3,284	4,184	4,995	5,817	△20
개별인정형	73	249	416	800	1,129	△41
비타민 및 무기질	636	604	531	761	991	△30
알로에	1031	797	639	648	584	△10
오메가-3 지방산 함유유지	152	142	266	334	348	△4
인삼	364	348	413	364	341	△6
프로바이오틱스	168	174	190	254	317	△25
가르시니아캄보지아 추출물*	–	–	–	–	208	–
식이섬유	16	3	1	99	117	△18
프로폴리스 추출물	53	64	49	100	97	△3
기타품목	1,875	1,363	1,195	1,213	721	△41

*2010년 1월 1일부터 개병인정형 품목에서 고시형 품목으로 분류되었으며, 2008~2009년에는 개별인정형에 포함되어 있음.

〈자료원: 식품의약품안전청〉

　　업체별 생산실적 순위로는 한국인삼공사가 4,298억으로 1위를 차지하였고, 마임, 한국야쿠르트, 남양이 각각 539억 원, 346억 원, 308억 원으로 한국인삼공사 뒤를 이어 연 생산실적 300억 원 이상을 달성하였다. 수입실적의 경우 한국 암웨이가 843억 원으로 1위를 차지하였다. 2010년 기준 수입국가 기준으로는 미국이 1,765억 원, 구성비로는 68%로 지속적으로 1위의 위치를 유지하고 있다.

〈표3〉 건강기능식품의 유통채널별 구조

| 생산자 | 도매판매 | 소매판매 | 소비자 |

생산자: A. 제조업/수입업

도매판매:
1. 건강기능식품 판매업체
2. 대리점
3. 총판
4. 중개인

소매판매:
- 가-1. 매장판매-전문매장
- 가-2. 매장판매-백화점
- 가-3. 매장판매-할인매장
- 가-4. 매장판매-편의점
- 가-5. 매장판매-약국
- 가-6. 매장판매-병원
- 가-7. 매장판매-기타
- 나-1. 직접판매-다단계판매
- 나-2. 직접판매-방문판매
- 다. 홈쇼핑, 케이블TV
- 라. 전화권유판매
- 마. 인터넷 전자상거래판매
- 바. 기타

소비자

〈자료원: 한국건강기능식품협회〉

02 국내 건강기능식품의 유통채널 구조 및 매출 현황

국내 건강기능식품의 유통채널 구조는 소비자에게 제품이 전달되기까지 다양한 경로의 판매 방법이 존재하고 있는데 이를 나누어 보면 크게 13가지 경로로 나누어 살펴볼 수 있다.

경로별, 메이커별 소비자 판매가 기준으로 정확한 매출액을 산정하기는 쉽지 않지만 식품의약품 안전청에서 매년 조사하고 있는 상위 20개 판매업체를 대상으로 조사하는 설문조사 방법을 통해서 대략이나마 유통채널별 매출액을 살펴 볼 수 있다. 이 자료를 토대로 살펴볼 경우 상위 20개 판매업체에서의 유통채널별 매출로는 다단계 판매와 방문판매가 전체 매출액에서 차지하는 비중은 60% 수준으로 매우 높은 편이다. 이는 건강기능식품 판매의 특성상 소비자에게 제품에 대한 설명이 좀더 쉬운 경로에서의 매출이 높음을 알 수 있다. 하지만 백화점, 할인매장의 증대와 공격적인 마케팅 활동에 힘입어 시판 경로에서의 성장률이 두드러지고 있다. 또한, 소비자의 건강기능식품에 대한 이해와 지식이 높아짐과 동시에 젊은층에서도 건강기능식품에 대한 선호도가 증가하면서 젊은층이 자주 접하는 인테넷을 통한 판매도 급속히 증가함을 볼 수 있다.

시판에서 많이 팔리는 품목으로는 홍삼, 멀티비타민, 오메가-3의 순이고 다단계 판매에서는 멀티비타민, 비타민C, 오메가-3 제품이, 방문판매에서는 헛개나무과 병추출물과 홍삼, 알로에의 순으로 상위 매출 제품이 이루어지고 있다.

〈표 4〉 유통채널별 매출 현황

구분		2009년		2010년		증가율 ('10/'09, %)
		매출액	점유율	매출액	점유율	
매장판매	전문매장	326,968	16.6	377,747	15.1	15.5
	백화점	105,494	5.4	121,277	4.8	15.0
	할인매장	49,318	2.5	65,600	2.6	33.0
	편의점	1,660	0.1	2,567	0.1	54.6
	약국	7,481	0.4	7,663	0.3	54.6
	병원	17,242	0.9	21,468	0.9	24.5
	기타	34,754	1.8	87,099	3.5	150.6
	소계	542,917	27.6	683,421	27.3	25.9
직접판매	다단계판매	749,786	38.1	962,871	38.4	28.4
	방문판매	483,510	22.3	536,872	21.4	22.4
	소계	1,188,296	60.3	1,499,743	59.9	26.2
전화권유판매		30,111	1.5	44,453	1.8	47.6
홈쇼핑/케이블		133,559	6.8	148,588	5.9	11.3
인터넷		63,653	3.2	114,587	4.6	80.0
기타		11,658	0.6	14,969	0.6	28.4
계		1,970,194	100	2,505,761	100	27.2

〈자료원: 식품의약품안전청〉

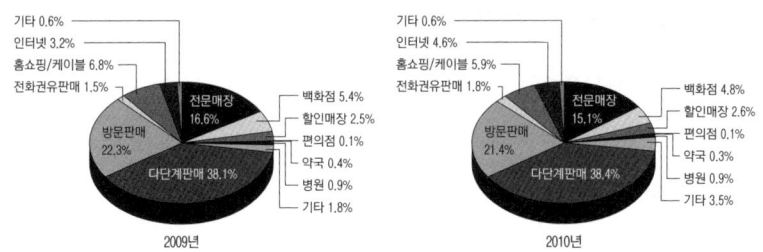

03 주요 유통채널별 특징과 전망

한국건강기능식품협회가 작성한 주요 경로별 판매의 특징과 향후 전망을 살펴보면 각 경로별 강점과 단점, 그리고 기회 요인등이 있지만 경로별 판매는 향후 소비자의 구매태도 및 건강기능식품에 대한 이해, 그리고 판매업체에서의 마케팅, 영업활동에 따라 많은 변화가 예상된다.

1) 다단계 판매

건강식품의 다단계판매를 이끌고 있는 업체로는 한국암웨이, 허벌라이프, 뉴스킨코리아 등이 있는데 이중에서도 가장 규모가 큰 업체는 한국암웨이이다. 한국암웨이는 수입실적 기준으로 2010년 총842억 원으로 전년비 18.5%의 성장을 보이고 있다. 한국 허벌라이프도 127억의 수입실적으로 전년대비 124%의 높은 수입실적 성장세를 나타내고 있다.

이들 업체들이 주도하는 다단계의 판매는 충성도 높은 고객의 확보, 면대면의 설명이 가능하고, 또한, 다단계의 특성상 높은 재구매율, 주 고객층과 판매원의 일치로 인한 Loyal User의 존재 등으로 우리나라의 건강식품 채널에서 높은 비중을 차지하고 있다. 하지만 비고객, 혹은 일반 소비자들의 부정적 인식과 상대적으로 낮은 브랜드 인지도, 그리고 쉽지않은 소비자의 접근성으로 성장의 한계를 가지고 있기도 하다. 이런 단점을 극복하기 위해 일부 다단계 업체에서는 오프라인 매장을 통해 일반 소비자 대상의 판매 기회를 넓혀나가고 있다.

2) 방문 판매

방문판매의 주된 업체는 아모레퍼시픽과 LG 생활건강, 야쿠르트 등이 있는데, 아모레퍼시픽과 LG 생활건강은 이미 구축된 전국적인 화장품 방문판매 조직을 통해서 건강기능식품을 판매하고 있다. 이들 업체는 전체 매출액에서 건강식품이 차지하는 비중은 적지만 많게는 4만 명, 적게는 1만 명 정도의 방문 판매원을 통해 건강기능식품을 판매하고 있다. 그 외에도 건강식품 전문 판매조직을 운영하고 있는 업체로는 알로에 제품을 주로 판매하고 있는 ㈜마임, ㈜남양등이 있으며 이들 업체의 경우에는 특정 건강식품 판매에서 시작하여 이제는 화장품 등의 품목으로 영업활동을 넓혀 나가고 있다.

방문판매의 경우 조직이 잘 구축 되었을 때는 안정적인 고객 확보가 가능하며 소비자 개인별 맞춤 판매가 가능하다. 판매 역시 지사장과 판매원을 통해 이루어짐으로써 다단계처럼 높은 고객 충성도를 확보할 수 있다. 그렇지만 낮은 채널 접근성과 타 유통과의 시너지 창출의 한계, 그리고 판매원 이탈 시 조직의 급속한 와해가 이루어질 수 있다는 단점도 갖고 있다. 향후 방문 판매의 경우 전체 유통구조에서 차지하는 매출 비중은 감소할 것으로 예상되나 우리나라의 인간적 유대관계를 통한 판매가 아직도 높기 때문에 앞으로도 성장할 가능성도 있다.

방문판매의 핵심 경쟁력은 지역 상권내 장악력을 갖고 있는 유능한 지사장의 확보, 판매원에 대한 교육 체계, 그리고 지사장과 판매원으로 이어지는 판매체인상의 보상프로그램 개발 등이 타사보다 얼마나 높은 경쟁력을 갖고 있느냐이다.

3) 매장 판매

매장 판매는 크게 직영점, 가맹점으로 분류되는 전문 매장과 백화점, 할인점 등에 입점되어 있는 시판 매장 등으로 분류하여 볼 수 있다. 전문매장 형태로 운영되고 있는 것으로는 홍삼의 가맹점이 가장 많은데 그 이유는 홍삼 뿌리삼을 전문매장에서 직접 다려서 제공할 수 있는 매장 특성과 최근 경기 하락으로 높은 수익이 기대되는 홍삼 가맹점 창업 희망자들이 많아졌기 때문이다. 그렇지만 최근 백화점, 할인점, 드럭 스토아 등에서 홍삼의 취급이 확대되면서 홍삼 가맹점에서의 매출 하락, 가맹점본부에서의 밀어내기식 판매 등으로 인해 가맹점주와의 갈등이 높아지고 있는 실정이다. 가맹점중심의 사업은 초기 투자비용을 최소화하면서 사업을 확대할 수 있는 좋은 방법이나 개인사업자인 가맹점주와 가맹점 본부간의 지속적인 유대 관계를 위해서 타 유통경로와의 마찰을 어떻게 줄여 나갈 것 인가가 중요한 관건이다.

백화점과 할인매장에서의 판매는 크게 유통회사에서 메이커로부터 제품을 구입해서 판매하는 직매입 방식과 매장내 샵인샵(shop in shop)형태로 입점하여 판매하는 방식이 있다. 건강기능식품의 대면 판매 특성상 직매입 방식보다는 샵인샵 형태가 일반화되어 있다. GNC, 천지인, 정관장등의 브랜드가 이런 샵인샵 형태로 운영되고 있다. 샵인샵의 형태는 대부분 전문 상담사가 배치되어 건강기능식품에 대한 카운셀링이 가능하고, 브랜드력이 높은 제품중심으로 입점되어 있기에 소비자들의 만족도가 대체로 높은 편이고 매출 성장세도 높다.하지만 입점시 과도한 인테리어 비용과 전문 상담사 인력 운영비, 매장의 높은 수수료, 유통본부 측의 다양한 요구조건의 수용으로 인한 고비용 구조로 인해 규모가 적은 업체의 경우 초기 진출시 경영의 어려움을 초래할 수 있다. 그 밖에 할인매장의 경우 자체 카테고리 존(이마트 분스, 메가마트 판도라등) 및 PB 상품을 강화하고 있는 추세이다.

4) 홈쇼핑

적극적인 제품 설명이 가능하고 또한, 소비자의 쇼핑시간을 감소 시킬 수 있는 강점을 가진 경로이다. 특히 다단계 및 방문판매의 대면 판매효과를 쇼호스트를 활용하여 제품 설명이 가능한 채널로써 건강기능식품 시장의 트렌드 변화를 주도할 수 있는 채널이기도 하다. 홈쇼핑에서는 주로 홍삼과 다이어트 제품 등 특정 브랜드 및 품목에 편중되어 방송되고 있으며 최근에는 홈쇼핑 회사의 증가로 시장규모는 커지고 있다. 하지만 블랙컨슈머의 반품율 증가, 방송심의에 의한 표현의 한계성, 론칭 실패시 재고 및 제작투자비의 부담, 높은 판매수수료, 점차 강도가 높아지는 판촉물 및 할인율로 분당 효율이 나타나지 않을 경우 수익에 어려움을 줄 수 있는 경로이다. 그러나 사전에 소비자에게 좋은 매력을 줄 수 있는 콘셉트의 제품으로 철저하게 준비하여 론칭을 한다면 광고적 효과나 단기간의 높은 매출을 할 수 있는 경로이기도 하다.

5) 약국

전국 약국은 22,000개로 가장 많은 점포수를 갖고 있는 경로이다. 또한, 유동인구 및 경제활동이 가장 활발한 주요 상권에 약국이 위치하고 있으며, 약사의 전문 상담으로 인한 소비자 신뢰도가 높은 경로이기도 하다. 최근에는 대형 약국 체인(온누리, 메디팜, 옵티마케어등)으로 인해 건강기능식품의 약국 판매가 높아지고 있으며, OTC제품의 일반 슈퍼 판매 가능성등으로 약국에서는 향후 매출 하락에 대비하여 건강기능식품 판매를 통해 매출을 높이고자 한다. 그렇지만 아직까지도 약국 매출중 건강기능식품이 차지하는 매출 비중은 3%로 미약한 편이다. 취급품목도 종합비타민, 오메가3, 글루코사민 등 일부 품목에 많이 편중되어 있다. 특히 약국경로에서의 건강식품 판매는 제약사들이 신규사업으로서 적극적으로 참여하고 있다.

6) 온라인 판매

온라인 쇼핑 인구의 지속적 확산, 그리고 최근 스마트폰과 SNS를 이용한 판매 방법의 활성화 등으로 향후 시장 전망이 좋은 경로이다. 특히 건강기능식품 섭취 연령의 하향화 추세와 더불어 체질에 맞는 건강기능식품 제품 정보를 온라인 경로를 통해 얻고 상대적으로 저렴한 가격의 제품을 구매할 수 있어서 지속적으로 확대될 것이다. 온라인 판매는 치열한 가격 경쟁에도 불구하고 초기 낮은 진입장벽과 적은 유지관리비로 많은 중소업체들이 난립하고 있는 시장이기도 하다. 또한, 해외에 서버를 둔 업체의 허위, 과대광고, 불법 성분 제품의 유통 등으로 자칫 소비자의 온라인 판매에 대한 신뢰도를 떨어뜨리는 등의 문제가 발생하는 경로이기도 하다.

3-6 물류

01 택배의 역사와 배경

온라인 쇼핑몰 또는 오프라인의 매장에서 구매한 상품들은 택배의 전문 배송기업에 의해 소비자에게 전달된다.

한국에서 택배란 용어는 1992년에 사용되기 시작했으며 한진, 대한통운, 현대 택배가 중심이 되어 1990년대에 택배사업을 시작하였는데, 택배란 말은 일본의 야마토택배(宅配:다쿠하이)가 1976년에 일본에서 최초로 택배사업을 시작하면서 사용 하였으며 그후에 한국의 택배기업들이 일본의 야마토, 사가와, 일본통운 등의 택배기업들을 방문하여 한국에서 택배의 명칭으로 새로운 사업을 전개하면서 도입하기 시작 하였다.

일본은 1960~70년대 들어와 고도의 경제성장시기로 대량생산, 대량소비의 사회로 물량확대가 늘어나기 시작한다.생산라인에서는 주야로 일하는 업무량이 늘어나고 소비자는 소득증가로 인해 생활이 윤택하게 되었다.

1960년대에 3C(TV, 냉장고, 세탁기)의 가전혁명이 보급되기 시작하였고

349

물량증가로 인해 노선 트럭 사업자는 대형화, 근대화로 과다경쟁이 늘어나면서 1970년대에는 노선업자의 과다경쟁으로 인해 통운업무(상업화 물수송)가 정체하기 시작한다.

당시에 일본통운, 세이노운수, 야마토운수 등 다수의 운수업자들은 동일사업에서 탈출하기 위해 선두기업으로 등장한 것이 야마토운수의 택배사업 진출이다. 야마토운수는 도쿄를 거점으로 노선편 사업을 추진해온 기업으로 90년이상의 전통을 가진 기업이다. 그러나, 당시에 택배의 창업자인 고, 오쿠라마사오 회장은 부모의 사업을 계승해 물류사업을 추진해 보니 트럭대수의 증가와 회전율 증가로 인한 사업으로는 가격경쟁에 한계를 느끼게 된다.이로 인해 동일부피의 상품을 가로*세로*높이의 규모로 규격을 정해 분할해서 배송하면 고비용과 고효율을 추진할수 있다는 확실을 갖게 된다.

비즈니스모델이란 갑자기 생겨나는 것이 아니다.오쿠라씨가 택배를 도입하게 된 배경에는 당시에 국제특송의 UPS시스템과 일본의 외식체인점 큐동점이 단일품목으로 고객의 밀집도와 집객력에 사업의 승부를 건 것을 보고 택배사업의 차별화를 만들어 낸다.

택배사업은 전국의 네트워크사업으로 인건비(사무인력, 배송사원), 시설비(물류터미널, 영업소, 지점등), 차량(수배송), 연료비 등 다양한 투자비용이 소요되며 물량확대에 비해 대형화터미널, 차량, 작업인원의 확충이 필요한 사업이다.

02 한일택배시장 발전과정과 키워드

택배사업은 우선 고객(법인, 개인)이 있어야 물량이 발생하고 소비자에게 배송할 수가 있게 된다.1976년에 야마토가 택배사업을 시작한 1월20일의 취급물량은 11개에 불과했고 1년동안 228만 개를 취급하였다.

고도경제성장기인 1960~70년대를 거쳐 1980년대에는 대량소비에서 대중소비사회로 전환하면서 소비의 다양화, 개성화, 차별화 시대로 시장이 확대되어 택배물량은 매년 급증하기 시작한다.

이시기는 도입단계이며 한국은 1990년대가 도입시기에 해당된다. 물량이 늘어나면 전국거점의 네트워크를 확대해 물량과 서비스의 안정화가 중요하다. 배송거리에 따라 리드타임을 설정해 고객에게 안정된 서비스를 제공해야 한다. 이 단계는 성장시기로 한국은 2010년까지 이 과정을 경험했다.

택배상품으로 다양한 상품을 개발하고 경쟁타사와 다른 경쟁서비스 아이템을 개발하여 고객에게 제공해야 한다. 1990년대에 일본은 버블경제의 전성기에서 벗어나 저성장시기로 유통된 상품가격은 품질대비 저가격경쟁으로 전환 하였으나 택배단가는 하락하지 않고 물량은 지속적으로 증가한다. 이 시기에 다양한 택배상품이 개발되었고 고객에게 택배의 편리성이 전국적으로 확대 되기 시작하여 성숙기에 접어든다.

여성의 사회진출이 증가하고 인터넷의 보급과 지불대금의 다양화, 고령화 사회의 진행으로 원거리간의 배송에서 택배가 주요한 수단으로 주목되기 시작한다. 전국여행을 가서 산지직송상품을 냉동냉장택배를 이용해 사용하기 시작한다.

한국의 택배는 현재 성숙시장의 단계에 진입해 왔으며 향후 5년동안은 서비스와 상품경쟁력이 중요한 경쟁포인트가 될 것이다.

2000년대 중반들어 일본경제는 저성장의 오랜 터널에서 벗어나 V곡선의 회복현상으로 소비가 살아나기 시작한다. 이 당시에 이미 택배사업은 포화시장으로 국내시장에서 글로벌 시장으로 가치를 전환하고 환경차량 도입 등 환경대응 택배, 사회적 책임을 중시한 택배환경으로 전환하기 시작한다.

시장규모가 회복되는가 했더니 2008년 글로벌금융위기와 2011년 3월 11일의 동북지방 자연 대재해로 인해 일본의 소비시장은 다시 탈출전략에서 2~3년 후퇴하기 시작한다.

〈표1〉 한일택배시장 발전과정 키워드

연도	택배단계	주요키워드	한국택배예상
1976~1985	도입기	물량확대택배	1990년대(도입기)
1986~1995	성장기	스피드택배, 네크워크택배	2001~2010년(성장기)
1996~2005	성숙기	서비스와 품질, 상품개발력택배	2011~2015년(성숙기)
2006~현재	포화기	글로벌택배, 핵심역량강화택배, 환경대응택배, 사회적책임(CSR)	2016년~ (포화기)

〈자료: 조철휘의 한일택배강연자료〉

한일간 택배시장이 성장하기 시작한 배경에는 다음과 같은 차이가 있다.

일본의 택배는 야마토, 사가와, 일본통운이 택배사업에 진출할 당시에 통신판매 사업규모가 확대하기 이전이고 TV, 인터넷 쇼핑이 활성화되기 전이라 커다란 시장변화가 없었으며 화주기업과의 물량거래에 있어 가격경쟁이 심각하지 않아 오랫동안 안정된 가격유지가 진행 되어왔다.

반면에 한국은 대규모 온라인 쇼핑기업(당시에 GS, CJ, 현대, 우리, 농수산)들이 물량증가와 더불어 택배기업들도 과다경쟁에 가격경쟁으로 인해 규모대비 택배가격을 너무 저렴하게 거래조건으로 확정하였기에 지금까지 저단가 경쟁의 악순환에서 벗어나지 못하고 있다.

저단가 경쟁으로 결국에는 서비스 향상과 고객지향의 업무개선을 지향하기 어렵게 된다. 늘어난 물량대비로 물류터미널, 지점 등에 투자하다보니 상품서비스와 고객지향적인 서비스개선이 안되고 매년 급증하는 물량에 핵심요원인 영업소장의 업무환경개선과 지원이 안된 상태가 계속되어 택배사업에서는 힘든경쟁환경이 지속되어 왔다.

일본의 택배는 서비스와 가격경쟁의 균형을 유지해 왔으며 차량증차 제한이 없어 한국의 증차제한과 지입차 사용 또는 불법 택배차량의 사용과는 다르게 정당한 택배사업이 진행되고 있다.

03 일본택배편 정의와 명칭

화물자동차 운송사업법과 화물이용 운송사업법(물류2법)에 준거해 일반화물자동차 운송사업의 철도화물운송, 내항해운, 화물자동차운송, 항공화물운송 등의 수단을 이용해 운송하고 중량 30kg이하, 1군데 1개 화물을 특별한 명칭을 적용해 운송한 화물을 택배편으로 정의하고 있으며 일정 요건을 갖추고 신청하면 허가를 받아 사업이 가능한 허가제를 도입하고 있다.

매년 택배 각사가 취급한 개수는 국토교통성에 보고하고 있어 한국과는 달리 정확한 통계자료가 수집되고 있다.

[중량제한 및 부피(크기)]

중량은 30kg이하를 기준으로 하고 있으나 먼저 택배사업을 추진해온 야마토는 25kg이하로 설정하고 기타 택배사는 30kg이하를 정하고 있다.

가로*세로*높이의 부피는 170cm이하로 규정되어 있고 야마토와 사가와는 160cm이하를 준수하고 기타 택배사와 우체국은 170cm이하를 준수하고 취급화물은 30만엔까지 가능하다.

[택배기업의 심볼마크]

택배사업 당시에 야마토는 심볼마크에 신중한 의사결정을 하여 공모도 생각했으나 내부 사원의 아이디어를 채택해 검은 고양이(구로네코) 부자간의 마크를 결정하였다.그후에 택배사업에 진출한 기업들도 페리칸편(일본통운), 캥거루편(세이노운수), 팬더택배편(도나미운수)등 동물을 많이 사용하게 되었다.

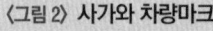

| 〈그림 1〉 야마토 검은고양이 마크 | 〈그림 2〉 사가와 차량마크 |

04 택배사업의 특징

택배사업은 배송, 집하, 터미널 운영, 영업 등 다양한 분야에서 사용되는데 다음과 같은 특징이 있다.

첫째, 장치산업

택배사업은 고객으로부터 위탁받은 집하상품 또는 배송하는 상품들이 전국의 주요거점에 있는 물류터미널과 중소도시에 있는 집배센터를 확보할수 있는 시설이 필요하다. 터미널과 집배송센터를 연결하기 위해서는 택배 취급물량에 비례해 일정규모의 차량이 필요하고 이것은 물류정보 관리시스템의 장비와 물류인력(배송, 사무직등)에 의해 이루어 진다.

둘째, 네트워크산업

택배는 전국에 있는 고객에게 상품을 배송하기 위해 터미널, 지점, 영업소 등을 연결하여 매일 실시간으로 상품을 전달한다.

서울~부산간 450Km구간의 리드타임에는 익일배송이 가능하며 서울시내 수도권 내의 근거리 이동에는 당일배송이 가능하여 전국의 주요거점에 차량, 영업소장으로 연결된 네트워크를 중심으로 대다수의 지역을 커버하고 있다.

셋째, 노동집약적 산업

택배사업은 수탁한 상품을 일정한 장소에 이동하기 위해서는 운송장을 부착한 상품을 받아서 택배터미널로 이동해 입고라인을 통해 터미널에서 각 지역별로 분류한 후에 출고라인으로 나오면 11톤 차량에 실어서 전국의 주요지점에 도착한다. 오전 6시 이후에 지점에 도착하면 각 영업소별로 영업소장이 1톤 탑차를 이용해 배송지역에 상품을 배송하고 시간대에 따라 집하물량도 받게 된다. 택배 터미널의 작업인력, 배송하는 영업소장, 본사의 사무직원 등 매일 일정한 시간대에 안정적인 인력이 필요한 노동집약적인 서비스산업이다.

넷째, 정보시스템 산업

택배상품의 화물정보는 집하된 상황에서부터 시스템에 등록되어 지점, 터미널도착, 그후에 분류되어 다시 지점도착, 그후에 고객에게 배송되는 모든 과정의 화물추적시스템과 반품관리, 미배송 또는 오류처리를 관리할 수 있는 운송시스템, 예약접수관리, 화물사고 및 배상처리, 집배송 효율성분석, 생산성 분석 등의 실적관리시스템을 포함하여 다양한 정보시스템을 구축해야 하며 리얼타임으로 모든 자료가 파악되어지고 있다.

05 야마토와 사가와 택배의 성공요인

택배사업은 단순한 운송사업이 아니라 고객에게 직접 상품을 전달해 주며 친절한 서비스를 제공하는 서비스산업이다.

2010년도 일본택배의 취급물량은 33억 개 정도인데 그중에서 1위로 12억 개 이상을 취급하는 야마토택배와 약 12억 개에 도달한 2위 업체인 사가와 택배의 성공요인을 보면 다음과 같다.

[야마토택배의 성공요인]

택배사업은 단순한 배송사업이 아니라 서비스사업이고 영업소장과 콜센터의 역할이 중요하다. 야마토택배는 전국에 70군데의 허브 & 스포크 거점인 주관센터를 토대로 지점, 영업소, 센터내에 각각 콜센터를 병설하여 고객대응 지향적인 서비스를 제공하고 있다.

첫째, 고객 지향적인 서비스 품질을 중시

1976년 택배사업 당시부터 서비스를 충분히 제공하고 고객이 인지하여 주면 이익은 창출 된다고 하여 다양한 상품서비스 개발을 통해 고객에게 부가가치를 지향해 왔다. 점차적으로 전국거점을 확대하여 이에 대응한 취급점도 전국 네트워크에 구축하여 약 30만점을 유치하게 된다.

둘째, 업계 최고의 신상품 개발능력과 신시장 및 고객창조가 빠르다.

보턴업의 현장우선주의로 영업소장, 터미널, 지점의 업무에 역점을 두고 수평적 조직운영을 추진하고 있다.

셋째, 철저한 효율화를 추구

물품추적등 정보시스템의 활발한 이용하였고 Walk Through(자체적으로 개발한 배송트럭)으로 작업효율을 추구하였으며, 롤테이너 사용으로 도심지에서도 단시간내 상하차가 가능하게 되었다.

넷째, 쿠로네코(검은고양이) 브랜드의 강화

알기 쉽고 한 눈에 들어오는 로고를 사용하였고, 운송회사로는 최초로 TV 광고를 실시하여 10년 연속[기업 이미지 조사 랭킹] Top10 기록

(1997년 ~ 2006년)을 차지하였다.

다섯째, 소형화물 상품화에 부가가치 창출

상온, 냉장/냉동상품에 관해 각각 균일요금과 지역, 거리별, 중량별로
차별화시켜 집하―배송일괄시스템을 활용하였다.

여섯째, 전원 경영체제로 현장의 SD(세일즈드라이버:배송+영업)제도를 도
입하였고 택배터미널의 작업인원의 개선과 효율방안을 중시하였다.

[사가와택배의 성공요인]

일본의 택배기업 중에 전국 거점에서 가장 열심히 달리면서 배송하는
기동력있는 택배기업이 사가와택배이다. 사가와의 배송사원은 뚱뚱한
사람을 본적이 거의 없다.

첫째, 관서지방 거점에서 전국 확대 배송실시

1957년에 쿄도에서 창업해 코토~오사카간 배송으로 당초부터 소형상
업 화물을 취급(1959~)하였고 전국규모 네트워크를 구축(1977~)하여 1998
년 택배사업에 진입하였으며 그후에 쿨택배 배송을 실시(1989~)하였다.

둘째, 카드결제시스템 최초실시(e콜랙트: 2000~)

다양한 종류의 카드를 카드결제기를 통해 택배결제가 가능하도록 하
였다. 일본의 결제시스템은 은행 및 우체국 지로입금, 카드결제, 현금대
체의 결제시스템을 사용하고 있다.

셋째, 해외시장에 적극적으로 진출하였으나 일시적으로 실패

중국시장에 택배사업으로 진출하였으나 2003년에 실패하였고 한국시장도 CJGLS와 공동기업을 설립해 진출하였으나 결국에는 실패하고 매각하게 된다.

넷째, 고객제일주의로 신속, 확실, 정성이 기본이고 배송사원의 스피드는 넘버원으로 항상 열정적인 택배기업으로 주목되고 있다.

다섯째, 성과주의로 노동력과 생산성 향상이 높다.

항상 뛰는 배송사원의 능력으로 1990년대 말 전성기 때는 월/100만엔 수입을 올린 영업소장도 등장하였고 B2B에서 B2C로 확대하여 온라인 화주기업의 니즈에 대응한 맞춤형 정보 및 물류시스템과 서비스를 제공하고 있다.

〈그림 3〉 야마토택배차량

〈그림 4〉 롤테이너

06 택배상품과 리드타임

택배는 배송하는데 거리와 부피, 중량에 따라 시간이 소요된다. 주로 거리가 길면 당일, 또는 익일배송이 힘들어 진다.

일본은 전국이 약 38만Km으로 남북간 거리가 길다. 야마토와 사가와도 전국의 네트워크를 확대하여 전국에 서비스를 제공하기 까지는 오랜 시간이 걸렸다. 야마토 택배의 경우에 당일배송, 오전배송, 시간대 배송이 기본이고 거리에 따라 익일과 익익일 배송으로 구분한다.

도쿄를 기점으로 600km 이내는 익일 오전배송, 900km 이내는 익일 오후배송, 900km이상 지역과 섬 또는 과소지역도 익익일 배송을 원칙으로 한다.

1000km이상 되는 원거리 배송을 당일배송으로 서비스를 제공하려면 전용비행기를 사용하면 가능하다. 이것을 실행하고 있는 것이 국제특송 기업으로 DHL, UPS, FeDex, TNT 등이 있다.

택배는 고객에게 단순하게 상품을 배송하는 수단이 아니라 다양한 서비스를 개발하고 제공하는 서비스사업이기도 하다. 따라서 신서비스와 신상품을 창출하여 고객에게 편리성과 사용의 즐거움을 제공하게 된다.

지난 30년간 야마토택배가 물류시장에서 개발되어 진행시켜온 서비스를 보면 다음과 같다. 1980년대에는 스키와 골프택배를 제공하였는데 일본은 도쿄에서 오사카가 515Km, 도쿄에서 후쿠시마, 나가노거리는 300km이상으로 스키와 골프를 할 때에는 왕복택배를 사용하는 고객이 많다. 1988년에 최초로 쿨택배를 도입하여 온도관리의 신선상품을 적시에 배송하고 관리하는 상품을 제공하였다. 1992년에 타임서비스로 시간대 배송을 유로로 시도하였고 현재에는 시간대 배송(오전중, 12~14시, 14~16시, 16~18시, 18~21시등)이 세분화하여 무료배송화가 진행되고 있다.

1996년에는 연중무휴의 365일배송도입, 1998년에는 시간대 도착서비스, 2000년대 들어와 문자알림 서비스(SMS), 배송시에 부재자의 문제를 해결하기 위해 취급점에 연락하면 가능한 점두수취서비스(2006년)를 제공하는 등 다양한 서비스 개발을 통해 일본의 고객에게 택배상품의 밀착시키는 역할을 제공해 왔다.

상품규격(가로*세로*높이, 중량)과 거리에 따라 택배단가의 차등을 적용하여 부가서비스를 단가별로 적용하고 있다.

냉동/냉장상품의 경우에는 할증을 적용하여 최소 210엔부터 610엔까지 적용하고 오전배송의 경우에도 거리별, 규격별로 최소 300엔에서 최대 1,800엔이상 추가비용이 적용된다. 택배상품의 포장재도 별도 판매하여 냉동/냉장의 경우에 600엔, 1,200엔의 비용이 추가로 포함된다.

07 한일 택배시장의 매출액과 기업현황

1) 한국 택배시장의 규모와 매출액

한국의 택배취급물량은 일본과는 달리 각기업이 발표한 자료에 의해 산출되기에 정확한 통계는 집계되지 않고 있으나 물류전문지를 통해 매년 집계된 상황을 보면 다음과 같다.

1992년부터 시작된 택배사업은 2004년까지 급속성장으로 13년만에 5억 개의 물량에 도달하여 4년만인 2008년에 10억 개, 2013년에 15억 개이상이 예상된다.

물류신문이 정리한 자료에 의하면 2005년에 5억 7,700만 개, 2006년에 7억 2천만 개(24.7% 증가), 2007년에 8억 7천만 개(20.8% 증가), 2008년에 10억 4천만 개(19.5% 증가), 2009년에 12억 개(15.4% 증가), 2010년에 13억 6천만 개(13.3%)로 매년 10% 이상의 고성장을 기록하였다.

2011년에는 글로벌 금융위기에 소비불황으로 구매위축이 늘어나 14억 6천만 개로 7.4%의 증가하였고 시장규모는 3조 5천억 원에 이를 것으로 추정된다.

2012년에도 15억 3천만 개로 5% 성장이 기대되며 매년 커다란 증가 추세는 어려울 것으로 보여 한국의 택배시장은 성숙시장으로 접어들어 2015년에 18~20억 개를 정점으로 포화시장을 맞이할 것이다.

현재 택배취급 개수의 순위는 1위 대한통운, 2위 CJGLS, 3위 한진, 4위 현대로지엠의 택배가 전체시장의 6할 이상을 차지하고 그 외에 우체국택배, 로젠택배, 동부택배, KGB택배 등 중소기업, 지방의 택배사들이 존재한다.

2) 일본 택배시장의 규모와 매출액

일본의 택배사업은 야마토가 1976년 1월 20일에 11개로 시작하여 1년동안 228만 개를 취급하면서 일본의 택배는 시작되었다. 1981년에는 일본통운과 후쿠야마통운, 세이노운수가 택배사업에 진출하고 1998년에는 사가와큐빈이 진입하면서 본격적인 택배시장이 성장하게 된다.

1976년에는 야마토택배 단독으로 228만 개를 기록하고 1980년에는 5,753만 개, 1985년 4억 9,303만 개, 1990년 11억 100만 개, 1995년 14억 3,403만 개, 2000년 25억 7,379만 개, 2005년 29억 2,784만 개, 2008년 32억 1,166만 개를 기록하였다.

2010년에는 32억 개대로 변함없이 수량이 늘어나지 않고 있다.

2008년에 글로벌금융위기의 영향으로 소비감소로 인해 일본에서 택배사업이 탄생한 이후 33년만에 처음으로 전년대비 0.6% 감소하였다.

일본의 택배시장은 이미 포화시장으로 향후 35억 개를 절정으로 크게 증가하지 않을 것으로 예상된다. 고령화와 저출산으로 인해 2010년도 부터는 일본의 인구가 감소하기 시작해 현재 1억 2,800만 명 이하로 향후에는 매년 인구가 줄어들 전망이다.

2008년기준으로 국민 1인당 26개를 사용한 수치이며 한국은 당시에 22개를 사용하였다.

〈표 2〉 일본주요택배기업 비율

기업명	2001	2002	2003	2004	2005	2006	2007	2008
야마토운수	33.0%	33.9%	34.0%	33.7%	34.6%	35.6%	38.2%	38.7%
사가와큐빈	24.6%	29.4%	30.4%	31.0%	30.8%	31.5%	33.4%	33.4%
일본통운	15.7%	15.0%	13.3%	12.3%	11.4%	10.8%	10.4%	10.3%
우편사업	5.7%	5.8%	5.7%	6.1%	7.0%	7.8%	8.4%	8.7%
기타(약30사)	21.0%	15.9%	16.6%	16.9%	16.2%	14.3%	9.6%	8.9%
합 계	100.0%	100.0%	100.0%	100.0%	100.0%	100.0%	100.0%	100.0%

〈자료: 국토교통성통계자료, 우편사업자료〉

08 한일 택배시장의 전망과 과제

1) 일본 택배시장 전망과 과제

매년 택배물량은 정체하여 포화시장에 구매성향이 하락하여 단가하락은 조금씩 지속될 전망이다. 고객지향적인 다양한 서비스의 차별화도 한계점에 와 있어 택배기업은 다른 유통, 제조기업과 연계하여 사업확대를 해야 될 것이다.

첫째, 택배물량정체로 글로벌화 확대

2011년 현재 32억 개대 취급개수, 2015년의 35억 개를 절정으로 하락할 것으로 예상되었으나 2011년 3월 11일 동일본 대지진과 디플레이션의 경기불황 영향으로 택배물량의 성장은 둔화되어 국내시장은 한계점에 와 있다.

국제 시장진출로 야마토택배는 이미 상해, 홍콩, 싱가포르 등 소득수준이 높은 지역에 특화해 시장진출을 진행 중에 있어 글로벌시장의 확대에 택배물량도 늘어날 전망이다.

둘째, 고객의 안전성, 신뢰성, 환경대응 택배

택배사업은 고객과 대면하는 사업으로 도난, 현금도피 등 불상사도 발생한다. 상품의 안전배송과 고객과 친절한 대면방문, 환경대응을 위한 절전형 차량도입 등 고객과 밀접한 신뢰하는 택배가 더 중요하게 될 것이다.

셋째, 신비즈니스 모델로 사업 안정화

한국만큼 저단가 경쟁이 없는 일본택배이지만 물량감소에 단가하락은 지속될 것이다. 상품의 진부화와 같이 서비스제공도 동일하면 진부화되고 가격이 떨어진다. 택배기업은 유통, 제조업과의 사업제휴, 리사이클 상품의 일괄수주로 환경대응형 비즈니스 확대 등 기업이 생존하기 위한 치열한 경쟁이 예상된다.

넷째, 택배의 IT화 혁신

택배상품의 원활한 배송을 진행하기 위해 수취부터 도착까지 모든과 정은 리얼타임으로 추적되며 고객데이터와 상품서비스 향상을 위해 IT 화는 혁신적인 업무효율화에 도움이 된다. 배송사원이 움직여야 하는 직업이지만 가능하면 환경대응 차량의 효율화, 배송루트의 최적화 등 모든 업무를 혁신적인 IT로 택배사업의 고도화가 가능하게 된다.

2) 한국 택배시장 전망과 과제

한국의 택배시장은 1990년대에 사업을 전개한 후에 택배기업 간에 물량 유치증가와 온라인쇼핑 화주기업들의 저단가 거래제도의 정착으로 가 격이 무너지기 시작하였다. 이러한 저단가 경쟁으로 인해 택배기업은 물량대비 인프라투자는 증가시켜 왔으나 영업소장과 지점, 본사간의 연 계와 서비스와 품질경쟁에서 많은 과제를 안고 있다.

2012년에는 유가상승에 경기침체로 인해 소비구매력이 약화될 것이 며 택배기업 간에 생존경쟁으로 택배의 운영과 경영의 합리화가 추진되 어야 할 것이다. 향후에도 수년 동안 한국 택배는 증가추이가 예상되는 데 다음과 같이 전망해 본다.

첫째, 택배의 질적 서비스개발과 확대

한국 택배는 매년 단가하락현상에 택배를 배송하는 영업소장의 임금 수준이 너무 적다. 매년 물가상승대비 가격하락에서 탈피하고 1달에 26 일 배송하는 영업소장의 생활개선에 역점을 두어야 한다.

택배단가는 정상화되고 이로인해 택배상품 서비스도 늘려야 하며 당일 택배와 시간대 택배의 서비스도 제공해야 할 것이다.

둘째, 택배의 이미지강화와 생활 밀착화

한국 택배도 전국에서 배송하는 고객이 늘어나면서 편리성을 제공해왔다. 리드타임이 서울~부산이 450km라 익일배송은 당연하다. 문제는 택배는 고객지향적인 운송서비스사업이라는 점을 인식하고 확대해야 한다.

택배사업자도 복장을 착용하고 고객이 안심하고 믿을수 있는 택배문화가 정착되어야 한다. "지금은 택배요." 하지만 "어느회사 택배요." 하고 고객에게는 정확하게 말해 줘야 한다. 상호 간에 신뢰할 수 있는 택배문화 정착이 필요하다.

셋째, 인력난 해소를 위한 방안필요

지난 1980~90년대에 일본의 물류를 보면 현재의 한국의 상황과 유사하다. 물류의 보급과 안정화도 필요하지만 가장 중요한 것은 현장작업인력의 확보이다. 한국의 물류는 현장인력이 많이 부족하고 택배의 상황은 너무 부족하다. 매년 급증하는 물량에 저단가로 임금상승이 적고 직영체제보다는 대리점, 계약방식에 따라 물량을 많이 수취, 배송해야 생활이 안정화되는 것이 현실이다.

매년 구정과 추석이 되면 택배관련 인원들은 수난의 시기를 맞는다. 전후의 2주일은 평소보다 2~3배 이상 폭증하는 물량취급에 본사 직원도 동행하여 업무를 처리한다. 평소에 택배를 취급하는 영업소장들이 제값 받고 잘할 수 있게 택배인력 안전확보도 너무나 시급하다.

넷째, 택배기업과 화주기업의 상생전략 필요

한국 택배는 화주와 택배기업 간의 주종관계가 너무 강하다. 온라인 쇼핑몰 기업과 물량을 주는 기업은 저단가로 택배기업을 선정해 왔다. 이에 택배기업들도 가격맞춤형에 적응하다 보니 서비스와 품질개선에 속도가 지연되어 왔다. 이제부터라도 품질과 서비스 개선으로 고객이 원하는 것은 현행의 택배서비스가 아니라는 것을 인식하고 있으나 행동에 옮겨야 만 한다.

선진국형 물류서비스가 택배인 것이다. 단순한 운송시대는 지나가고 고객이 원하는 상품을 적정한 시간대에 영업소장이 웃으면서 배송하는 선진국형 한국 택배를 기대하고자 한다. 그래서 화주와 택배기업 간에 상생한다는 것은 고객지향적인 소비자의 만족을 더 높여가는 것이다.

따라서 택배는 단순한 배송이 아니라 고객에게 상품과 배송하는 정성을 전달하는 서비스 사업이 되야 하고 고객은 받으면서 감사하는 마음으로 인사하는 한국형 택배가 정착되길 기대해 본다.

참고문헌

1. 택배는 서비스이다, 한상원,
   부록1. 조철휘 박사의 일본택배 엿보기, 도서출판 범한, 2008
2. 택배는 서비스맨이다, 한상원,
   부록1. 조철휘 박사의 생생한 일본택배 이야기, 도서출판 범한, 2008
3. 택배의 정석, 김민규, 올댓컨텐츠, 2010
4. 택배의 이해와 운영, 조경철, 물류신문사, 2002
5. 택배편130년전쟁, 와시즈쓰도무, 신죠신서, 2006
6. 물류신문사, 조철휘의 일본특집시리즈(2006~11년)

4

한국 미래
유통산업 전망

향후 10년을 내다본 한국 유통산업의 도전과제 / 안승호 (숭실대 경영대학 교수)

향후 10년을 내다본 한국 유통산업의 도전과제

2012년을 맞이한 한국의 유통산업은 향후 10년의 발전 양상을 결정할 만한 새로운 환경변화에 직면하고 있다. 과거에 경험하지 못한 새로운 변화가 유통산업을 둘러싼 경영환경에서 격렬하게 일어나고 있는 것이다. 아직은 이러한 변화들이 예외적인 상황으로 혹은 일시적인 상황으로 치부되기도 하지만 많은 학자들과 경영자들은 적어도 향후 10년 동안 지속되고 심화될 것이라고 보고 있다. 변화를 도전으로 받아들이고 이를 극복하고 활용하는 기업에게만 변화는 기회가 될 것이고 그렇지 못한 기업에게는 위기가 될 것이다. 이번 장에서는 우선 경영환경변화의 내용을 설명하고 이러한 경영환경변화가 유통산업에 미치는 영향을 조망해 봄으로써 현시점에서 올바른 전략적 선택에 도움을 줄 수 있는 몇 가지 시사점을 제시해 보고자 한다.

01 도전의 과제

최근 유통환경의 변화와 기술의 발전은 유통산업 특히 소매산업의 본질
조차 변화시키고 있다. 전통적으로 유통업체는 다른 사람이 제조한 제품
을 판매하는 사업으로 정의되고 있다. 그러나 현대적인 유통환경 속에서
대부분의 제품은 이론적으로 모든 유통업체에게 제공될 수 있으므로 제
품 판매로 한정하는 유통 기능은 현대적인 유통산업을 제대로 설명하지
못한다. 현대적인 유통업체 특히 소매업체의 경쟁력은 무엇을 파느냐에
달려있는 것이 아니고 어떻게 파느냐에 달려있기 때문이다. 따라서 어느
상점이 상품 구색을 갖추었다고 해서 시장에서 그 존재의 당위성을 주장
한다면 현대적인 유통의 관점에서 전혀 근거가 없는 주장이 될 것이다.
두 번째로, 제조업체와는 달리 유통업체 특히 소매업체는 수많은 최종소
비자와 직접적으로 접촉한다. 전통적으로 유통업체는 소비자와의 거래
성사에 초점을 맞추었다면 현대적인 유통업체는 고객과의 접촉부분에서
소비자의 경험을 개선하는 데에 초점을 맞춘다. 고객과의 관계를 심화시
키기 위해 어떻게 고객과의 접촉을 최적화하는가가 유통업체 운영의 핵
심 과제인 것이다. 다가오는 경영환경 변화에 대응하기 위해 이러한 현
대적 유통 비즈니스의 기능이 제대로 수행될 수 있도록 하는 것이 향후
10년을 내다본 국내 유통산업의 도전 과제가 될 것이다.

유통산업의 경영 환경은 변화의 요소로 가득 차 있다. 변화는 기름
값 폭등, 전쟁, 외환위기, 유럽 경제위기 등과 같은 외부적 요인으로 갑
자기 그리고 격렬하게 발생할 수 있다. 반면 인구의 감소, 가처분 소득
의 감소, 노령화, 여성 취업자 증가, 1인 가구의 증가 등과 점진적인 변
화를 가져오는 요인도 있다. 아울러 이 중간 의 속도로 기술의 진보, 규

제의 신설 및 강화 같은 요인들이 국내 유통산업의 발전 방향을 결정하게 될 것이다.

〈표 1〉 도전의 과제

혁신의 분야	경영환경의 변화	혁신 과제	유통업체에 주는 시사점
고객기반	• 인구통계적 특성에서의 변화 • IT가 일상화된 라이프 스타일 • 개인화 • 기호의 상이성 증가	• 노인 소비자 니즈에 대응 • 고객화와 개인화 • 시장침투 • 감성 자극	• 실시간 및 multichannel에서의 처리 • PB개발 • On-line과 off-line비즈니스의 조화 • 쇼핑 경험의 향상
규제	• 규제분야의 확대 • 환경규제의 강화	• 환경친화적 운영 • 환경친화적 제품 판매 • 사회적 책임의 확대	• 지속가능 경영 • 지역개발의 참여 • Green Innovation
산업기반-경쟁	• 수직적 경쟁의 강화 • PB브랜드의 확대 • On-line 진입 장벽의 약화	• 시장위치의 유지 • 새로운 도전에 대응하는 역동적 역량의 개발	• 모방이 불가능한 혁신 • 최초진입자의 장점확보 • 적응력
산업기반-공급업자	• 수직적 경쟁의 강화 • PB브랜드의 확대 • On-line 진입 장벽의 약화	• 파트너와의 공동혁신 노력 경주 • 공급망 정보의 원활한 흐름	• 모방이 불가능한 혁신 • 최초진입자의 장점확보 • 적응력
산업기반-기술	• E, M-commerce • Social media networks • RFID	• 상품 제시 과정에서의 기술 통합 • 새로운 기술을 활용한 프로세스 효율성 향상	• 모방이 불가능한 혁신 • 최초진입자의 장점확보 • 적응력
해외 관련 사업	• 국내 성장 기회의 소진 • 국내 방문 관광객 증가	• 혁신 소개의 성공적인 모델 개발 • 해외경험의 축적 및 관리 • 시장 확대를 위한 장기적 전략 계획	• 한류를 기반으로 한 공급업자와의 동반진출 • 업태의 현지화 • 운영의 유연성 확보

전략적 관점에서 보면 이제는 변화에 대한 정확한 예측보다 변화의

향후 10년을 내다본 한국 유통산업의 도전과제

조짐을 알아채고, 변화가 단기적 그리고 장기적으로 경영에 미치는 영향을 파악하며, 이에 대응할 수 있는 경영자원과 역량을 확보하여 적응력과 저항력을 갖추는 데에 유통업체들은 주목해야 할 것이다. 다음의 표는 향후 10년을 내다보고 유통산업 미래의 모습을 결정할 만한 요인들을 파악하고 이러한 요인들이 유통산업에 미치는 영향과 관련하여 다양한 시사점을 정리하였다. 변화의 부분을 고객, 규제, 산업 그리고 해외사업으로 나누어 보고 주요 내용을 제시한다.

02 고객기반

고객기반의 도전은 소비자 특성상의 변화를 예측하고 이에 대응하는 유통업체의 과제를 말한다. 인구통계적 변화의 중요한 특징 중의 하나는 바로 인구의 노령화일 것이며 유통업체는 노인 소비자의 욕구에 맞춘 서비스와 제품이 제공되도록 노력을 기울여야 한다. 노인 소비자들은 이동능력, 신체적 능력과 인지능력의 저하를 경험하고 이를 만회할 만한 특별한 서비스를 필요로 한다. 아울러 건국이래 최초로 많은 노인들은 자신들의 독특한 라이프 스타일을 지탱할 만한 소득을 갖추게 되어 두꺼운 소비자 층을 형성하고 있다. 이미 2000년도에 태어난 사람들의 반은 100년 이상을 살 것으로 대비하여 유통선진국의 몇몇 기업들은 건강, 자산관리에서 브랜드 충성도를 강화하기 위한 노력을 시작하였다. 건강과 레저에 대한 관심이 큰 노인들에게 올바른 구매 결정을 위해 이해하기 쉽고 구체적인 정보가 제공될 수 있는 서비스가 제공되어야 할 것이다. 미국 노인들의 주거지역에서 실시하고 있는 슈퍼마켓의 쇼핑 도움이 정책 같은 것도 도입될 필요가 있을 것이다. 인터넷과 스마트폰과 연계하여 단순화된 구매절차를 개발할 필요도 있다. 반짝 반짝 빛나는 매장 복도는 미끄러지지 않도록 처리가 되어야 하며 자유롭게 손을 뻗지 못하는 노인 소비자를 위해 제품의 배치도 달라져야 할 것이다.

개성을 강조하려는 욕구가 확산되고 더불어 이를 지탱할 만한 소득이 갖추어짐에 따라 소비자 취향의 상이성은 점차 커지고 있다. 상이한 소비자의 니즈에 대응하여 미래의 유통업체들은 대량 고객화(Mass Customization)와 관련된 경영의 노하우를 축적할 필요가 있다. 현재까지 유통업체들은 고객의 에이전트로서 유통업체가 생각하기에 소비자가 필요로 하는 제품과 서비스를 선택하는 형태로 대량 고객화를 시도했다면 미래에는 다양한 경로를 통해 고객으로부터 적극적으로 정보를 수집하고 고객에게 중요한 무형의 속성을 파악하며, 높아진 고객의 기대에 부합하고 복잡하지 않은 옵션을 제공하는 동시에 경쟁력 있는 가격을 제시하는 방식으로 대량 고객화에 접근해야 할 것이다. Multi-channel을 통해 가능한 한 많은 소비자의 의견과 반응을 실시간으로 수집하고 정확한 정보를 바탕으로 의사결정을 내리는 것이 그 어느 때보다 중요하다. 진정으로 고객화에 성공하려면 가치 사슬상에서 공급과 수요 측면을 모두 고려한 전략이 필요하다. 마지막으로 언제 그리고 어디서 고객화를 시도해야 하는지 결정하고 다른 마케팅 전략과 어떻게 통합이 될 수 있을지 고민해야 한다. 아울러 대량 마케팅과 특정 고객층을 목표로 한 마케팅 그리고 고객화된 상호작용 마케팅 간의 최적의 조합을 구성해야 한다. 따라서 성공은 가치를 창출하기 위해 초래된 비용보다 더 많은 고객가치를 창출할 수 있는 분야를 올바르게 선정하는 능력에 달려 있다고 볼 수 있다. 유통업체의 PB 브랜드는 Mass Customization을 실천하고 차별적인 경쟁력을 확보할 수 있는 방안으로 향후에 더 큰 각광을 받을 것이다.

　정보기술과 고객 니즈 간의 접촉 부분에서도 도전의 과제를 발견할 수 있다. 모바일과 온라인 정보 기술은 소비자에게 어디서 그리고 어떻게 소매점의 정보에 접근하고 제품을 구매할 것인가를 스스로 결정할 수 있는 기회를 제공한다. 더불어 위치정보기반 서비스처럼 정보기술을 기반으로 극도로 고객화된 정보가 소비자에게 전달된다. 구매 후 혹은 서비스 이용 후 소비자의 반응 즉 소비자 간 구전의 영향은 정보기술 네트워크의 발달로 점점 커지고 있어 구전에 대한 내용도 면밀히 검토되어야 한다. 따라서 우수한 market intelligence의 개발이 향후 소매업의 경쟁력에 핵심 요소가 될 것이다. 유통업체들은 고객정보에 대한 실시간 수집 시스템, IT를 이용한 고객 그리고 공급업자와의 공동 작업, 고객을 지원하는 on-line에서의 구매 환경, RFID를 이용한 위치기반정보 서비스의 활용에 대해 관심을 기울여야 한다. 아울러 on-line과 off-line에서의 통합적 운영에 대한 경영 노하우의 개발이 중요한 도전의 과제가 될 것이다.

03 규제

경제를 살리는 일이라던 규제완화 노력은 이제 흔적도 없이 자취를 감추고 있다. 그 동안 유통산업의 규제로 잘 알려진 일본과 프랑스에서도 규제 완화 노력이 시작단계를 넘어 본격적인 단계로 진입하였음에도 불구하고 국내에서 새삼 많은 규제가 논의 되고 있는 상황은 아이러니하다. 향후 유통업계 특히 소매업계에 막대한 영향을 줄 규제와 개정안의 내용을 보면 '대규모 유통업에서의 거래 공정화에 관한 법률안'과 같이 유통업체와 공급업체 간의 거래행위의 규제, '유통산업발전법'과 '대 · 중소기업상생협력촉진법' 등 진입규제와 영업규제 등이 있다. 몇몇 자치단체에서 검토 중인 '전통상업보존구역 지정 및 대규모, 준대규모 점포의 등록 제한 등에 관한 조례' 등은 경우에 따라 소매업체의 모든 경영상의 면면에 영향을 줄 것으로 보인다.

그렇다면 규제의 확대 추세는 향후 계속될 것인가? 이에 대한 대답은 규제의 필요성이 왜 발생하였는가라는 질문에 대답함으로써 가능할 것이다. 우선 농 · 축 · 수산업의 종사자에 비해 중소상인들은 그동안 국가의 경제 및 사회 정책에서 소외 되어왔다고 보아도 무방할 정도로 치열한 경쟁에 혼자 내몰려 있었다. 이들의 GDP 비중은 7% 정도의 낮은 수준이지만 고용비중은 15%이상으로 우리나라의 국민 경제에서 차지하는 위상은 결코 무시될 정도는 아니다. 농업종사자들에게는 매년 수 조 원의 자금이 지원되고 있으나 중소상인들은 경쟁에서 고립되고 소외되어 왔으며 약간의 경기부침에도 취약할 수밖에 없다. 결국 불만의 화살은 대기업 유통업체로 향하고 그 결과 규제확대 현상으로 나타난 것이다. 두 번째 원인은 지역 커뮤니티의 후생과 복지에 대한 대기업 유통업체의 기여가 그리 가시적이지 못했다는 점이다. 경제적 책임에 머물고 있는 대기업의 사회적 책임 의식은 윤리적, 규범적 차원까지 발전하지 못한 것에서 문제를 찾을 수 있을 것이다. 미국에서 Food Lion이라는 대형 슈퍼마켓 체인이 소고기의 유통기한을 속이고 직원들의 복지에 등한시 결과 큰 곤경에 빠진 사례를 보면 유통 선진국에서 단지 경제적 책임뿐만 아니라 윤리적 책임에 대한 지역 사회의 요구가 큼을 알 수 있다. 세 번째 원인은 규제 제정자나 지역 정책 담당자에게 압력을 행사할 수 있는 중소상인들의 조직화가 진행되었다는 점이다. 중소상인관련 조직들이 생겨나고 이들을 지원하는 소상공인 진흥원, 재래시장지원센터 등이 운영되고 있다. 그 동안 분산된 목소리가 한 곳으로 모일 수 있는 조직이 생긴 것이다. 일면 이러한 조직화는 매우 바람직한 현상이라 볼 수 있다. 현재의 유통산업의 경쟁 양상이 매장 대 매장의 경쟁이 아닌 상점가 대 상점가, 쇼핑몰 대 쇼핑 몰, 더 나아가 on-line 대 off-line의 시스템적 경쟁이 벌어지고 있으며 단위 시스템 구성원간의 공조가 그 어느 때보다 중요하기 때문이다. 그러나 규제가 일부 구성원의 이익만을 보호하는 형태가 된다면 구성원의 공조는 요원할 것이다.

위의 규제의 필요성을 야기한 세 가지 이유가 존속하고 규제가 중소상인에게 긍정적인 영향을 주는 한, 규제는 확대될 가능성이 있으나 유통산업의 혁신은 이 같은 요인의 대부분을 해소할 수 있으리라 본다. 중소상인간의 수평적 공조는 결코 소비자에게 더 나은 가치를 제공하는 유통업체의 본원적 경쟁력을 강화한다고 볼 수 없다. 이보다는 대기업 혹은 전문성을 갖춘 유통업체의 지원을 받을 수 있는 특화된 공조 그리고 수직적 공조가 중요하다. 중소점이 대형점과 같이 입점함으로써 대형점의 고객 집객력을 공유하는 형태, 개인사업자와 대규모 유통업체 간의 가맹점 사업을 통해 경영 및 공급망 지원이 이루어지는 형태, 멤버십 도매 클럽과 같이 경쟁력 있는 상품 소싱이 가능한 기회의 제공, 실력 있는 도매상의 육성 등 중소상인들이 실질적이고 지속적인 지원을 얻을 수 있는 방안이 도입된다면 불필요한 규제는 사라질 수 있을 것이다.

대형업체 및 유통업체의 지역 사회의 기여는 다양한 형태가 있다. 지역주민의 소비 욕구를 해결하고 지역사회 구성원의 소득을 창출하는 것 이외에 경영의 경험을 제공함으로써 개인의 커리어 경로에서 경쟁력을 향상시키거나(영국), 종업원의 복지와 후생을 증진시켜 유통업계의 근로 조건이 타 산업의 모범이 되거나(프랑스), 상점가 재정비를 통해 주거 환경을 개선하거나(일본), 환경친화적 제품의 유통과 판매를 확장하여 환경보호에 대한 시민들의 경각심을 일깨우거나(영국), 해외 관광객을 유치하는 명소가 되거나(미국), 직접적으로 지역학교를 지원하는 등(미국) 그 형태는 매우 다양하다. 그러나 유통업체의 지역사회 기여는 현재 규제가 지향하는 수동적인 비참여가 아니고 창의적이고 제한 없는 적극적 참여가 보장될 때 보다 활성화 될 것으로 본다.

　모든 규제는 일부만의 이익이 보호되거나 향상되는 외부 효과를 창출한다. 문제는 이러한 외부효과가 일부에게는 손해가 될 수 있어 규제의 정당성에 대한 의문이 제기될 수 있다는 점이다. 대형점의 진입규제와 운영시간의 제한 등은 소비자의 불편함을 초래하여 자칫 지역 소비자와의 갈등을 야기하는 일이 될 수 있다. 특히 맞벌이 주부들은 주말과 오후 늦은 시간에 쇼핑에 나설 것이며 주말 휴일 강제(휴무)와 오후 9시까지의 영업시간 제한은 이들에게 큰 불편을 초래할 것이다. 어떤 유통업체도 지역 소비자의 불만을 사고서는 생존이 불가능하고 그 같은 규제가 지속될 수 있다고 기대하는 것은 무리다.

　마지막으로 대형업체를 두고 국내시장에서 규제에 의한 사업기회의 제한을 해외진출로 만회하라는 주장은 세계 경제에서 차지하는 한국의 위상을 이해하지 못한 결과라고 보인다. 이미 한국은 다른 나라의 벤치마킹 대상이 되었고 한국의 일거수 일투족이 인터넷을 통해 실시간으로 알려지고 있다. 자국의 진입규제를 피해 해외로 진출하려고 한다면 경쟁을 심화시킬 새로운 경쟁자의 진입을 해당국가에서 누가 반길 것이며 그리고 국내와 똑 같은 논리를 제시한다면 무슨 말을 해야 할 지 뚜렷한 대책이 없다.

04 산업기반

유통선진국의 사례를 보면 날이 갈수록 유통산업의 경쟁은 점점 심화되고 있음을 알 수 있다. 정부의 최소한의 보호정책, 탄탄한 제도적 환경, 많은 시장정보, 잘 갖추어진 물리적 인프라를 기반으로 실력 있는 많은 유통업체들이 공정하고 치열한 경쟁을 하고 있다. 제조업체 주도로 수직계열화가 진행되고 있는 가운데 제품의 소싱도 비교적 유연해져 경쟁에 효율적으로 대응하는 유연한 공급망 구축 능력이 소매업체에게 매우 중요한 과제가 되고 있다. 이제 남들이 모방하기 어려운 독특한 상품을 확보하든지 아니면 다양한 상황변화에 즉각적으로 반응하는 능력을 확보하든지 둘 중의 하나를 갖추어야 극한 경쟁에서 생존할 수 있게 된 것이다. 아울러 비전통적인 비즈니스 영역에 진출하여 유통업체의 핵심 경쟁력을 적용하여 성공하는 사례도 점차 늘고 있다. 예를 들어 국내에서 롯데의 신용카드 사업, 이마트의 주유소 사업, 코스트코의 타이어 교체 사업, 영국의 Tesco와 Sainsbury의 금융산업을 들 수 있다. 이러한 사업들은 소매업의 고객 집객력을 이용하여 고객에 쉽게 접근할 수 있다는 강점과 방문 고객의 정보를 보다 정확히 파악할 수 있는 기회로 활용할 수 있다는 점에서 향후에도 이 같은 추세가 지속될 것으로 보인다.

공급업자와의 관계에서도 기존의 벽을 뛰어 넘는 혁신이 필요하다. 즉 이제는 우수한 해외 소싱을 주도하는 공급업자들을 파악하고 이들과의 체계적인 제휴와 공조를 통해 경쟁력을 함께 창출하는 전략이 필요하다. 소비자 니즈의 다양성이 증가하고, 해외 소싱에 대한 자세한 정보 수집이 매우 용이해지고, 소비자의 전문성 증가로 브랜드 명성 보다는 품질에 의존한 구매의사 결정이 이루어지고 있으며, 해외 소싱 제품에 대한 소비자의 부족한 확신을 소매상이 보완해 주고 있는 가운데 해외 소싱에 대한 관심이 뜨거워지고 있다. 특히 해외 소싱의 탈중개화를 통해 직거래를 구성하고 중간마진을 제거하여 매우 경쟁력 있는 가격을 제시할 수 있게 된 것도 해외 소싱의 매력이다. 랍스터, 타이거 새우등 신선식품에 대한 대형마트의 수입경쟁이 진행되고 있으며 작황부진에 따른 수입산 과일 및 수온상승으로 인한 수입산 냉동 수산물의 판매가 증가하고 있는 추세이다. 아울러 문화, 레저 부문에서도 사전기획과 대량 소싱으로 골프장비, 수입명품 청바지, 유명 생활용품, LED TV등에서 가격 파괴현상이 일어나고 있다. 2010년이 글로벌 소싱의 원년이라고 할 정도로 국내 유통업체들은 전 세계 소싱처를 대상으로 값싸고 품질 좋은 해외상품을 발견하고 이를 소비자에게 제안하고 있다.

해외 소싱은 유통선진국에서 이미 경쟁력 확보 차원에서 적극적으로 활용된 방안이다. 한국에서는 이제서야 해외 소싱이 시작 단계에 접어들고 있다. 향후 해외 소싱은 가치사슬 전반에 심각한 구조변화를 야기하는 요소로 등장할 가능성이 매우 크다. 제조업체, 벤더들은 자신의 역할을 새로이 규정하고 마케팅 전략의 방향을 크게 전환하지 않는다면 미래는 그다지 밝아 보이지 않는다. 정보기술의 발달에 따라 유통산업 구조에도 큰 변화가 일어날 것으로 보인다.

정보 기술을 이용한 마케팅 활동에 새로운 기회가 생겨나고 있는 가운데 기회는 집안의 안락의자(예를 들어 TV홈쇼핑, 스마트 폰 쇼핑)로부터 쇼핑 카트(디지탈 전광판, RFID tracking)에 이르기까지 쇼핑 사이클의 여러 단면에서 발생할 수 있다. 전반적으로 M-Commerce와 E-Commerce와 관련된 기술이 삶의 구석구석에 들어와 소비자들의 태도와 행동에 영향을 줄 수 있는 새로운 방안이 생겨나고 있는 것이다. 지역정보기반 서비스를 기반으로 모바일 쿠폰과 로얄티 프로그램이 제공되기도 하며 구입한 재료를 이용하여 만들 수 있는 요리 목록이 제공되기도 한다(예, Kraft). 과거 상품 구입목록을 분석하여 개인화된 쿠폰도 발행된다(예, Sam's의 eVlaue 프로그램).

많은 소비자들이 social media를 사용함에 따라 이를 활용한 마케팅 활동이 점 점 중요해지고 있다. social media를 통해 소매업체들은 소비자의 의견을 듣고 상품의 개발이나 메시지 개발에서 공동 참여를 독려하며 누가 소비자의 의사결정에 영향을 주는 지를 파악하며 어떤 프로모션이 효과적인가를 파악한다. 유통업체와 제조업체들은 전통적인 cost-per-click 혹은 CPM 방식보다 Twitter나 Facebook, Linkdedin과 같은 social media 방식을 더 선호하고 있다. 하지만 아직 기업은 social media 방식의 활용에 대해 모범적인 답안을 제시하지 못하고 있다는 점에서 향후 개선이 시급한 분야로 남아있다.

Multi-channel 관리 즉 효과적인 고객의 획득, 보유 그리고 개발을 통해 고객의 가치를 개선하는 유통망을 디자인, 개발, 평가하는 업무는 마케터의 의사결정에 중요한 과제로 자리 잡고 있다. 정보 기술의 발전에 따라 소비자는 다양한 경로와 접점을 통해 쇼핑을 한다. 많은 소비자가 더 많은 경로를 이용함에 따라 소비자들은 점점 시간의 제한을 받을 것이며 따라서 마케터들은 소비자들의 구매결정 과정을 효율화시킬 수 있는 방안을 강구해야 한다. 고객들을 구매 스타일에 따라 분류하여 각각의 집단에 적합한 유통망을 재구성하여 구매자들이 자신의 소중한 자원들을 효율적으로 배분할 수 있도록 유도해야 할 것이다.

05 해외관련 사업

대형마트가 국내에 소개된 이후 국내 유통산업의 효율성은 전 세계에 유래가 없을 정도로 놀라운 성장을 거듭하여 왔다. 아울러 글로벌 경쟁력을 앞세운 전문점의 성장은 고급화된 국내 소비자의 기호에 부합하면서 유통산업의 효과성 향상에 기여한 바가 크다. 그러나 향후 국내 유통산업의 성장 전략은 효율성과 효과성 개선을 목표로 두어야 하겠지만 시장을 확대하는 데에 초점을 맞추어야 할 것이다.

우선 다양한 영업규제, 진입규제, 환경규제로 인해 더 이상 국내에서 성장활로를 찾기 어렵다는 현실이 존재한다. 영업규제는 국내시장에서 유통기업의 매출과 이익의 확대 노력을 효과적으로 무력화시킬 것이며 국내시장에서 성장기회의 소진은 해외시장에 눈을 돌리는 계기가 될 것이다. 과거 프랑스의 까르푸가 월마트를 앞서 해외진출에 나섰던 상황과 매우 유사하다. 다행인 것은 아시아 국가에서 한류의 인기가 높아 한국 제품과 한국 기업에 대한 지역 소비자의 관심이 크다는 점이다. 따라서 이들 해외시장이 일차적으로 진출 대상이 될 것이다. 그러나 진출 시 해당 국가의 유통구조와 시장환경에 대한 정밀한 분석이 필요하다.

수입과 수출을 포함한 우리나라의 무역 규모가 국내 GDP에 차지하는 비율이 70%이상인 만큼 유통이외의 분야에서는 어느 정도 다양한 해외 경험과 경쟁력을 갖추었다고 볼 수 있지만 유통산업 특히 소매업에서의 해외진출 경험은 미천할 따름이다. 향후 10년 앞을 보고 한국기업의 해외시장 진출의 성공가능성을 점검해 보면 그리 낙관적으로 보이지 않는다.

한류의 확산은 아시아 시장 진출을 노리는 국내 유통기업에게 획기적인 전기를 마련하고 있다(참고 〈그림〉). 한류가 제공하는 기회를 사업과 이익의 기회로 살릴 수 있을지는 순전히 국내 유통기업의 역량에 달려있다. 아직까지 한류가 국내 유통업체 특히 소매업체의 브랜드 명성에 어떤 영향을 줄 것인지에 대해서는 뚜렷한 대답을 찾기 어렵다. 단지 제품만 보더라도 해외진출을 본격적으로 진행하기 전에 다양한 문제가 해결될 필요가 있는데 우선 한류의 기회를 이용하기 위해 영어중심의 브랜드 명이 개선될 필요가 있을 것이다. 영어 브랜드 명 자체가 보통명사로 되어 있어 상표권 등록이 될 수 없거나 국내 소비자의 영어실력이나 취향에 맞게 구성된 브랜드 명이다 보니 진출국가에서는 그 의미가 제대로 전달되지 않는 등 글로벌 브랜드로서의 요건이 부족한 브랜드가 많다. 특히 CJ, SK, LS, GS 등 두 자로 구성된 영어 명은 해외 소비자의 기억과 태도에서 매우 불리하다는 점도 인식해야 할 것이다.

〈그림 1〉 지역별 한류지수

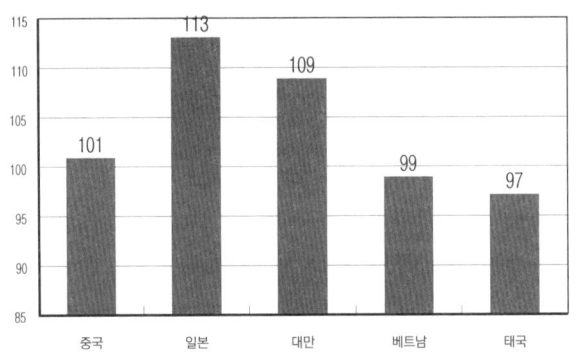

〈출처: KOFICE(http://webzine.kofice.or.kr)〉

동남 아시아 시장에서는 소비자 간 소득 격차가 매우 커서 올바른 소득 계층을 선정하는 것이 큰 과제이지만 이미 고소득 소비자를 목표로 까르푸와 월마트 등 글로벌 유통회사가 시장을 선점하고 있는 상황이다. 이 같은 상황에서 뚜렷한 전략이 없는 진입으로 의미 있는 성과를 거두기는 매우 어렵다고 본다. 따라서 우선 성장잠재력을 고려하여 소득 피라미드의 특정 계층을 목표로 성장전략을 구성하는 것이 현실적인 대안이 될 것이다. 특히 주목해야 할 계층은 현재는 비록 구매력이 부족하지만 향후 경제발전에 따라 소득 증가가 예상되는 소비자층을 확보하는 것이 필요할 것이다. 동시에 가능한 한 포괄적인 접근을 위해 매장 운영의 유연성을 발휘할 필요가 있는데 예를 들어 중국 베이징의 백화점은 층별로 소득 격차를 반영하여 상위 층에는 비교적 소득 수준이 높은 고객을 위해 그리고 하위 층에는 그렇지 못한 고객을 위해 매장을 구성하였다. 아울러 제품의 사이즈를 달리하여 소득 격차의 문제를 해결하기도 한다. 한류의 영향은 특히 특정 상품 군에서 뚜렷할 것으로 보이는데 현재 동남아시아 시장에서 한국 드라마와 음악은 거의 실시간에 가깝게 소개되고 있는 바, 진출 시장에서의 트랜드를 정립하고 빠르게 변하는 소비자의 기호를 즉각 반영하도록 공급망을 구축하는 것이 필요할 것이다.

태국을 비롯하여 몇몇 동남아시아 시장에서 글로벌 대형점에 대한 인식도 정치적 상황에 따라 갑자기 변화할 수 있다. 발전 도상국의 특징 중의 하나는 유통산업에서 정부의 입김이 강하다는 점이며 현재까지 진행된 자유무역과 규제완화의 추세가 갑자기 뒤바뀌는 현상도 종종 발생하기도 한다. 아울러 사회주의 국가에서 부동산 취득이 원천적으로 차단되어 있는 바, 지역 정부와의 원활한 관계가 입지 조건을 충족시키는 점포를 확보하는 과정에서 매우 중요한 과제가 되기도 한다. 따라서 지역적 선점을 통해 최초 진입자의 장점이 크게 부각될 가능성이 있는 만큼 장기적 전략을 구성하여 단계별로 접근하는 방법을 고려해야 할 것이다.

단지 해외시장에 머물지 않고 해외소비자를 국내로 유치하는 것도 시장확대의 또다른 방안이다. Visa사에 따르면 2009년과 비교하여 2010년 한국 방문 해외관광객의 지출 유형을 보면 소매점의 구매가 모두 20%이상 증가한 것으로 나타났다(참조 〈그림〉). 싱가폴과 홍콩에서 해외관광객의 소매매출 비중이 무려 전체의 50%이상이 된다는 점을 고려한다면 아직 갈 길이 멀다. 아울러 해외 관광객의 씀씀이 특히 소매점에서의 상품 구매액이 커지고 있는 만큼 인기 쇼핑 지역에 이들의 편의를 봐줄 수 있고 공정거래가 준수되는 지를 모니터링 하는 서비스가 필요하다. 사후 면세점 제도를 중소규모의 점포에서도 활용할 수 있는 방안을 강구하는 것도 필요하다.

〈표 2〉 비자 카드 매출로 본 한국 방문 해외 관광객의 지출 항목 성장률

	숙박	소매점포	기타
2009 (구성비)	212,158,913 (29%)	448,604,136 (61%)	72,532,284 (10%)
2010 (구성비)	283,971,373 (30%)	557,474,582 (59%)	96,429,936 (10%)
성장률	34%	24%	33%

〈출처: VISA Tourism Outlook South-Korea〉

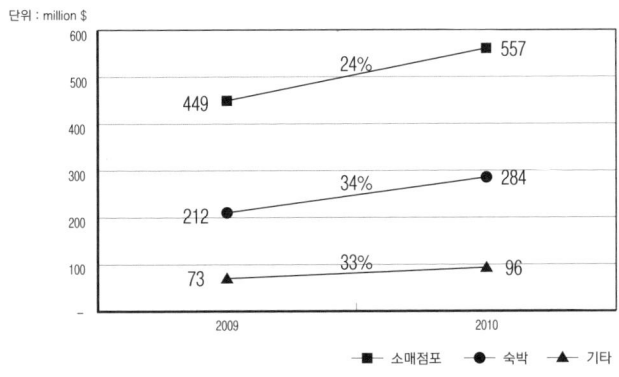

〈출처: VISA Tourism Outlook South-Korea〉

06 새로운 비즈니스 모델로 승부를 걸다

현대적 유통업체의 본질이 '무엇을 파느냐'로부터 '어떻게 파느냐'로 변
하고 고객과의 접촉부분에서 경험을 개선을 강조함에 따라 유통 비즈니
스에 대한 기존 사고의 틀을 벗어나 새로운 비즈니스 모델이 속속 도입
되고 있다. 다음의 표는 유통의 기본 목표가 고객의 가치를 창조하거나
고객 가치의 최적화에 있다고 보고 이를 달성하기 위한 전통적인 방법
과 혁신적인 방법을 비교하여 그 결과를 보여준다. 더 나아가 고객 가치
의 최적화는 운영의 효율성 향상, 운영의 효과성 향상, 그리고 고객과의
관계를 지속함으로써 달성된다고 본다. 아울러 고객 가치의 창출은 소
비자 효율성 향상, 소비자 효과성 향상 그리고 고객과의 접촉 분야의 개
선을 통해 달성될 수 있다고 본다.

운영의 효율성은 일을 보다 빠르게, 값싸게, 단순하게 처리함을 말한

다. 전통적으로 유통업체들은 운영의 효율성을 개선하기 위해 후방의 운영을 간소화하거나, 비용을 줄이고 이익을 향상시키는 방법으로 매장을 운영하거나 자동화 공정을 실현하는 새로운 기술을 도입하여 비용을 줄인다. 반면에 혁신적인 방법은 비즈니스 모델 자체를 바꿈으로써 운영의 효율성을 개선하는 방안이다. 예를 들어 Zara는 축소된 상품구색을 통해 빠른 순환구조를 실현하여 정상가격을 유지하고 재고관리 비용을 획기적으로 줄였다. 전 세계 1500개의 매장에 매주 2번의 신제품을 공급하는 방식은 엄청난 부담이 되었으나 과감하고 치밀한 계획 그리고 공급업자와의 긴밀한 협조하에 이를 실천하고 비즈니스의 본질을 변경하였다.

소비자 스스로가 구매의 전과정을 주도할 수 있도록 최근의 정보기술을 활용한 다양한 Kiosk도 개발되고 있는데 대표적인 예로 Redbox사의 DVD 자동 렌털 기기가 있다. '여러분이 자신의 가격을 말해보세요'의 방식은 시간이 지나면 더 이상 이익을 창출할 수 없는 호텔 방이나 항공 티켓의 판매에 활용되어 고객의 input을 가격결정에 활용하는 방식을 말한다.

운영의 효과성은 일을 제대로 마무리하는 것을 말한다. 조직의 목표에 부합되도록 운영하여 바람직한 결과를 창출하는 것을 말한다. 전통적으로 소매업에서는 상품구색을 수요와 부합되도록 하여 운영의 효과성을 향상시켜왔다. 따라서 소비자 욕구를 보다 잘 이해하기 위하여 마케팅 리서치나 데이터 관리에 대한 투자를 늘려왔다. 반면 혁신적인 방법은 단지 수요를 최적화하기 보다는 수요를 확대하거나 보완적 시장에서 수요를 활용하는 방안을 택한다.

예를 들어 애플 스토어에서는 소비자는 제품을 체험할 수 있는 동시에 1대1의 도움을 받을 수 있으며 제품 수리는 물론 다양한 교육기회도 제공받는다. 이러한 배움의 기회는 고객 가치 제안(customer value proposition)

4장-한국 미래 유통산업 전망

을 결정적으로 개선한다. 축소된 형태의 매장도 개설하여 미국에서 가장 높은 면적당 매출액을 달성할 수 있었다. 전통적인 사업범위를 넘어 연관된 수요를 이용하여 효과성을 개선한 사례도 있는데 러시아에 있는 Ikea가 그 경우이다. Ikea매장이 설립되면 주변의 부동산 시세도 덩달아 오른다는 사실을 알고 본격적으로 쇼핑 몰 개발에 나선 사례이다.

고객관계의 유지 측면에서 새로운 방안들이 도입되고 있다. 전통적으로 매장을 재방문하는 고객에게 쿠폰이나 로열티 프로그램의 포인트를 통해 적정한 보상을 하는 방안이 사용되었다. 그러나 혁신적인 기업들은 소매업의 본원적 기능을 강화하여 경쟁에 나서고 있는데 오직 해당 매장에서만 취급되어 모방이 어려운 매우 차별적인 상품을 확보하는 등 상품구색상의 매력을 전면에 내세운다. 공급업자나 고객과 협동적 비즈니스 모델을 통해 고객을 유지하는 방안도 제시되고 있는데 미국의 REI 회사는 매장의 주인이 바로 소비자인 협동조합의 형태로 운영되고 있다. 이는 소유자이자 멤버인 주인에게 서비스 개선과 상품구색의 결정에 직접적으로 참여할 수 있는 기회를 제공함으로써 이들의 자발적이고 창의적인 협조를 성공적으로 이끌어 내고 있다.

고객의 효율성이란 소비자의 제품 접근성을 향상시키는 것을 말한다. 과거에 지역적으로 다수의 점포를 개설함으로써 소비자의 접근성을 높여 왔지만 유통업체는 이제 인터넷의 활용을 통해 다양한 방안을 강구할 수 있게 되었다. 즉 소비자는 on-line에서 주문과 off-line에서 제품을 수령할 수 있으며 거의 무제한인 상품을 검색하고 예약 주문을 하며 동시에 off-line의 서비스도 이용할 수 있다. 아울러 스토어 인 스토어 형태를 통해 소비자의 수고를 덜 수 도 있다. 요사이 보급되는 self-check out 시스템도 고객의 쇼핑 효율성을 개선하고 있다.

〈표 3〉 새로운 비즈니스 모델

	개선 주제	전통적인 방법	개선과제를 추구하는 혁신적 방법	모델의 주요 특성	보기
가치적 정화	운영의 효율성 향상	부드러운 제품 흐름과 효율적 전방 운영	• Fast fashion model • Self-service model • '여러분의 가격을 말하세요' 모델	• 구색을 줄이고 빠른 순환을 유도 • 다양한 Kiosk를 이용 시간에 따라 사라지는 판매기회를 최소화	• Gap, Zara
	운영의 효과성 향상	Vendor 관리 재고관리 시장 조사	• 보완적 상품으로 매력도 향상 • 관련 모델	• 서비스와 기업의 지적 자원과 묶여진 상품 제공 • 전통적인 사업범위를 넘어 연관된 수요를 이용	• 애플 스토어, 소니 스토어 • Ikea Mega Mall
	고객관계 지속	가입 기반 model	• 배타적 상품을 확보 • Multichannel 통한 고객관계 유지	• 독특하고, 모방이 힘들며 명확하고 강한 가치 위상을 가지고 있는 상품을 제시 • 최적의 상품구색과 고객의 경험을 파악하기 위해 지속적인 실험	• Trader Joe, 올가 • REI
가치 창조	소비자 효율성 향상	다수의 장소에서 상품진열, 판매, 지원	• 쇼핑 경험을 개선하는 혁신적업태	• 스토어 인 스토어 • 자동화된 판매	• 이마트 내의 • 애플 스토어 • Self-check out
	소비자 효과성 향상	깊은 상품구색	• 최적의 상품구색과 지원 서비스를 결정하기 위해 관련자와 협의	• 고객과 공동 창출 • 공급업자와 공동 창출	• Mix my granola • Amazon
	고객과의 접촉분야의 개선	광고에 의존	• 부가적 가치 제공	• 지속가능한 구매 및 비즈니스 운영 • 다양한 매장 경험과 함께 상품 판매	• Walmart • American Girl • Place

〈출처 : Sorescu, Alina, Ruud T. Frambach, Jagdip Singh, Arvind Rangaswamy and Cherl Bridges(2011), Journal of Retailing, 87(1), S3~S16.의 일부를 수정하여 사용.〉

고객의 효과성 향상은 고객이 소비 목표를 인지하는 과정을 소매업체가 개선하는 것을 말한다. 전통적으로 고객의 효과성은 상품 구색을 강화함으로써 소비자가 원하는 물건을 고를 수 있도록 선택범위를 넓히는 방식으로 향상되어 왔다. 그러나 혁신적인 방법은 상품 제공 과정에서 처음부터 고객과 공급업자를 참여시킴으로써 더욱 고객화된 서비스와 상품이 제공되도록 한다. 예를 들어 Mix my granola 제품은 고객이 원하는 내용물이 주문하는 시리얼에 포함되도록 하여 고객화된 제품을 제조하고 이를 판매하고 있다. Amazon.com은 잘 구성된 포맷과 통제 기제를 통해 수많은 공급업자들과 공동작업을 진행하여 서비스와 제품의 일관된 품질을 유지하여 브랜드 가치를 창출하고 있다.

고객과의 접촉 분야 개선은 단지 상품과 돈의 교환이 아닌 소비자의 긍정적 감성을 이끌어 내는 경험을 창출하는 것을 말한다. 월마트의 경우 지속가능 경영의 목표를 설정하였는데 100% 재생가능 에너지 사용, 제로 폐기물, 사람과 환경을 지속시킬 수 있는 제품의 판매의 세 가지 사항을 포함하고 있다. 이는 소비자가 녹색, 공정무역, 지속가능한 방법으로 생산된 제품에 대해 높은 관심을 가지고 있다고 보고 이 같은 소비자 요구에 대응함으로써 소비자의 긍정적 감성을 이끌어 낼 수 있다는 믿음을 가지고 있다. American Girl Place는 매장을 어린이들의 파티 장소로, 사진을 찍는 스튜디오로, 자기의 인형을 꾸미는 곳으로, 가족들과 밥을 먹는 장소로 이용하여 제품의 판매는 부차적으로 발생하도록 한다. 이 같은 과정을 통해 American Girl Place는 고객의 만족을 넘어 브랜드의 애착을 창출할 수 있었다.

한국유통산업흐름

1판 1쇄 인쇄 2012년 8월 27일
1판 1쇄 발행 2012년 9월 01일

지은이 한국유통포럼(KRF)

펴낸이 고봉석
교정교열 윤희경
디자인 이경숙
펴낸곳 이서원

주소 137-906 서울시 서초구 신반포로 43길 23-10 서광빌딩 3층
전화 02-3444-9522
팩스 02-516-9879
전자우편 books2030@naver.com / iseowon@iseowon.com
홈페이지 www.iseowon.com
출판등록 제22-2935호 (2006-06-01)

값 18,000원

ISBN 978-89-97714-04-9